Como obter o que você quer
e
Apreciar o que tem

JOHN GRAY, Ph.D.

Como obter o que você quer
e
Apreciar o que tem

UM GUIA PRÁTICO E ESPIRITUAL PARA
O SUCESSO PESSOAL

Tradução de Heitor Pitombo

Rio de Janeiro – 2002

Título original
HOW TO GET WHAT YOU WANT
AND WANT WHAT YOU HAVE
A Practical and Spiritual Guide to Personal Success

Copyright © 1999 by Mars Productions, Inc.

"Primeira publicação por
HarperCollins Publishers, Inc.
Nova York, NY.
Todos os direitos reservados."

"Publicado mediante acordo com
Linda Michaels Limited,
International Literary Agents."

Direitos mundiais para a língua portuguesa
reservados com exclusividade à
EDITORA ROCCO LTDA.
Rua Rodrigo Silva, 26 – 5º andar
20011-040 - Rio de Janeiro - RJ
Tel.: 2507-2000 – Fax: 2507-2244
e-mail: rocco@rocco.com.br
www.rocco.com.br

Printed in Brazil/Impresso no Brasil

preparação de originais
JOSÉ MAURO FIRMO

CIP-Brasil. Catalogação-na-fonte
Sindicato Nacional dos Editores de Livros, RJ.

G82c	Gray, John, 1951 Como obter o que você quer e Apreciar o que tem / John Gray; tradução de Heitor Pitombo. – Rio de Janeiro: Rocco, 2002 Tradução de: How to get what you want and want what you have: a practical and spiritual guide to personal success ISBN 85-325-1320-4 1. Sucesso – Aspectos psicológicos. I. Título.
01-1259	CDD -158-1 CDU - 159.947

Este livro é dedicado, com o maior amor e carinho, a minha esposa, Bonnie Gray. Seu amor, sua alegria, sua sabedoria e sua luz não apenas agraciaram a minha vida como iluminam cada linha deste livro.

SUMÁRIO

Agradecimentos	9
Introdução	11
1 - O dinheiro não pode comprar felicidade	19
2 - O sucesso exterior magnifica os nossos sentimentos	28
3 - Vendendo-se para obter sucesso exterior	35
4 - Como obter aquilo de que você precisa	44
5 - Os dez tanques de amor	52
6 - Entendendo os dez estágios	60
7 - Enchendo os dez tanques de amor	92
8 - O valor da meditação	109
9 - Como meditar	118
10 - Como descarregar o estresse	130
11 - Como se despir de emoções negativas	151
12 - Como obter o que você quer	170
13 - Encontre sua estrela mágica	181
14 - Desistindo da resistência	197
15 - Honrando todos seus desejos	211
16 - Removendo os 12 bloqueios	238
17 - Práticas e meditações de cura	292
18 - Uma breve história de sucesso pessoal	333

AGRADECIMENTOS

Agradeço a minha esposa, Bonnie, e nossas três filhas, Shannon, Juliet e Lauren, por seu amor e apoio permanentes.

Agradeço a Oprah Winfrey, e a toda equipe maravilhosa do Harpo Studios por participarem de um *workshop* de sucesso pessoal e depois me convidarem para apresentá-lo na TV durante seis quartas-feiras consecutivas. Esta experiência me ajudou a cristalizar muitas das idéias que estão neste livro.

Agradeço a Diane Reverand da HarperCollins pelo *feedback* e pelos conselhos. Também gostaria de agradecer a Laura Leonard, a agente de publicidade dos meus sonhos; e Carl Raymond, Janet Dery, Anne Gaudinier, e o resto da equipe incrível da editora.

Agradeço a minha agente Patti Breitman por acreditar em minha mensagem e reconhecer o valor de *Homens são de Marte, mulheres são de Vênus,* nove anos atrás. Também gostaria de agradecer a minha agente internacional Linda Michaels por ter conseguido que meus livros fossem publicados em mais de quarenta línguas.

Agradeço a minha equipe: Helen Drake, Bart e Merril Berens, Ian e Ellie Coren, Bob Beaudry, Martin e Josie Brown, Pollyanna Jacobs, Sandra Weinstein, Michael Najarian, Donna Doiron, Jim Puzan e Rhonda Coallier por seu apoio e pelo trabalho intermitente e árduo.

Agradeço a meus muitos amigos e familiares pelo apoio e pelas sugestões úteis: meu irmão Robert Gray, minha irmã Virginia Gray, Clifford McGuire, Jim Kennedy, Alan Garber, Renee Swisco, Robert e Karen Josephson e Rami El Bratwari.

Agradeço às centenas de pessoas que dão aulas nos "*workshops* Marte-Vênus" por todo o mundo, e aos milhares de indivíduos e casais que participaram desses *workshops* durante os últimos 15 anos. Também gostaria de agradecer aos "conselheiros Marte-Vênus" que continuam a usar esses princípios em suas práticas de aconselhamento.

Agradeço a minha mãe e a meu pai, Virginia e David Gray, por todo seu amor e seu apoio enquanto me guiavam cuidadosamente por minha própria jornada na direção do sucesso pessoal. E obrigado a Lucile Brixey, que foi como uma segunda mãe para me guiar e me amar.

Agradeço a Maharishi Mahesh Yogi, que foi como um segundo pai durante nove anos, primeiro modelo e mentor a me guiar no sentido de alcançar tanto o sucesso interior quanto exterior. Muitas das idéias hoje inerentes a meus métodos e práticas de meditação foram aprendidas diretamente com ele há 28 anos.

Agradeço a minha querida amiga Kaleshwar, que me ajudou a escrever várias partes deste livro, que com certeza não teria acontecido se não fosse por sua ajuda.

Também agradeço a Deus pela energia, lucidez e apoio incríveis que recebi enquanto escrevia este livro.

JOHN GRAY
1º de novembro de 1998

INTRODUÇÃO

O verdadeiro desafio na vida não é simplesmente obter o que se quer, mas continuar a querer o que se tem. Muitas pessoas já aprenderam como fazer para conseguir o que desejam, mas depois passam a não mais gostar dos objetos de seus anseios. O que quer que consigam nunca é suficiente, pois sempre se sentem como se algo lhes faltasse. Não estão felizes com elas mesmas, seus relacionamentos, sua saúde, ou com seu trabalho. Há sempre algo a mais para perturbar sua paz de espírito.

Na outra ponta desse espectro, há aqueles muito mais satisfeitos com o que são, o que fazem, e com quanto têm, embora não saibam como conseguir mais daquilo que querem. Seus corações estão abertos para a vida, mas ainda assim não estão tornando seus sonhos realidade. Fazem o melhor que podem, mas se questionam sobre o porquê de os outros terem mais. A maior parte das pessoas se encaixa em algum ponto entre esses dois extremos.

O sucesso pessoal é a região central, o âmago, o lugar de onde você tira o que quer e continua a querer o que tem. Ele não é medido pelo que você é, quanto possui, ou o que fez. Em vez disso, o sucesso pessoal é medido pelo quanto você se *sente* bem com o que é, o que fez e o que tem. Ele está a nosso alcance, mas temos de saber com precisão do que se trata, e definir até onde vai nossa vontade de atingi-lo.

O sucesso pessoal lhe faz obter o que quer e continuar a querer o que tem.

Esse tipo de sucesso, no entanto, não tem a ver apenas com sentir-se bem ou feliz com a vida que se leva. Também envolve um sentimento de confiança de ser possível obter o que se quer e de estar motivado para fazer o que for preciso. O sucesso pessoal requer uma compreensão clara sobre como criar a vida desejada. Para alguns, encontrá-lo é aprender a conseguir mais; para outros, é entender como ser mais feliz; e para muitos, é aprender a ter essas duas habilidades.

Atingir o sucesso pessoal não está necessariamente ligado ao acaso, ao destino, ou à boa sorte. Embora algumas pessoas tenham nascido com essa aptidão, para a grande maioria ela deve ser aprendida e praticada antes que tal nível de êxito possa ser alcançado. A boa notícia é que você *pode* aprender como conseguir o sucesso pessoal, e provavelmente está mais perto dele do que jamais poderia imaginar. Para a maior parte das pessoas, é só uma questão de promover algumas mudanças pequenas, porém significativas, na maneira de pensar, sentir ou agir, para criar o almejado nível de satisfação na vida.

Algumas mudanças pequenas, porém significativas, na maneira de pensarmos, podem pavimentar o caminho para um sucesso pessoal ainda maior.

Aplicar uma ou duas novas noções à sua vida pode literalmente mudar toda ela de um dia para outro. Embora as circunstâncias possam temporariamente parecer as mesmas, o modo com que você olha para sua vida pode mudar num instante. Quando o clarão da vida é grande demais, colocar óculos escuros permite que você comece a relaxar e ver as coisas novamente num piscar de olhos. Da mesma forma, ao fazer alguns poucos ajustes, você, subitamente, não ficará apenas mais feliz com o que tem, como também estará confiante de que está no caminho certo para obter o que quer.

Quatro passos para o sucesso pessoal

Há quatro passos que você deve seguir para alcançar mais sucesso na sua vida. Ao longo deste livro iremos explorar cada um desses passos pormenorizadamente. São eles:

Primeiro passo: estabeleça as suas intenções. Reconheça onde está agora e determine claramente aonde precisa chegar para alcançar o equilíbrio certo entre o sucesso interior e exterior. Não importa o quanto você se esforce, se estiver seguindo na direção errada, tudo que encontrará na vida será resistência, e por isso nunca alcançará o lugar aonde quer chegar. Ao agir em harmonia com os desejos de sua alma, e não apenas com os anseios de sua mente, do coração e dos sentidos, você estará bem preparado tanto para o sucesso interior quanto para o exterior.

Segundo passo: obtenha o que você precisa. Aprenda como conseguir o que precisa para poder ser verdadeiro consigo mesmo. Não basta dizer " quero ser eu". Para se conhecer e ser sincero com si mesmo é necessário entender os dez diferentes tipos de amor e apoio de que toda pessoa precisa. Com uma compreensão do que está lhe faltando e como consegui-lo, começará a experimentar automaticamente o sucesso interior. Um carro pode rodar muito bem, mas se você não encher o tanque não vai andar. Da mesma forma, se não estiver tendo certas necessidades amorosas saciadas, você não conseguirá encontrar seu verdadeiro eu.

Terceiro passo: tenha o que você quer. Entenda os segredos da criação do sucesso exterior, sem que seja necessário desistir de ser sincero consigo mesmo, e vai começar a ter tudo o que quer no mundo exterior. Perceba a importância de desejos fortes, crenças positivas e sentimentos passionais na criação e na atração do que deseja. Aprenda como aumentar o poder de seus desejos ao reconhecer e transformar sentimentos e emoções negativas.

Quarto passo: remova os bloqueios para o sucesso pessoal. Conheça os 12 pontos de bloqueio comuns que podem lhe impedir de ter o que quer, e comece a limpar o caminho, tanto para o sucesso interior quanto para o exterior. Aprenda a se livrar de qualquer um dos 12 bloqueios que possam estar lhe emperrando: reprovação, depressão, ansiedade, indiferença, julgamento, indecisão, adiamento, perfeccionismo, ressentimento, autopiedade, confusão e culpa. Com essa nova aptidão, você começará a perceber que nada do que é externo o impedirá.

Deborah encontra um marido

Quando Deborah começou a aprender como fazer para obter sucesso pessoal, lutava para atingir um êxito exterior ainda maior e andava desesperada para se casar. Ao restabelecer suas intenções de encontrar paz e felicidade interiores, teve condições de se esforçar menos. Para promover essa mudança, percebeu que não tinha o apoio necessário. Não estava se dando o suporte necessário para relaxar e fazer o que queria. No que começou a se sentir melhor em relação a si mesma e à sua vida, teve como começar a atrair e criar o que desejava.

A moça não só arrumou um ótimo emprego, como finalmente encontrou o homem de seus sonhos e se casou. Para mudar sua vida e se casar, Deborah teve de remover três dos bloqueios para o sucesso pessoal. No passado, quando precisava assumir um compromisso, ficava confusa, criteriosa e indecisa. Ao remover esses bloqueios, conseguiu continuar a querer o homem que amava. Ao seguir os quatro passos para o sucesso pessoal, Deborah começou a tornar seus sonhos realidade.

Tom abre uma padaria

Tom sempre quis ter sua própria padaria, mas acabou indo trabalhar numa emissora de televisão. Não queria fazer seu trabalho e ocasionalmente se lamentava e julgava as pessoas com as quais convivia na labuta. O primeiro passo para Tom começar a atingir o sucesso pessoal foi estabelecer sua intenção de ser feliz independente das circunstâncias. Começou a praticar meditação e vivenciou, como resultado, um incremento na felicidade e na satisfação interiores. Seu emprego não era mais uma grande fonte de insatisfação. Ao obter o apoio de que precisava com a meditação, começou a visualizar o que queria. Passou logo a atingir pequenas metas. Parecia que sua vida estava cheia de pequenos milagres. Bastava querer viajar que logo aparecia uma oportunidade. Ou então, quando queria ser elogiado e reconhecido, isso simplesmente acabava acontecendo. A confiança para atrair e criar o que queria cresceu.

Essa confiança o libertou para que pudesse ir em busca de seus sonhos. Tom largou o emprego e abriu uma padaria. Para promover essa mudança, teve de, a princípio, libertar-se de seus bloqueios. No emprego anterior tinha de lidar constantemente com ressentimento e julgamentos. Gradativamente, à medida que esses bloqueios caíam por terra, ele foi se livrando da procrastinação e da indecisão e promoveu uma mudança no sentido de começar um novo negócio, que agora é um grande sucesso.

Robert restabelece contato com seus filhos

Robert já era um multimilionário quando começou a aplicar os princípios e as práticas do sucesso pessoal. Atingira o sucesso exterior, mas se sentia desgraçado. Divorciara-se três vezes e não falava com seus filhos. Do ponto de vista de quem estava de fora, tinha tudo, mas ninguém, exceto seus conselheiros e suas ex-esposas, sabia como era infeliz. Normalmente, pessoas que não têm muito dinheiro não podem imaginar que uma pessoa dona de milhões de dólares pode ter dificuldades para ser feliz. Ainda assim, isso é muito comum.

Robert aprendeu a olhar para dentro a fim de encontrar sua felicidade. Queria atrair alguém para partilhar sua grande fortuna, mas primeiro tinha de aprender a tirar proveito de sua vida. Estava sempre com uma bela mulher a seu lado para se sentir bem. E acabou aprendendo a ser feliz sem ter uma parceira durante um ano. Para isso, tirou algum tempo de licença para viajar pelo mundo.

Ao descobrir que poderia ser feliz por conta própria, arrumou algum tempo para resolver os problemas de relacionamento com seus filhos. No que aprendeu a dar e receber o amor de que precisava, sua dependência pelo sucesso exterior diminuiu. Ele era feliz por tê-lo, mas percebia como seu status o havia impedido de encontrar a paz e a felicidade verdadeiras.

Para resolver as dificuldades com seus filhos e encontrar uma parceira com quem podia dividir sua vida, teve de superar vários bloqueios. Devia deixar de lado a censura, os julgamentos e a indiferença que sentia pelas ex-esposas, e entender por que seus filhos se ressentiam dele. Ao se livrar desses bloqueios, ficou grato por ter se reconciliado com seus filhos e por sentir paz e alegria em sua vida.

Enfrentando os desafios da vida

Quando você alcança o sucesso pessoal, a vida deixa de ser uma luta; o que era difícil torna-se mais fácil. A vida ainda oferece problemas, mas a possibilidade de ser bem-sucedido na solução deles é maior. Portas que anteriormente pareciam fechadas vão começar a se abrir. Você se sentirá aliviado e livre para assumir seu próprio eu e fazer o que está aqui para realizar. Estará mais preparado para enfrentar as dificuldades de cabeça erguida. Os desafios inevitáveis da vida vão se tornar oportunidades para você ficar mais poderoso.

Mesmo que não tenha experimentado sua bondade e grandeza interior, a luz radiante de seu verdadeiro eu vai começar a brilhar e iluminar seu caminho. Com o aparecimento dessa luz que vem de dentro, sua jornada em meio à escuridão acabará. Você não apenas começará a sentir claramente o que tem para fazer nesse mundo, como perceberá que não está sozinho. O fato de ser amado e apoiado vai se tornar uma experiência viva e tangível.

**Com o aparecimento da luz interior
do amor-próprio, sua jornada
pela escuridão acabará.**

O sucesso pessoal não é um estado de graça imaginário desprovido de conflito, decepção e frustração. Uma boa parte da construção desse tipo de sucesso está baseada no aprendizado de como transformar sentimentos negativos em positivos, e experiências negativas em lições aprendidas. Ser verdadeiro com si mesmo é um processo de crescimento que envolve muita mudança, o que inclui experimentar os altos e baixos da vida. Alcançar o sucesso pessoal significa que, quando você cai, sabe exatamente como fazer para se levantar.

Aqueles que assumem o risco de obedecer às suas inclinações e de seguir o que mandam seus corações vão ocasionalmente cair. Erros, reveses e ajustes são parte da vida, uma parte importante de como aprendemos e crescemos.

**A diferença principal entre aqueles
que são bem-sucedidos na vida e os que falham
é a noção de como se levantar.**

O sucesso pessoal é diferente para todo mundo. Para alguns, é uma viagem numa montanha-russa, e por isso o adoram. Para outros, é uma viagem tranqüila numa roda-gigante. Embora ocorram muitos começos e fins, os dois grupos desfrutam de uma bela vista com um bom papo. Na maior parte do tempo, eles acabam aproveitando o fato de dar voltas sem qualquer interrupção. Com certeza, a viagem de todo mundo na vida é única, mas em cada caso há os altos e baixos, as voltas e as curvas, os começos e os fins.

Quando você atinge um maior sucesso pessoal, ainda consegue sentir emoções negativas, mas elas sempre o levam de volta para ondas de alegria, amor, confiança e paz. Uma vez que você aprenda a lidar com emoções negativas, perceberá como elas são importantes e não desejará viver sem tê-las. Se pretende experimentar uma vida sem o fluxo de emoções negativas e positivas, visite um cemitério e descanse em paz.

Estar vivo significa estar em movimento. O segredo do sucesso pessoal está em permanecer em contato com sua paz, alegria, amor e confiança interiores. Quando estiver confiante o suficiente para saber como obter o que quer, você estará menos agitado, aceitará que a vida é um processo, e entenderá que às vezes leva tempo para se conseguir o que se deseja. Quando o coração está aberto, e você é verdadeiro consigo mesmo, está apto a gozar e a apreciar cada passo de sua jornada única. A esperança de que a vida é perfeita desvanece à medida que descobrir que aquilo que atrai e cria em sua vida lhe é perfeito.

Você detém o poder e a chave de seu futuro; além de poder fazê-lo, só você é capaz de fazer isso para o seu próprio benefício. Com essas novas noções, será fácil encontrar as respostas para todas as perguntas que poderiam surgir sobre a criação do sucesso. Uma nova perspectiva irá ajudá-lo a dar sentido a suas experiências na vida. Haverá mais confiança para se chegar aonde se deseja. Esses quatro passos provêem um mapa prático e espiritual para que você possa criar a vida que quer viver.

CAPÍTULO 1

O dinheiro não pode comprar felicidade

Muitas pessoas conseguiram muitas coisas em suas vidas, mas sentem falta de paz. O mundo está cheio de milionários infelizes, incapazes de sustentar relacionamentos amorosos. Ainda assim, eles e seus pares continuam a achar que mais dinheiro ou mais "qualquer coisa" vai ajudá-los a se sentir bem consigo mesmos e em relação a suas vidas.

Como todos sabemos, o dinheiro não compra felicidade e nem amor. Muito embora essa máxima pareça familiar, ela ainda é fácil de ser pega pela rede de ilusão que diz que o sucesso exterior pode nos fazer mais felizes. Quanto mais pensamos que o dinheiro é capaz de aumentar nossa felicidade, mais desperdiçamos nosso poder de ser feliz sem ele.

À medida que você lê isso, alguma parte de seu ser provavelmente está pensando: "Bem, sei que o dinheiro não pode realmente me fazer feliz, mas com certeza pode ajudar." Embora este pensamento seja razoável, é importante reconhecer ser um conceito errôneo que lhe rouba o poder que tem. Para restabelecer sua direção na vida e se certificar de que está se movimentando na direção do sucesso pessoal, você precisa reconhecer que o dinheiro é incapaz de trazer a felicidade. O conceito que diz que o dinheiro traz a felicidade para você e para os outros é uma ilusão.

A natureza da ilusão

Vamos explorar por um momento a natureza da ilusão. Quando você observa o movimento que o sol faz enquanto se move pelo céu a cada dia, outra parte de seu eu sabe que o astro-rei não está de fato se movendo. Embora seus sentidos registrem o movimento, sua mente sabe que o sol não está se deslocando. Apesar de parecer imóvel, você tem a noção de que a Terra está girando em torno de seu eixo. Sua mente sabe que o movimento da maior estrela de nosso sistema é uma ilusão, e que na verdade é você que está se movendo.

A compreensão dessa ilusão requer um pensamento abstrato. Uma criança pequena não é capaz de fazer tal suposição. Professores podem notar uma mudança do pensamento concreto para o abstrato no desenvolvimento de uma criança. Na maior parte dos casos, essa alteração ocorre praticamente do dia para a noite. Num certo dia, o aluno mal consegue entender uma equação de álgebra e depois, subitamente, quando o cérebro está pronto, ele a compreende. Se a mente ainda não está pronta, não há escala de instrução que consiga ajudar um estudante a entender alguma coisa.

Para compreender ou reconhecer uma ilusão, o cérebro deve atingir um certo nível de desenvolvimento.

A transição do pensamento concreto (o mundo é o que você vê) para o pensamento abstrato (os conceitos também são reais) numa criança acontece geralmente na época da puberdade. Quando se atinge 12 ou 13 anos de idade, o cérebro já se desenvolveu o suficiente para compreender conceitos que são óbvios para os adultos. Da mesma forma que acontece com uma criança, a capacidade cerebral da humanidade também se desenvolve ao longo do tempo. Idéias que desafiaram as maiores mentes da história são agora compreendidas por estudantes de ciência com 14 anos de idade.

O desenvolvimento do lugar-comum

Há apenas quinhentos anos, todos achavam que a Terra era plana e que o sol se movia pelo céu. A opinião pública não estava pronta para compreender essa simples ilusão. Os cérebros em geral ainda não estavam prontos para entender os pensamentos abstratos necessários para reconhecer que a Terra estava se movendo e que o sol era estático. Quando Copérnico descreveu esse fenômeno em 1543, muitos não podiam aceitar esse desafio a suas crenças. O cientista foi considerado uma ameaça pela Igreja e ficou aprisionado em sua casa pelo resto da vida.

Depois de alguns poucos anos, sua descoberta passou a ser aceita. A humanidade dera um salto. O que era impossível de ser compreendido pela maior parte das pessoas se tornou um fato. Agora mesmo, a humanidade está participando de outro salto para frente, para entender os segredos do sucesso pessoal. Todos os grandes ensinamentos e religiões levaram a raça humana a esse ponto. Ainda assim, enquanto nos aventuramos nesse sentido, essas importantes tradições vão continuar a formar uma base forte. O aluno de álgebra sempre dependerá das habilidades matemáticas baseadas no "pensamento concreto" para progredir.

Nesse momento esfuziante da história, muitas ilusões são reconhecidas como tal – por exemplo, as que dizem respeito aos relacionamentos entre homens e mulheres. Sempre me perguntam: "Por que não escreveu mais cedo *Homens são de Marte, mulheres são de Vênus*? Tudo parece tão óbvio, como um lugar-comum."

Uma idéia cuja hora já chegou

A resposta simples para essa pergunta: é uma idéia cuja hora já chegou. Ela não teria sido tão popular cinqüenta anos atrás ou até mesmo há vinte anos. Quando comecei a ensinar os conceitos de *Homens são de Marte, mulheres são de Vênus* no começo da década de 1980, algumas pessoas ainda se magoavam comigo, fazendo interpretações erradas, sem entender o que eu tinha para dizer. Simplesmente não conseguiam compreender a noção de que os homens e as mulheres são diferentes *e* que ambos eram igualmente bons. Em suas mentes, se os dois sexos eram diferentes, um teria de ser superior. Como sou um homem, as pessoas acreditavam que eu estava dizendo que os seres do sexo masculino eram melhores que os do feminino. Gradativamente, no curso dos últimos 15 anos, as idéias incluídas em *Homens são de Marte, mulheres são de Vênus* foram aceitas como lugar-comum não apenas na América, mas em todo o mundo. Essa mudança de compreensão é global.

O que é lugar-comum para uma geração sempre foi uma descoberta para as gerações anteriores. Há apenas cinqüenta anos, a temática do movimento feminino levava a crer que todos somos iguais porque fazemos parte da mesma espécie; as mulheres nunca foram tão diferentes dos homens. Para fazer por merecer a igualdade, elas tinham de provar que eram iguais aos homens. Pelo menos a sociedade se livrava da noção de que um sexo era melhor do que o outro. Agora, mais uma vez, sabe-se largamente que os homens e as mulheres são diferentes, mas nos damos conta de que diferir de alguém não significa que um é "melhor" do que o outro.

> O que é lugar-comum para uma geração
> sempre foi uma descoberta
> para as gerações anteriores.

Estamos no limiar de reconhecer a igualdade entre os sexos sem supor erradamente que um sexo é, de alguma maneira, intrinsecamente melhor do que o outro. Essa mesma acepção também está, aos poucos, nos acordando e preparando para nos livrarmos da discriminação racial. De uma maneira semelhante, mais e mais pessoas estão apreciando e reconhecendo o valor de todos os ensinamentos religiosos. Está se tornando aceita a idéia de que Deus não discrimina ninguém por causa de sua crença. A graça de Deus está disponível para todos, seja você agnóstico, ateu, cristão, judeu, hindu, muçulmano etc. Deus nos ama independentemente de nossa religião. À medida que o mundo se transforma num lugar cada vez menor, temos a oportunidade de experimentar em primeira mão a religiosidade em várias pessoas de diferentes credos. Esse reconhecimento da religiosidade em todas as pessoas, independente de sua fé, deixou muitas pessoas à vontade para liberar suas crenças limitadas do passado.

As pessoas estão começando a aceitar como lugar-comum o fato de que as religiões mais importantes podem ensinar a verdade e ser diferentes. E, graças à religiosidade, milhões de vidas se perderam porque as pessoas foram incapazes de compreender que as mensagens espirituais podiam ser diferentes, porém iguais. À medida que entramos em um novo milênio, a frase "os caminhos são muitos, mas todos levam ao mesmo lugar" está se tornando lugar-comum. Estamos vendo em meio às ilusões que só existe um único caminho, uma pessoa superior, ou um ensinamento ou religião superior para todas as pessoas. À medida que enxergamos a sabedoria em todas as religiões, estamos aptos a apreciar ainda mais as verdades em nossos caminhos pessoais.

Uma nova porta é aberta

Com todos esses avanços no campo do lugar-comum, uma nova porta está sendo aberta para a humanidade. Atualmente somos capazes de desmascarar outras ilusões: a ilusão de que o mundo exterior é responsável por nossa maneira de sentir; a ilusão de que o sucesso exterior é capaz de nos fazer felizes. Muito embora pareça que o mundo exterior influencia diretamente o jeito com que sentimos as coisas, na verdade nós é que somos totalmente responsáveis. Quando o mundo exterior nos dá mais do que queremos e "nos faz felizes", a felicidade é fugaz, pois continuamos a achar que precisamos de mais coisas para que esse sentimento se intensifique. À medida que acreditamos que dependemos do mundo exterior, nossa conexão interior fica mais fraca. Da mesma forma que a felicidade desaparece com a crença de que não podemos ser felizes com algo a mais, a alegria começa a durar quando acreditamos e vivenciamos regularmente que nosso contentamento não depende de circunstâncias exteriores. Vamos considerar o dinheiro como exemplo.

A alegria começa quando vemos que nossa felicidade não depende de circunstâncias externas.

Não é o vil metal que nos faz felizes, mas nossa crença, nosso sentimento e nossos desejos interiores. Quando conseguimos mais dinheiro, ficamos felizes porque acreditamos estarmos mais aptos a ser nós mesmos. É essa permissão que de fato nos faz felizes, e não o dinheiro. Por um breve instante acreditamos no seguinte: "Agora tenho o poder para ser eu mesmo e fazer o que quero."

Dependemos do dinheiro para mantermos essa crença porque fomos incapazes de nos virar para dentro e descobrir que sempre tivemos esse poder. Agora você tem a força para começar a se virar para dentro e experimentar sua bondade e grandeza interiores. Com alguma instrução e prática, pode começar a vivenciar a verdade dessa importante acepção.

Agora você tem a força para começar a se virar para dentro e experimentar sua bondade e grandeza interiores.

Em todo caso, o dinheiro nos faz felizes porque acreditamos que o dinheiro nos permite ser, fazer, ter ou experimentar o que queremos. Somos deficientes em nossa habilidade de aprender por conta própria que já somos felizes, amorosos, tranqüilos e confiantes.

Essa experiência, no entanto, está ao alcance de qualquer pessoa. No passado, só uns poucos conseguiam fazer isso, e mesmo assim levavam às vezes uma vida inteira. Agora, já se pode ter essa vivência imediatamente; basta dar alguns passos numa nova direção. O que foi alcançado uma vez pelo recluso que largou a sociedade para encontrar a paz interior agora está ao alcance de todos sem que seja necessário desistir de um estilo de vida normal.

Quando Jim veio para obter aconselhamento, sentia-se deprimido. Estava com 42 anos de idade e não se sentia satisfeito com o rumo que sua vida tomara. Quando via as pessoas dirigindo automóveis caros, sentia-se mal por dentro, como se de alguma maneira houvesse falhado. Parecia não estar no mesmo patamar de seus semelhantes e achava que não tinha talento suficiente.

Ele se ressentia do fato de os outros terem mais. Fizera tudo que era certo. Freqüentara a escola, trabalhara duro e fora à igreja. Por que não estava conseguindo ganhar os brinquedos mais divertidos? Por que estava sendo passado para trás? Jim sentia-se ressentido e crítico com os ricos e tinha pena de si mesmo.

Depois de um *workshop* de sucesso pessoal, toda sua atitude em relação ao dinheiro mudou. Percebeu que realmente nunca se importara muito com grana, e era por isso que não tinha bastante. Embora quisesse mais, Jim sabia que havia de fato se dado bem na vida. E também começou a ver como estava se contendo quando rejeitava dinheiro.

Seu novo desafio era continuar a ser feliz com menos, mas para querer mais. Quando ia ver carros mais caros, dizia, "isso é para mim". À medida que começou a se despir de seus ressentimentos e opiniões sobre o dinheiro, ele se deu permissão para querer mais. Perdoou-se por seus contratempos e erros na vida e até se sentia grato pelas lições que recebeu.

Aprendeu que tinha tanto o poder de ter mais quanto o de ser totalmente feliz com o que possuía. Percebeu claramente que não precisava de nada a mais para ficar feliz. À medida que se livrou da fixação pelo dinheiro, também começou a ganhar mais. Aprendeu o segredo de como obter o que se quer. Estava apto a querer mais ao mesmo tempo em que também apreciava o que tinha.

O que só estava disponível para uns poucos, que optavam por largar o estresse da sociedade para encontrar a paz interior, agora está ao alcance de qualquer um.

Quando comecei a ensinar muitos dos prinípios dos sucesso pessoal há mais de 25 anos, os resultados foram bons, mas nem chegam perto dos que obtenho atualmente. Esses princípios certamente funcionaram comigo, mas levei toda minha vida para conseguir isso. O que as pessoas podem ganhar num *workshop* de fim de semana me custou mais de vinte anos para alcançar. A diferença entre agora e ontem é como a que existe entre o dia e a noite; mesmo assim os resultados são impressionantes.

Embora um professor goste de receber um pequeno crédito pelo sucesso de seus alunos, estou bem ciente de que a hora é essa. A humanidade está dando um passo maravilhoso. Todos nascemos nesse momento especial para darmos esse passo juntos. Quando o cérebro do estudante está pronto, como na álgebra, novos conceitos e uma nova compreensão se tornam alcançáveis com alguma instrução e prática.

Por ser professor há mais de vinte e cinco anos, já testemunhei essa mudança. A capacidade de compreender como nós, sozinhos, somos responsáveis por nossos sentimentos está agora ao alcance de todos. Com este conceito simples, porém importante, os segredos da criação do sucesso pessoal podem ser finalmente compreendidos e aplicados por todos, e não apenas por alguns poucos e bem-afortunados.

CAPÍTULO 2

O sucesso exterior magnifica os nossos sentimentos

Dinheiro, reconhecimento, casamento, crianças, um bom emprego, roupas de arrasar, ganhar na loteria, ou qualquer outra forma de sucesso exterior é como uma lente de aumento que está em cima de seus sentimentos interiores. Se você já está tranqüilo, se sentirá mais em paz. Se já for feliz e amoroso, ficará mais alegre e mais carinhoso. Se já for confiante, ficará mais seguro de si. Por outro lado, na mesma proporção em que não é feliz, a alegria, o amor, a confiança e a paz na sua vida irão diminuir. Sem que tenha antes atingido o sucesso pessoal, "ter mais" só vai complicar sua vida e criar mais problemas. Se voce, a princípio, não for feliz, ficar rico não vai fazer com que fique mais radiante.

Se você já é feliz e sabe que não depende de mais dinheiro para garantir esse astral, uma maior riqueza pode aumentar ainda mais sua felicidade. Não há nada de errado em querer mais dinheiro. A busca de mais capital só nos limita quando esquecemos que a verdadeira fonte de contentamento está dentro de nós mesmos.

O segredo para obter o que se quer e querer o que se tem está, a princípio, em aprender como ser feliz, amoroso, confiante e tranqüilo, independente das condições externas. Depois, à medida que se consegue um sucesso mais atemporal, pode-se ficar mais feliz. Ao se aprender primeiro a ser feliz com o que já se tem, o sucesso material se seguirá de maneira apropriada, de acordo com o que você realmente quer na vida.

A ilusão do sucesso exterior

A promessa inerente a todo sucesso exterior é uma ilusão. Quando estamos infelizes, pensamos num carro novo, num emprego melhor, ou num parceiro carinhoso para fazer com que fiquemos mais felizes. Ainda assim, a cada aquisição, podemos sentir o efeito oposto.

Quando estamos infelizes, pensamos normalmente que "ter mais" vai acabar com nossa dor interior. Mas não é isso que acontece. Nunca há o suficiente. Enquanto continuamos a nos sentir infelizes "por não termos mais", a ilusão do sucesso exterior é reforçada. Aos poucos acreditamos que não podemos ser felizes a não ser que tenhamos mais. Aqui vão alguns exemplos comuns:

"Não posso ser feliz até conseguir US$ 1 milhão."

"Não posso ser feliz até que minhas contas estejam pagas."

"Não posso ser feliz a não ser que minha esposa se modifique."

Não posso ser feliz a não ser que arrume um emprego melhor."

"Não posso ser feliz a não ser que perca peso."

"Não posso ser feliz a não ser que eu vença."

"Não posso ser feliz a não ser que seja respeitado ou admirado."

"Não posso ser feliz com tanto estresse em minha vida."

"Não posso ser feliz porque há muita coisa para se fazer."

"Não posso ser feliz porque não tenho o que fazer."

A princípio, obter o que queremos parece funcionar, mas depois de um curto período de felicidade, ficamos infelizes outra vez. Como antes, acreditamos erradamente que ter mais fará com que fiquemos mais satisfeitos e aliviará nossa dor. Infelizmente, a cada vez que olhamos para o sucesso exterior a fim de obter satisfação, sentimos um vazio maior por dentro. Ao invés de sentir uma alegria e uma paz maior em nossas vidas, sentimo-nos mais perturbados e insatisfeitos. Sem o sucesso pessoal, ficamos mais infelizes à medida que ganhamos mais. Por que os jornais estão cheios de histórias tristes sobre os ricos e os famosos? Para muitas celebridades, a fama e a fortuna só trazem desgraça, problemas com drogas, divórcios, violência, traição e depressão.

Se não aprendermos a criar o sucesso pessoal, obter mais coisas na vida faz com que nos sintamos mais insatisfeitos e ansiosos.

Suas vidas são exemplo de que o sucesso externo só trará satisfação se já estivermos em contato com nossos sentimentos positivos interiores. O sucesso exterior pode ser o céu ou o inferno, dependendo do grau de sucesso pessoal que já atingimos.

O sucesso pessoal vem de dentro

O sucesso pessoal vem de dentro e é alcançado quando você não está apto apenas para ser você mesmo, mas também para se amar. Ou seja, sentir-se confiante, feliz e forte dentro do processo de fazer o que se quer. O sucesso pessoal não tem a ver apenas com a realização dos objetivos, mas com sentir-se grato e satisfeito com o que se tem depois que se conseguiu. Sem o sucesso pessoal, não importa quem você seja ou quanto tem, nada vai ser o suficiente para alcançar a felicidade.

O sucesso pessoal é alcançado quando você se sente bem em relação a si mesmo, seu passado, seu presente e seu futuro.

Para alcançar o sucesso pessoal, devemos em primeiro lugar reconhecer a futilidade que é fazer do sucesso material nossa maior prioridade. Qual é a vantagem de atingir uma meta para depois achar que ela não é suficiente? Qual é a graça de conseguir o que você sempre quis para depois não querer mais? Qual é o lado bom de se ter milhões de dólares, para depois se olhar no espelho e se sentir mal-amado? Qual é a vantagem de cantar sua canção, ver que todos a adoram, mas no íntimo detestá-la? Para encontrar uma felicidade verdadeira e duradoura, temos de promover uma mudança pequena, porém significativa, em nossa maneira de pensar. Temos de fazer com que o sucesso pessoal, e não o material, seja nossa prioridade número um.

Experimentar a felicidade

A felicidade duradoura vem de dentro. Obter o que se quer só pode fazer alguém feliz na medida em que já se está feliz. Fazer algo bem e aprender algo novo só vai fazer com que você fique mais forte se já estiver se sentindo confiante. O amor pelos outros só pode ser sustentado se você já amar a si próprio. A paz, a harmonia, e o tempo para se relaxar na vida só podem ser encontrados na medida em que já se é relaxado e tranquilo. O mundo exterior só pode nos trazer ondas de amor, alegria, força e paz quando já temos esses sentimentos enraizados em nosso íntimo.

> **O sucesso material só pode fazê-lo feliz se você já estiver feliz.**

Quando já se está feliz, o que se ganha na vida permite que você se sinta assim. É como ficar deitado confortavelmente dentro de uma banheira com água quente. Se estiver deitado e bem tranquilo, depois de um tempo não vai notar o calor. Se você se movimentar um pouco e mexer nas coisas que lá estão, vai começar a sentir ondas de calor novamente. Para sentir esse ardor deve-se obedecer a duas condições: estar dentro da água quente e fazer algum movimento.

De uma maneira semelhante, para experimentar ondas de felicidade na vida, já devemos estar felizes para depois vivenciar as ondas geradas quando obtemos o que queremos. Se já estivermos felizes, não é necessário um sucesso material gigantesco para gerar ondas de alegria deliciosas e agradáveis.

Se você estiver deitado numa banheira ligada a seu poder e confiança interiores, basta se mexer um pouco para experimentar ondas de confiança. Quando você está imerso numa banheira de paz e amor, suas interações vão lhe trazer ondas de paz e amor.

Por outro lado, se estiver se sentindo infeliz, mal-amado, inseguro, ou estressado, suas interações diárias vão lhe trazer ondas de infelicidade, decepção e sofrimento. Não importa o quanto você seja bem-sucedido para conseguir o que quer, isso só lhe trará desgraça e estresse.

A verdadeira causa da infelicidade

Quando o sucesso exterior nos faz sentir infelizes, podemos concluir que a causa de nossa infelicidade é não termos o que está a caminho. É fácil cometer esse erro. Na maior parte do tempo, quando estamos infelizes, é porque queremos algo. Podemos concluir automaticamente que somos infelizes porque não temos o que queremos. Essa conclusão é incorreta.

Nós, por engano, concluímos que a causa da infelicidade é não obter ou ter o que queremos.

À medida que alcança mais sucesso pessoal, você descobre que querer mais e não conseguir o que deseja causa infelicidade. Por outro lado, querer mais cria sentimentos positivos e felizes como paixão, confiança, determinação, coragem, excitação, entusiasmo, fé, apreço, gratidão, amor – a lista é longa. Querer mais não é a causa da infelicidade. Quando você já está feliz e confiante por dentro, o querer mais e o compromisso com o processo de obter mais cria ondas de alegria, amor, confiança e paz.

O desejo e o querer mais estão na natureza da alma, da mente, do coração e dos sentidos. A alma está sempre disposta a ser mais; a mente está sempre buscando fazer e conhecer mais; o coração está sempre ansioso para amar e ter mais; e os sentidos sempre querem aproveitar mais. Se formos verdadeiros conosco, estaremos sempre querendo mais.

Querer mais está na natureza da alma, da mente, do coração e dos sentidos.

É natural querer mais amor em nossos relacionamentos. É bom querer mais sucesso no trabalho. É normal aproveitar os prazeres dos sentidos e querer mais. Quando queremos mais estamos em nosso estado natural. Não há nada errado com o desejo. Abundância, crescimento, amor, prazer e o movimento para se obter mais são a natureza da vida.

Querer mais e ter menos não são as causas de nossa infelicidade. Elas se resumem simplesmente à falta de uma alegria interior e não têm nada a ver com nossa condição externa. A verdadeira causa da infelicidade é a ausência de alegria. Ela é semelhante à escuridão. As trevas são a ausência de luz. Podemos eliminar a escuridão simplesmente acendendo as luzes. Da mesma forma, nossa infelicidade diminui à medida que aprendemos a acender a luz dentro de nós mesmos.

> A escuridão não pode ser diretamente eliminada,
> mas ela desaparece automaticamente
> quando você acende a luz.

Quando estamos conectados ou ligados à nossa verdadeira natureza, nos tornamos automaticamente felizes. Por quê? Porque somos basicamente seres felizes. Nossa verdadeira natureza já é amorosa, alegre, confiante e pacífica. Para encontrar a felicidade, devemos começar uma jornada interior para recuperar e nos lembrarmos de nosso verdadeiro eu. Ao olharmos para dentro de nós mesmos descobriremos que a alegria, o amor, a força e a paz que tanto procuramos já estão lá. Essas qualidades formam quem realmente somos.

CAPÍTULO 3

Vendendo-se para obter sucesso exterior

Na literatura e no cinema, normalmente, surgem histórias de pessoas que alcançam o sucesso quando vendem suas almas para o diabo ou para a "força negra". Embora essas histórias sejam fictícias, existe de fato uma boa quantidade de verdade nessa metáfora. É mais fácil atingir o sucesso exterior se você desistir de ser quem é. Vender sua alma ou simplesmente se trair indica que fazer sucesso exterior é mais importante do que o desejo que sua alma acalenta de ser amoroso, feliz e tranqüilo.

O amor, a alegria, a fé, a compaixão, a paciência, a sabedoria, a coragem, a humildade, a gratidão, a generosidade, a confiança, a bondade etc. são qualidades humanas inerentes a todas as pessoas. Quando chega a ponto de negar o processo natural de desenvolvimento e a expressão destas qualidades, você está se traindo. O sucesso exterior acaba sendo alcançado como conseqüência, mas não acaba sendo verdadeiramente satisfatório.

Quando você dirige toda sua atenção para o sucesso exterior, acaba chegando lá mais rápido, mas se perde no processo. Acaba deixando escapar a capacidade de querer o que tem. Perde o direito de vivenciar a paz na cabeça e o amor no coração. A felicidade tanto passa a ser fugaz quanto está sempre do outro lado da esquina, fora de alcance.

> Quando você dirige toda sua atenção
> para o sucesso exterior, acaba chegando lá
> mais rápido, mas se perde.

Muitas pessoas já alcançaram um grande sucesso no plano mundial sem serem amorosas. Elas negam a seu eu interior a possibilidade de se tornarem mais poderosas. É mais fácil tomar decisões e fazer o que provoca o sucesso exterior quando você não se importa com mais ninguém. Esse é o lado negro do sucesso material. Isso não se aplica a todo mundo, mas explica o porquê de algumas pessoas injuriosas terem tanto poder.

Sem ligar para as necessidades, os sentimentos dos outros e o que é justo, estão livres para serem egoístas. Alheias às necessidades das outras pessoas, podem impiedosamente seguir adiante.

A história está cheia de pessoas poderosas e corruptas que ganharam fama e fortuna ao abusar, negligenciar e pisar em cima dos outros. Tudo com o que elas se importavam era o poder e não o que acontecia com seus semelhantes. O sucesso exterior era mais importante do que a verdade interior. Embora suas vidas parecessem prósperas e satisfatórias na aparência, elas eram empobrecidas na essência.

Seja feliz e o sucesso virá...
mas nem sempre

Por outro lado, alguns optam por serem fiéis a suas convicções, e normalmente passam por cima do sucesso exterior. Estes observam a idéia popular de seguir o que dizem seus corações, os princípios da bem-aventurança, ou simplesmente seguem o fluxo. "Não se preocupe, seja feliz" ou "deixa rolar e deixa nas mãos de Deus" são eventualmente seus lemas. Eles acreditam que se ficarem concentrados na possibilidade de serem felizes, o sucesso vai acontecer. Embora isso soe bem, nem sempre é verdadeiro. Ser sincero para consigo pode fazê-lo feliz, mas não garante que você vá obter o que quer.

O mundo está cheio de gente que é muito feliz sem ter muitas coisas externas. Enquanto visitava aldeias na Índia, no sudeste da Ásia, em determinadas regiões da África, e em outros lugares no mundo, percebi existirem muitas pessoas que possuem uma alegria e uma paz imensas em suas vidas, e que não têm um sucesso material, exterior. Há milhões de indivíduos no planeta que são felizes, porém pobres. Mesmo em países mais ricos, algumas das pessoas mais amáveis e gentis ainda têm dificuldades para pagar suas contas e equilibrar o orçamento. Estas conseguiram atingir um certo grau de alegria e amor, mas não podem ser consideradas peritas no que diz respeito a conseguir o que querem no mundo.

O mundo possui milhões de habitantes que são felizes, porém pobres.

Enquanto alguns simplesmente não ligam muito para o sucesso material, outros rejeitam o sucesso exterior e o condenam por considerá-lo a raiz do mal ou a causa dos problemas do mundo, o que não é necessariamente verdadeiro. Eles jogam fora o bebê junto com a água do banho. Equivocadamente, rejeitam seus desejos naturais em troca de mais, pois outros com sucesso material já abusaram de seu poder. Se rejeitarmos conscientemente o mundo material ou não nos importarmos muito com isso, uma atitude negativa em relação à riqueza é o que a mantém distante.

Não basta ser feliz apenas por dentro. Se tivermos que viver a vida que nos é destinada, também teremos de nos permitir querer mais. Se você for daqueles que não se importam apenas com o dinheiro, é bom reavaliar tal sentimento. Pode ser que, sem saber, esteja bloqueando seu desejo interior por mais. Embora você seja feliz, pode aumentar ainda mais sua felicidade quando abraça todas as partes de seu ser.

Às vezes, quando não conseguimos o que queremos, lidamos com uma decepção que advém da negação de nossos desejos. Em vez de sentirmos nossa dor interior, podemos evitar isso dizendo-nos coisas como: "Isso não foi tão importante assim" ou "Não me importei muito". Essa tendência pode, no fim das contas, deixar adormecidos nossos sentimentos e evitar que sintamos nossos desejos naturais.

De monge a milionário

Em meus vinte anos, passei por uma fase na qual rejeitava os limites exteriores do sucesso. Depois de viver como monge na Suíça por nove anos, acabei "encontrando Deus" e descobri uma fonte tremenda de felicidade interior. Até um certo ponto, havia renunciado à minha necessidade de sucesso exterior. Mesmo assim, ainda queria fazer alguma diferença no mundo, e rezava, pedindo para que Deus me mostrasse o caminho. Meu guia interior me levou até a Califórnia.

Vivendo em Los Angeles, rejeitava ainda mais o sucesso material. Acreditava que os capitalistas mais ricos eram egoístas e responsáveis pelos problemas do mundo, pois conseguiam o que queriam de qualquer maneira. Sem nenhum respeito e compaixão pelos outros e pelo meio, só se importavam com eles mesmos e realizavam seus desejos insaciáveis por riqueza e poder. Eu me rebelava, recusava-me a arrumar um emprego e dava todo o meu dinheiro para os pobres. Em poucos meses também fiquei sem lar.

Uma noite, sentado em volta de uma fogueira junto com outros sem-teto, vivi um momento crucial. Enquanto estava lá sentado, falando e compartilhando minhas idéias, um sujeito me passou uma cerveja e disse: "John, nós adoramos escutar o que

Vendendo-se para obter sucesso exterior • 39

você tem a dizer, mas não temos a menor idéia do que está falando." Todos rimos.

Mais tarde, fiquei rememorando o que aquele cara disse. Seu único comentário foi o catalisador que me trouxe de volta. Percebi que precisava encontrar meu lugar no mundo, um lugar onde fizesse uma diferença com algum sentido. Também reparei que sentia falta dos muitos confortos aos quais antes não dava valor. Embora meu coração estivesse cheio de alegria e amor, ao mesmo tempo me sentia péssimo. Esse estilo de vida não era para mim. Sentia fome, frio, medo e estava falido e perdido. Quando passei a desabafar com Deus, comecei a pedir ajuda.

Embora meus nove anos como monge tivessem me ensinado como encontrar a felicidade interior, naquela noite descobri que minha alma queria muito mais. Aprendi que não basta ser feliz com o que se tem; também devemos honrar nossos desejos materiais. À medida que fui começando a fazer mais pedidos para Deus, as coisas começaram a acontecer. Pequenos milagres começaram a ocorrer imediatamente à minha volta.

> **Não basta ser feliz com o que se tem;
> também devemos honrar
> nossos desejos materiais.**

Quando eu estava com fome, alguém vinha me convidar para jantar. Quando estava cansado de dormir no carro, alguém me chamava para passar uma noite em sua casa. Bastava eu precisar reabastecer meu automóvel para que meus pais decidissem creditar algum valor em minha conta bancária. A alegria e o alívio que senti ao receber todos esses presentes me ajudaram a me libertar de todas os sentimentos e crenças negativas que tinha em relação ao dinheiro e à fortuna. Assim que esse sucesso material contínuo começou a brotar, em um ano minha vida voltou a ser reconfortante. Eu ainda estava em busca de meu caminho, mas minhas orações eram atendidas.

Sempre pautei minha vida nas palavras de Jesus, quando ele disse: "Busca o reino dos céus que há dentro de ti, e tudo te será dado." Bem, daquela noite em diante, comecei uma nova fase de minha jornada. Encontrara o reino dos céus que estava dentro de mim, e agora era chegada a hora em que tudo viria para mim. Durante os nove anos seguintes, tudo que eu sempre quis me foi dado, e até mais do que jamais poderia imaginar. Levei nove anos para mergulhar dentro de mim, e encontrar meu verdadeiro eu e o que me ligava a Deus. Coincidentemente, demorei mais nove anos para atrair e criar tudo que queria no mundo exterior. E então, depois de mais nove anos, estava pronto para criar um sucesso que ia além de meus maiores sonhos e expectativas, e desenvolvi conceitos e ferramentas práticas para que outros pudessem realizar seus sonhos mais rapidamente. Embora tivessem sido necessários nove anos de meditação, orações e devoção a Deus (tudo com a maior das dedicações) para encontrar o sucesso interior, esse compromisso com o tempo não é necessário para outras pessoas. À medida que vamos entrando nesse novo milênio, não é mais necessário renunciar ao mundo e reservar de dez a 15 horas por dia para encontrar o reino dos céus que existe dentro de nós.

Mostre-me o dinheiro

Enquanto olho para trás e vejo minha jornada pessoal, posso identificar muitos erros e viradas equivocadas. Ainda assim, esses enganos foram necessários para que eu pudesse encontrar meu caminho. Felizmente, havia amor e apoio suficientes em minha vida para que pudesse aprender com esses erros. Depois de sofrer com tantas privações, dei-me permissão para pedir mais. Aprendi da maneira mais difícil que, se você não pedir, acaba não ganhando. No fim das contas, depois que pedi a Deus para me mostrar o caminho, aprendi que também poderia pedir a Deus para me mostrar o dinheiro.

Aos poucos, aprendi que poderia pedir a Deus para me mostrar o dinheiro.

Além das orações, o que me ajudou nessa mudança foi saber que tinha os recursos necessários para ser bem-sucedido no mundo. Não estava sozinho. Deus estava me ajudando, e eu tinha uma família e amigos que se preocupavam comigo e que poderiam e iriam me ajudar a começar tudo de novo. Estava apto a entrar, num estalo, de sola na vida, devido ao amor e ao apoio que me eram dados por Deus, minha família e meus amigos. Para que a bênção de Deus se apose de nossas vidas, temos de fazer tudo que pudermos para obter o que queremos. Não podemos simplesmente esperar que Deus faça tudo. As coisas não funcionam assim. Deus só faz aquilo de que você não é capaz.

Quando você reza, Deus só faz aquilo de que você não é capaz.

Não basta apenas encontrar Deus para alcançar sucesso exterior; você também tem de estar apto a obter o que precisa para crescer. A semente pode ser saudável, o solo pode ser fértil, mas se você não puder regá-lo, a planta não vai crescer. Para vivenciar o sucesso interior e exterior, saciar nossas necessidades emocionais de amor e suporte é essencial. À medida que conseguimos o que precisamos, estamos aptos a olhar para as dificuldades que ficaram para trás, e aprender e crescer com elas. Sem o suporte do amor, tendemos a olhar para trás com ressentimento e culpa, e a sentir falta das lições importantes do crescimento.

Para mim, ter sido pobre e sem-teto me ajudou a abrir ainda mais meu coração para o mundo material. Quando recuperei minha independência, passei a gostar realmente de grana. Podia ver claramente que o dinheiro podia ser uma bênção dos céus ou uma passagem para o inferno. Ele por si só é neutro; podemos fazer com que ele seja positivo ou negativo. A bênção que adveio de minha condição de sem-teto me deu uma grande condição de avaliar os presentes que o dinheiro podia me oferecer.

O dinheiro pode ser uma bênção dos céus ou uma passagem para o inferno.

Ainda me lembro da alegria e do apreço que senti quando um amigo notou que eu precisava de dinheiro e me deu US$ 50. Aprendi que um homem faminto realmente aprecia as coisas simples da vida. Esse apreço pelo que tinha, além da confiança de que poderia ter mais, transformaram-se num poderoso ímã que passou a atrair sucesso para minha vida.

Até hoje, embora adore os confortos e os adornos do sucesso exterior, viajo pelo mundo e às vezes vivo como um nativo em áreas subdesenvolvidas. Sentir falta dos confortos simples de nosso estilo de vida ocidental me impede de admiti-lo; a vida primitiva me impede de perder o apreço pelo que tenho.

Uma tremenda carga de estresse é retirada de sua vida quando seus maiores desafios e preocupações estão no lugar onde você obtém água engarrafada, papel higiênico, comida quente, um bom banho e uma cama. Quando os confortos da vida são temporariamente arrancados, sou capaz de provar mais uma vez para mim mesmo que posso ser feliz sem eles. Sempre que o prazer da mente, do coração e dos sentidos não está à disposição, a luz interior da alma tem uma chance de brilhar mais.

Porém esta não seria uma experiência tão iluminadora e um desafio tão positivo se eu não soubesse que tenho o poder para voltar e também criar sucesso material. Quando opto por desistir do prazer da civilização, isso não é definitivo. Ainda honro meus desejos por prazer, conforto, fartura, dinheiro, família, amigos e

Vendendo-se para obter sucesso exterior • 43

saúde. Depois de cinco ou seis dias, volto para o conforto. Quando finalmente consigo um quarto num bom hotel com água quente, experimento uma alegria e um prazer físico tais que também agradeço a Deus por meu sucesso exterior.

Que não haja dúvidas: a busca por dinheiro está ferindo o mundo. Mas não esqueçamos os motivos. A abundância material ou o desejo por ela não é o problema. O sucesso exterior só é causa de infelicidade quando o tornamos nosso foco principal e nos descuidamos de sermos verdadeiros conosco. Uma vez que realizamos o desejo de nossa alma de sermos inteiros, o dinheiro passa a ser uma das bênçãos de Deus.

O desejo por dinheiro e sucesso exterior é saudável. Ser bem-sucedido no nível planetário não deve nos dissociar de nós mesmos. Você pode ter sucesso exterior e ser verdadeiro consigo. Pode obter o que quer e continuar a amar e zelar pelo que tem. Ao compreender como se faz para criar o sucesso pessoal, pode experimentar tanto a modalidade interior como a exterior.

CAPÍTULO 4

Como obter aquilo de que você precisa

Até agora exploramos a importância de sermos verdadeiros conosco e de encontrar a felicidade interior antes de se concentrar em desejos exteriores. Mas como é que você encontra esse estado de graça quando não está feliz? Como é possível amar a si próprio ou a outro alguém quando falta amor? O que pode fazer quando olha no espelho e não gosta do que vê? Você tenta amar seu vizinho, mas fica incomodado. Tenta amar sua esposa, mas não consegue sentir amor. Tenta gostar de seu trabalho, mas o odeia ou está entediado. Ama sua família, mas sente-se culpado porque quer ir embora. É tudo uma questão de trabalho e tarefas. Como você pode encontrar a felicidade quando o mundo o empurra para baixo?

A resposta para essa pergunta é "identifique a sua necessidade e depois vá atrás dela". Um carro pode estar funcionando muito bem, mas se você não encher o tanque ele não irá a lugar nenhum. Da mesma forma, quando não estamos conseguindo aquilo de que precisamos, esquecemos por um tempo nossa verdadeira natureza. Estamos falando da felicidade. Para vivenciar e se conectar com ela, basta sentir um tipo especial de amor e apoio. Até conseguirmos abrir nossos corações para receber aquilo de que precisamos, não podemos encontrar nosso caminho de volta para casa.

Como obter aquilo de que você precisa • 45

Um carro pode estar funcionando muito bem, mas se você não encher o tanque ele não irá a lugar nenhum.

Quando você não está sentindo o sucesso interior, isso não tem nada a ver com o fato de não obter o que quer no mundo exterior. Normalmente achamos que isso procede, mas não é o caso. Quando a vida é muito estressante para que se possa encontrar paz, amor, alegria e confiança, precisamos nos lembrar de quem somos para nos religarmos à nossa natureza interior. Não podemos encontrar nossa felicidade interior a não ser que obtenhamos, em primeiro lugar, aquilo de que precisamos.

Quando estamos felizes, recebemos exatamente o tipo de amor de que precisamos. Se estamos infelizes, isso sempre se deve ao fato de estarmos de algum modo carentes de um tipo especial de afeto. O amor é como um combustível, e quando paramos de receber a "gasolina" de que precisamos, automaticamente interrompemos as atividades. Uma lâmpada pode estar funcionando bem, mas se ocorrer uma interrupção no fornecimento de energia, não há luz. Receber amor nos dá o poder de que precisamos para poder nos ligar a nosso verdadeiro eu. Receber aquilo de que necessitamos é como ligar a chave de força que acende a luz. A fiação já está no lugar, só precisamos ligar a força.

Vitaminas de amor

Assim como o corpo precisa de água, ar, alimento, vitaminas e minerais para se manter saudável, a alma precisa de tipos diferentes de amor para crescer e se expressar inteiramente por intermédio da mente, do coração e do corpo. A mente auxilia a alma na realização de seus objetivos no mundo por via de intenções, do estabelecimento de metas, do pensamento positivo e da crença. O coração colabora colhendo aquilo de que a alma precisa para crescer. Os sentidos a alimentam fornecendo informações e experiências agradáveis, necessárias no mundo exterior.

O coração serve a alma colhendo aquilo de que ela precisa para crescer.

A menos que a alma consiga aquilo de que precisa, ela não tem forças para dirigir e trazer realizações para nossas vidas. Sem uma ligação com a alma estamos perdidos. Podemos achar que sabemos aonde vamos mas jamais ficaremos realmente satisfeitos. Para estabelecermos uma conexão com nossas almas, temos de estar predispostos a abrir nossos corações e receber o tipo de amor do qual precisamos. Para ficarmos saudáveis e fortes, a alma precisa de diferentes vitaminas de amor.

Quando nossos corações estão fechados ou nossas mentes procuram a felicidade no lugar errado, não podemos atingir o sucesso interior. Ao aprender a identificar suas necessidades amorosas e depois abrir seu coração para receber vitaminas de amor diferentes, você estará sempre apto a se religar com seu eu interior.

Existem dez necessidades amorosas, ou vitaminas de amor. Para alcançar o sucesso pessoal, você precisa de cada uma delas. Para conhecer e experimentar o seu verdadeiro eu, é necessário abrir o coração para receber cada uma dessas vitaminas. Para não precisar fazer esforço e começar a vivenciar seu poder de criar e atrair sucesso na vida, essas vitaminas de amor diferentes são essenciais.

AS DEZ VITAMINAS DE AMOR

Vitamina D1 – Amor e apoio de Deus.
Vitamina P1 – Amor e apoio de nossos pais.

Vitamina F – Amor e apoio vindos da família, dos amigos e do lazer.
Vitamina P2 – Amor e apoio de nossos pares e de outros que têm metas parecidas com as nossas.
Vitamina S – Amor e apoio de nós mesmos.
Vitamina R – Amor e apoio das relações íntimas, parcerias e romances.
Vitamina A – Amar e apoiar alguém que depende de nós.
Vitamina C – Devolver o que recebemos da comunidade.
Vitamina M – Devolver o que recebemos do mundo.
Vitamina D2 – Servir a Deus.

Uma vida rica e plenamente satisfatória será alimentada por cada um desses dez tipos de amor e apoio. Quando você está insatisfeito na vida (nenhum sucesso interior) ou não obtém o que quer (nenhum sucesso exterior), a razão básica é não receber o que precisa. Em muitos casos, seu coração poderá estar aberto, mas você estará olhando na direção errada. Noutras horas, poderá estar olhando na direção correta, mas seu coração estará fechado e não terá como absorver o amor de que sua alma necessita. Ao aprender mais sobre cada uma dessas vitaminas de amor e como pode fazer para conseguir aquilo de que precisa, você descobrirá que tem agora o poder necessário para transformar seus sonhos em realidade.

Cada vitamina de amor é essencial

Cada um desses tipos diferentes de amor e apoio é essencial se quisermos ser um todo. Embora cada tipo de amor seja tão importante quanto o outro, as coisas nem sempre são assim. Se seu corpo está doente, pode ser devido à falta de uma única vitamina. Neste caso, muito embora todas as vitaminas sejam importantes, aquela que está lhe faltando se torna a mais importante. Se você começar a tomar e assimilar a vitamina que falta, sua saúde vai melhorar imediatamente.

Da mesma forma, se estiver sentindo a falta de uma determinada vitamina de amor, não importa a dosagem que receber das outras, você não será feliz. É por isso que há muitas maneiras de se encontrar a felicidade. Algumas pessoas começam a prosperar quando se abrem para o amor de Deus, enquanto a mesma coisa acontece quando outras começam a amar a si próprias e assumir responsabilidades com o objetivo de melhorar suas vidas. Alguns encontram a felicidade numa relação amorosa, enquanto outros se beneficiam mais na convivência com a família ou com os amigos. As pessoas têm deficiências amorosas diferentes e, tendo em vista o que lhes falta, necessitarão mais daquele determinado tipo de amor.

Nossas necessidades de amor variam de acordo com nossas deficiências específicas.

Por exemplo, quando uma pessoa que sente muita dificuldade para perceber o amor de Deus participa de um evento espiritual com o coração aberto, ela passará por uma incrível transformação. Outros, porém, que possuem menor carência de amor divino, não terão uma experiência tão dramática. Elas se divertirão, se sentirão revigoradas, mas não serão dominadas. É a mesma coisa que se alimentar. Quando uma pessoa esfomeada recebe comida, fica muito, mas muito feliz, e tudo parece delicioso. Para alguém que acabou de fazer uma grande refeição, uma quantidade adicional de comida não será nada satisfatória e nem apetitosa. Uma porção muito generosa de qualquer coisa boa faz com que fiquemos menos suscetíveis a apreciá-la. Em vez de querer mais, estaremos tentando nos livrar dos excessos.

Chris sempre se dedicou muito a sua igreja. Durante anos, sentiu-se muito realizado. Tinha uma esposa, uma família e um

Como obter aquilo de que você precisa • 49

bom emprego. Quando chegou aos quarenta, começou a ficar muito deprimido. No aconselhamento, ele acabou dizendo que se sentia até culpado por estar sofrendo de depressão. Ele achava que, por ter encontrado Deus, devia estar feliz. Havia devotado sua vida para ser bom e servir a Deus, e não podia entender por que se sentia tão deprimido. Considerava-se culpado por não sentir a alegria e a interação que costumavam emanar quando começou a se envolver com sua espiritualidade.

Depois que tomou conhecimento da existência das vitaminas de amor, Chris percebeu que não estava fazendo nada para se divertir. Tinha uma carência das vitaminas F e S. Estava tão preocupado em ser bom que não ligava muito para si próprio. Era tão sério em sua dedicação a Deus que não reservava tempo para relaxar e se divertir.

Para se livrar de sua depressão, precisava se desviar de sua devoção ao Todo-Poderoso e se concentrar mais em si mesmo. Decidiu, portanto, dar um tempo. Comprou um carro esporte e caiu na estrada com a família. Deixou-se fazer coisas que jamais teria feito antes. Ele e sua esposa leram alguns livros sobre sexo e romance e começaram a se divertir mais dentro do quarto.

À medida que desviava sua atenção para si mesmo, sem culpa, começou a se sentir melhor. Depois de se afastar de suas responsabilidades na comunidade espiritual, acabou voltando e sentiu um apoio e um apreço renovados. Precisava em primeiro lugar entender que reservar algum tempo para si mesmo não queria dizer que não amava a Deus.

O amor de que você precisa está sempre à disposição

Sua alma tem o poder de atrair o amor de que precisa, mas sua mente deve reconhecer suas necessidades, e seu coração deve se abrir para recebê-la. O amor de que você precisa está sempre à disposição. Quando seu coração quer o que não está a seu alcance, isso indica que se está olhando na direção errada. Na maior parte do tempo, você não está obtendo o que precisa porque está tentando conseguir tudo em uma só fonte. Está procurando se manter equilibrado com uma única vitamina. O sinal que dá a entender que está procurando ajuda na vitamina errada é a crença de que não pode conseguir o amor que deseja.

> **Quando o desejo de seu coração não está a seu alcance, você está olhando na direção errada.**

Isso acontece muito no casamento. Quando as pessoas se casam, normalmente descuidam de suas outras vitaminas de amor. Elas recorrem a seus parceiros para tudo. Por quê? Porque, no começo, tudo é maravilhoso. Elas se sentem como se estivessem no céu. E por que não? Afinal de contas, encontraram alguém com quem podem partilhar o amor e saciar sua necessidade de vitamina R – o amor e o apoio que vêm das relações íntimas, parcerias e romances. Muito rapidamente, as coisas começam a ficar tão boas que elas se esquecem de suas outras necessidades.

Esse paraíso é temporário. Enquanto recebe boas doses de vitamina R, você não tem consciência das outras necessidades e deficiências que não são saciadas. Embora a alma precise de todas as dez vitaminas, o coração só pode assimilar uma de cada vez. Mesmo se estiver carente de todas elas, você parecerá ter tudo de que precisa quando receber uma boa dosagem de qualquer uma.

> **A alma precisa de todas as dez vitaminas, mas o coração só pode assimilar uma de cada vez.**

Se você tivesse uma carência de vitamina R, mas também possuísse outras carências, estaria alegre e não perceberia suas outras necessidades amorosas que não foram saciadas enquanto estivesse recebendo a vitamina em questão. No entanto, uma vez essa necessidade estando plenamente saciada, você começaria a sentir o vácuo provocado pelas tais exigências amorosas não saciadas.

Sempre que uma delas for atendida, começaremos a nos sentir insatisfeitos na mesma proporção em que temos carência de outras necessidades amorosas. Num certo ponto das relações íntimas, quando já recebemos o que precisamos de vitamina R, acabaremos inevitavelmente começando a sentir o vácuo coletivo provocado por quaisquer outras necessidades não saciadas que possamos ter. Isso explica por que tantos casais se apaixonam para depois criarem um clima de desavença. O começo de um relacionamento é repleto de felicidade porque paramos temporariamente de sentir o vácuo de nossas deficiências. Nós nos ligamos à nossa verdadeira natureza e nos sentimos ótimos. Assim que nossa necessidade de vitamina R é atendida, começamos a sentir as mesmas sensações de infelicidade que tínhamos antes de nos apaixonarmos.

Nesse ponto, paramos de sentir nosso amor. Não importa o que façamos, nós e nossos parceiros, nada será suficiente. Ficamos estagnados. Nessa altura, as coisas ficam bem piores, porque concluímos equivocadamente que a culpa é do(a) companheiro(a). Em vez de nos deleitarmos com sua presença, tanto podemos querer que eles se modifiquem quanto temos vontade de mudar de parceiro. Perdemos contato com o desejo que nosso coração tem de amar e nos atrapalhamos ao tentar melhorar a relação ou ao procurar outro relacionamento melhor. Atolados em culpa, não só perdemos a força para conseguir o que queremos, como começamos também a ferir um ao outro.

Ao aprender a identificar suas diferentes vitaminas de amor, você não será logrado pela ilusão de que não há o suficiente. Quando supõe que é necessário transpor obstáculos para se conseguir o que se deseja, você se habilita a mudar seu foco, suas intenções, e começa imediatamente a receber o verdadeiro apoio de que precisa. Ao saber onde procurar e como chegar lá, você entenderá que pode sempre conseguir o amor de que precisa.

CAPÍTULO 5

Os dez tanques de amor

A dinâmica de receber aquilo de que precisa pode ser melhor entendida com a visualização dos tanques de amor. Imagine que para cada necessidade amorosa existe um tanque. Todo mundo possui dez tanques de amor. Para ficarmos ligados ao verdadeiramente essencial em nós, devemos ter como objetivo continuar enchendo nossos tanques de amor.

Se ficarmos desconectados de nossas verdadeiras características, um ou mais de um de nossos tanques estará diminuindo de nível. Ao tomar aquela determinada vitamina de amor, você começa a encher um deles. À medida que um tanque for enchendo, mais uma vez voltamos a nos ligar à nossa verdadeira essência.

O segredo, então, para entrar em contato com nosso eu interior é continuar enchendo nossos tanques de amor até a boca. Enquanto estivermos fazendo isso, não só iremos vivenciar um aumento da alegria, da paz e do contentamento, como ficaremos aptos a permanecer em contato com nosso potencial interior e com o poder cada vez maior de criação e atração.

Assim que um tanque estiver cheio, você deve começar a encher outro para permanecer conectado. Se você não mudar seu foco de tempos em tempos, para se certificar de que todas suas necessidades amorosas estão sendo saciadas, acaba ficando infeliz. Por exemplo, se só estiver buscando amor em seu parceiro, começará a se ressentir de que ele não está lhe dando o suficiente.

Assim que um tanque encher, você deve começar a encher um outro para permanecer conectado.

A experiência de estar apaixonado é, de fato, equivalente ao enchimento do tanque R. Se continuarmos a nos concentrar para obter uma dose maior daquela determinada vitamina de amor depois que um tanque estiver cheio, nos desconectamos daquela fonte interior de satisfação. Ironicamente, buscar a mesma vitamina de amor que estava nos mantendo conectados resulta numa desconexão. Quando nos desligamos da verdadeira fonte de nossa satisfação, nada que nossos parceiros façam parece suficiente. Nessas horas, admitimos equivocadamente que trabalhar na relação vai fazer com que as coisas melhorem. Em vez disso, precisamos nos concentrar no enchimento de outro tanque de amor.

Quando o tanque de vitamina R está cheio, só tornamos as coisas piores quando concentramos todas nossas energias e nossa atenção na solução dos problemas que existem no relacionamento. Sem se valer dessa acepção, casais se ferem rotineiramente durante o processo de tentar melhorar as coisas. Tanta dor e luta desnecessária pode ser evitada quando os casais aprendem a reconhecer os sintomas de um tanque cheio e começam a desviar sua atenção para encher outro.

George e Rose estavam casados há cerca de oito anos. Embora estivessem se valendo de muitas das sugestões e idéias para uma boa comunicação delineadas em *Homens são de Marte, mulheres são de Vênus*, eles ainda permaneciam emperrados. Parecia que nada que George fazia era suficiente. Ele tentava fazer as coisas que aprendera, mas isso não era o bastante para sua esposa. Ela achava que seu marido não se ligava no que ela dizia, e que não lhe dava o que precisava.

Rose tentava ser amorosa, mas achava que, não importava o quanto fosse romântica e dada, George tomava seus pedidos como críticas. Ela sentia como se estivesse andando sobre cascas de ovo. Embora quisesse ser carinhosa, seu ressentimento continuava crescendo. Parecia que, quanto mais tentava fazer as coisas certas, ficava mais ressentida por não estar obtendo o que gostaria na relação. George e Rose haviam deixado o clima de romance escapar.

Depois de descobrir a existência dos tanques de amor, George e Rose se comprometeram a não esperar nada de mais do outro durante cerca de seis semanas. Durante esse tempo, eles passaram a dormir em quartos separados e tentaram saciar suas necessidades em outros lugares. Os dois evitaram ter intimidades fora de casa, mas arrumaram tempo para alimentar o relacionamento com os amigos e com os familiares. Fizeram o que quiseram sem esperar nada um do outro.

Depois de algumas semanas de adaptação, ambos passaram a se sentir mais felizes e satisfeitos. Quando pararam de culpar um ao outro por sua infelicidade, perceberam que podiam se divertir. No que passaram a encher seus tanques de amor até a boca, começaram a se sentir melhores consigo e estavam mais contentes. Ao final de seis semanas, marcaram um encontro especial para restabelecer o contato. Divertiram-se bastante. Pela primeira vez em anos, George sentiu uma paixão, um desejo e um interesse verdadeiros por Rose. Ela, por sua vez, gostou de fato da atenção que seu marido dispensou e estava muito grata. Ficou surpresa ao ver que as coisas que queria estavam ali. Ele estava atento, conectado, interessado e ligado em sua mulher. Ela era tudo que seu esposo queria: grata, positiva, feliz por estar a seu lado e sensível. Para restabelecer a ligação que mantinham, George e Rose só tiveram que dar um tempo em sua relação para depois retomá-la a partir de um ponto de maior satisfação.

Os sintomas de um tanque cheio

Quando um tanque está enchendo, experimentamos um aumento do sentimento positivo. Nesses momentos, podemos achar que foram nossos parceiros que nos fizeram felizes, mas de fato foi a alegria de nos ligarmos a nosso eu interior que nos fez felizes. Contudo, o amor e o apoio dados por nossos parceiros permitem que nos reencontremos conosco. Quando alguém nos vê ou nos trata com amor, ficamos mais aptos a nos conectarmos com o que somos. Os dez tipos diferentes de amor nos ajudam a fazer a ligação com nossas diferentes facetas.

Quando um tanque de amor está completamente cheio, o sintoma para tal não é a satisfação contínua. Muito pelo contrário, isso pode indicar tédio ou inquietação, e depois insatisfação. Embora possamos achar que estamos insatisfeitos com nossos parceiros, sentimos na verdade o vazio coletivo dos outros tanques que temos.

Quando um tanque de amor está cheio, começamos a nos sentir entediados e inquietos.

Ironicamente, o sintoma inevitável da satisfação é a percepção de estarmos sentindo falta de alguma coisa. Nessas horas, é essencial que saibamos onde procurar, pois do contrário nossas mentes transferem a responsabilidade para nossos parceiros. Se você estiver insatisfeito dentro de um relacionamento, em vez de tentar melhorá-lo, terá mais sucesso se der um passo para trás e encher mais um tanque de amor.

Quando duas pessoas até então unidas deixam de se sentir apaixonadas, elas inevitavelmente estão com carência de vitamina S (amor-próprio). Quando estamos carentes de amor-próprio, começamos a esperar muito de nossos parceiros. Como não nos amamos, precisamos que nossos parceiros nos dêem mais para nos sentirmos amados. Não importa o que ele diga, nada é suficiente. Quando se sente a falta de amor-próprio, o amor do seu parceiro não é capaz de fazer com que você se sinta melhor – só você pode fazer isso.

Quando você não está se amando, não há ninguém, exceto você mesmo, que seja capaz de fazer com que se sinta melhor.

Quando acredito que sou bom o suficiente, há pouco que alguém possa fazer para me deixar sentindo o contrário. Da mesma forma, se acredito que não sou tão bom assim, há poucos recursos ao alcance de alguém para fazer com que eu me sinta melhor. Se não estamos nos amando, não podemos admitir o amor dos outros. Somos os únicos que podemos encher nosso tanque de amor. Num relacionamento, quando a auto-estima é baixa, começamos a nos ressentir de que nossos parceiros não estão nos tratando como costumavam fazer anteriormente. Ansiamos para que as coisas sejam como eram antes, e esperamos que nossos enamorados nos façam felizes novamente. Mas isso não é possível. Com uma atitude assim, as coisas só tendem a piorar.

Sentimos que nossos parceiros não estão reagindo do jeito costumeiro. Começamos a comparar o que estamos recebendo agora com o que costumávamos receber antes. Passamos a fazer listas de todas as coisas que eles não estão fazendo por nós. "O que você tem feito por mim ultimamente?" se torna nosso tema principal. Todos esses sintomas são sinais claros de que precisamos mudar nosso foco de atenção para enchermos o tanque de amor de vitamina S. Ao evidenciarmos o amor e o apoio a nós mesmos e nos sentirmos mais autônomos, vamos nos conectando aos poucos, mais uma vez, com nosso centro. Ao reservarmos algum tempo para fazer aquilo que queremos, começamos novamente a nos sentir melhor.

Amando primeiro a nós mesmos

Descobri os tanques de amor enquanto escrevia um dos meus primeiros livros. Fazia então grande progresso. Amava tudo que colocava no papel. Então, de repente, passei a não gostar dos meus textos. Durante dias lutei, tentando fazer com que meu trabalho ganhasse em qualidade. Não importava o que escrevia, simplesmente nada me deixava satisfeito. No fim das contas, comecei a racionalizar dizendo coisas para mim mesmo como: "Cada capítulo não pode ser o seu melhor" ou "Não está tão ruim; você é que está sendo muito crítico." Acabei terminando o capítulo e tentei ficar satisfeito.

Convidei minha esposa, Bonnie, para lê-lo. Agi como se estivesse tudo bem, e estava ansioso para ouvir sua avaliação. Olhando para trás, tinha certeza de que esperava que ela gostasse para que eu pudesse seguir em frente. Queria sua aprovação para que pudesse me sentir bem com o que havia feito. Quando ela terminou de ler, embora tivesse sido muito elegante, achou que o texto estava pouco claro e muito complicado. Bem, era exatamente assim que eu me sentia em relação ao capítulo, mas não queria que minha esposa dissesse isso. Lembro que fiquei magoado com ela. Não podia acreditar que seus pontos de vista fossem tão críticos e negativos.

Acabei percebendo tardiamente que ela não estava sendo tão crítica e que não havia feito nada de errado. Até mesmo suas palavras foram bastante delicadas. Eu é que a havia escolhido para ser a vilã. Mesmo se tivesse dito que adorou, teria achado que ela não fora muito honesta.

Eu mesmo não estava gostando muito do que havia escrito, mas a estava culpando. Esse é um exemplo típico de como um relacionamento depende da auto-estima. Se eu tivesse realmente gostado do capítulo e ela não, o feedback não teria sido tão negativo. Alguma parte de mim estava querendo que seu amor compensasse o amor que eu não sentia por mim mesmo.

Antes de me conscientizar disso, eu estava furioso. Fiquei incomodado com sua reação o dia inteiro. Chegamos até a brigar por uma outra razão qualquer, mas este era o verdadeiro motivo.

Na maior parte das vezes, depois que se passam cinco minutos de uma briga, os casais discutem sobre os motivos que os levaram a discutir. Eles dizem coisas do tipo "você não está me ouvindo" ou "você está me culpando". Depois disso, acabam trazendo à tona velhos elencos de antigas questões para defender suas posições.

Naquela noite, embora tivéssemos discutido sobre alguma questão financeira, havia, por trás da discórdia, uma razão verdadeira: eu não estava me amando.

Na maior parte das vezes, quando os casais brigam, em cinco minutos eles estão discutindo sobre os motivos que os levaram a discutir.

Naquela noite eu saí com um amigo para ver um filme de ação. Fazia um bom tempo que eu não ia ao cinema, e realmente gostava de filmes de ação. Depois da sessão, estava me sentindo muito bem. Quando voltei para casa, estava pronto para pedir desculpas a Bonnie e me sentia carinhoso novamente. No dia seguinte, reli o capítulo, fiz algumas mudanças com facilidade e, depois, gostei bastante do resultado final. O bloqueio que afetava a minha vida de escritor havia acabado.

Depois dessa experiência, refiz em minha mente o que havia acontecido. Em primeiro lugar, estava travado. Não gostara do capítulo que escrevi e não consegui fazer melhorias que tivessem dado certo. Não gostei de minha esposa ter emitido sua opinião e por isso comecei uma discussão. Depois, fui ao cinema e me senti melhor. Naquele dia, percebi que tinha necessidades emocionais diferentes. Precisava do amor de minha mulher, precisava me amar *e* precisava me divertir com meus amigos.

Naquele dia em especial, não pude sentir, reconhecer ou avaliar o amor e o apoio de Bonnie, pois aquele não era o tipo de afeto do qual estava precisando. Além disso, eu não poderia fazer muito progresso com meu livro, pois também não estava sentindo muita auto-estima. Simplesmente não estava gostando do que havia escrito. Quando estava com meu colega, dentro de um cinema, comecei a ficar cada vez melhor.

Para que me sentisse mais seguro em relação a meu trabalho e a meu relacionamento, precisava voltar atrás e encher alguns dos primeiros tanques. Era necessário passar algum tempo com um amigo e me divertir um pouco. No caminho para o cinema, também partilhei um pouco de minha frustração com um sujeito casado, que sabia exatamente como eu estava me sentindo. Esse foi um apoio sem par. O resultado de ter enchido esses dois tanques de amor foi um melhor astral e uma possibilidade de ver a situação de forma diferente e com mais amor. Ao mudar o ponto de foco para atender minhas outras necessidades, eu pude mais uma vez retomar meu verdadeiro eu amoroso.

Comecei a usar esse conceito de necessidades amorosas diferentes com meus clientes, coisa que funcionou muito bem. Na maior parte das vezes, quando um casal não estava se dando bem, em vez de tentarem absorver mais de seus parceiros, eu lhes apontava outra direção para que pudessem obter amor e apoio. Quando isso acontecia, eu recomendava, a princípio, que fizessem algo para encher seus outros tanques de amor. Depois, mais tarde, conseguíamos com sucesso nos concentrar na melhoria de suas ferramentas de comunicação.

É difícil colocar um foco sobre o aprendizado de como amar o seu parceiro do jeito que ele ou ela precisa, quando você já está se sentindo vazio e culpa justamente seu parceiro. Percebi que esse conceito se aplicava ao sucesso em todas as áreas de minha vida. Ao aprender como manter cheios os diferentes tanques de amor consegui sustentar uma atitude poderosa e positiva que não só me fez mais feliz, como permitiu que eu alcançasse todas as minhas metas profissionais e algo mais além.

CAPÍTULO 6

Entendendo os dez estágios

Há uma ordem natural para os tanques de amor. Durante nosso desenvolvimento da concepção à maturidade, há um período de tempo específico para a formação de cada pessoa. São estágios nos quais precisamos mais de um tipo de amor do que do outro para desenvolver nossos talentos e habilidades. À medida que conseguimos o amor de que precisamos em cada estágio, vamos montando uma base sólida para conseguir o tipo de amor que vem em seguida.

Enquanto estamos passando para um outro estágio, ainda precisamos teoricamente de manter nossos tanques de amor anteriores cheios. Se eles não estiverem abarrotados, mesmo enquanto nos saímos bem ao encher um determinado tanque no presente, vamos precisar voltar e enchê-los, para que possamos ficar conectados com nossa verdadeira natureza.

Enquanto atravessamos um determinado período de tempo, sabendo que somos incapazes de obter o amor de que precisamos, poderemos concluir que não temos como saber e nem desenvolver alguns de nossos aspectos. Nunca saberemos disso a não ser que voltemos e obtenhamos o tipo específico de amor que não recebemos.

Por exemplo, quando as crianças não conseguem receber o amor, a compreensão e a atenção de que precisam, elas não percebem ou aprendem toda a verdade sobre si próprias. Não conseguem perceber integralmente como são especiais e por isso se sentem menos cativantes. Conseqüentemente, quando determinadas situações na vida desafiam sua dignidade, elas se desligam de seu estado natural de amor, alegria, paz e confiança interiores. De várias maneiras, ficam contidas na vida até aprenderem a encher os tanques de amor vazios ou parcialmente cheios do passado. Existem períodos de tempo diferentes para virmos a obter certas vitaminas de amor, desenvolvermos o que somos e permanecermos conectados ao verdadeiramente essencial em nós:

OS DEZ PERÍODOS DE TEMPO

período de tempo	vitamina de amor	necessidade amorosa
1. Da concepção ao nascimento	Vitamina D1	O amor de Deus
2. Do nascimento aos 7 anos	Vitamina P1	O amor dos pais
3. Dos 7 aos 14 anos	Vitamina F	Família, amigos e lazer
4. Dos 14 aos 21 anos	Vitamina P2	Pares e outros com metas parecidas com as nossas
5. Dos 21 aos 28 anos	Vitamina S	Amor-próprio
6. Dos 28 aos 35 anos	Vitamina R	Relacionamentos e romance
7. Dos 35 aos 42 anos	Vitamina A	Amar um dependente
8. Dos 42 aos 49 anos	Vitamina C	Devolver à comunidade
9. Dos 49 aos 56 anos	Vitamina M	Devolver ao mundo
10. Dos 56 em diante	Vitamina D2	Servir a Deus

Enquanto crescemos durante qualquer um desses períodos de tempo rumo à maturidade completa aos 56, uma determinada vitamina de amor associada a esse estágio é a mais importante para nosso crescimento. Se não estivermos saciando de fato essa necessidade específica, então seremos feridos de alguma maneira. À medida que progredimos ao longo dos diferentes períodos de tempo ou estágios de desenvolvimento, vamos sentir falta de algo em graus variáveis.

É mais ou menos como tentar aprender a ler quando ninguém leu para você antes. Ou tentar dirigir um automóvel quando nunca aprendeu a andar de bicicleta. Ou experimentar administrar uma empresa sem noções de matemática básica ou de escrita. Embora você possa se virar, sempre será necessário um esforço a mais. Do mesmo modo, cada vitamina de amor se torna um alicerce para que se possa desenvolver a próxima. Saciar cada necessidade amorosa nos ajuda a permanecermos conectados com tudo o que podemos ser.

À medida que ficamos mais maduros, grande parte da insatisfação que experimentamos não tem realmente a ver com as necessidades de um período de tempo específico. Geralmente ela está ligada ao fato de não obtermos aquilo de que precisamos para encher os outros tanques.

Quando os casais passam por momentos de tensão, normalmente o motivo principal é que seus elementos não estão amando a si próprios. A experiência que tive em meu próprio casamento acabou me levando a entender os diferentes tanques de amor. Embora – uma vez que se saiba quais são os dez tipos de amor – eles pareçam óbvios, nunca havia visto tal conceito ser expresso dessa maneira tão simples.

Essa compreensão dos tanques de amor e dos estágios de tempo diferentes é simplesmente um lugar-comum. Qualquer chefe de família pode notar que, à medida que as crianças começam a se aproximar dos 7 anos de idade, elas se tornam mais independentes, buscam apoio e amizade nos outros, e confiam cada vez menos em seus pais. É por isso que há uma grande diferença entre o meio pré-escolar e o primeiro grau.

A grande mudança seguinte se dá evidentemente na puberdade, e a posterior se dá por volta dos 21 anos, quando já somos considerados adultos. Para muitos, é nessa época que os jovens saem de casa para conhecerem a si próprios e experimentar uma maior

Entendendo os dez estágios • 63

autonomia. Cada um desses três estágios é bastante conhecido. Na verdade, não temos é muita noção dos estágios posteriores. As pessoas supõem que nosso desenvolvimento se dá por volta dos 21, o que está longe da verdade. Seguindo o mesmo ritmo, passamos mais ou menos a cada 7 anos por uma grande mudança no nível de maturidade que corresponde aos diferentes tanques de amor. A maturidade vai aumentando até os 56, e além. À medida que aprende a manter todos seus tanques de amor cheios, você ganha acesso a seu potencial total quando completa a idade a qual nos referimos. É só então que uma pessoa passa a conhecer tudo sobre quem é e o que pode fazer. Durante o resto da vida, pode servir a Deus e a todo mundo ao expressar tal potencial. A vida sempre é um processo de crescimento e desenvolvimento. Quando se pára de crescer, começa-se a morrer.

O processo de maturação não pára aos 21 anos de idade; continua nitidamente ao longo de nossas vidas.

Como conselheiro, comecei a notar que, por volta dos 28 anos meus clientes e amigos passavam por grandes mudanças. Era como se todos estivessem dizendo "não posso viver minha vida por ninguém. Tenho que levar minha própria vida e preciso ser eu mesmo". O período de tempo por volta dos 28 anos é aquele no qual as pessoas finalmente se desenvolveram o suficiente para pintarem um belo quadro de si mesmas, e estão prontas para encarar as relações íntimas com seriedade. Se não tiverem reservado um tempo para si próprias, então não estão prontas para seguir adiante. Dessa maneira, acabam querendo voltar atrás para se sentirem livres novamente.

Quando as pessoas se casam aos vinte e poucos anos, acabam normalmente enfrentando um grande desafio por volta dos 28. As estatísticas mostram que a maioria dos divórcios acontece nessa época. Se desistiram de se adular para acalentar um relacionamento íntimo, começam subitamente a achar que não têm o que é necessário para se casar com seus parceiros ou vice-versa.

À medida que chegamos ao estágio de relacionamento entre 28 e 35 anos, naturalmente começamos a nos questionar se estamos prontos. Se houver algo faltando em nós porque não reservamos algum tempo para nos encontrarmos no período entre os 21 e 28 anos, não estaremos aptos a nos conectar com nossos guias interiores. É difícil saber o que fazer quando estamos desconectados. Torna-se mais difícil ainda seguir adiante e ter uma relação ou carreira saudável se tivermos outros tanques de amor anteriores que também estejam vazios.

Andando para trás para seguir adiante

É como se tivéssemos que andar para trás antes de seguir em frente. Há muitos exemplos disso ao longo da vida. Muitas pessoas aos sessenta, setenta anos ou mais começam automaticamente a se lembrar de sua infância com muita clareza. Os avós sempre adoram contar histórias sobre como as coisas costumavam ser. Isso é muito sadio. Para continuarem vivas e saudáveis, elas involuntariamente voltam no tempo para se lembrar e reviver as experiências passadas.

Se não tiverem curado as feridas dos anos anteriores e seus tanques estiverem num nível baixo, elas simplesmente não poderão seguir em frente até que corrijam os erros do passado. Seus corpos ficarão doentes, pois seus tanques de amor estarão quase vazios. Algumas delas até chegam a perder a memória em relação ao que se deu há pouco tempo e só se lembram do passado distante. Elas, literalmente, não conseguem seguir adiante e estar totalmente presentes no momento.

Entendendo os dez estágios • 65

Quando as pessoas estão doentes e não melhoram, não estão acessando o amor de que precisam.

Quando um carro simplesmente não contém a gasolina de que precisa e o óleo não foi trocado, acaba parando. Da mesma forma, quando os tanques estão vazios, eles não conseguem assimilar a força vital que flui para dentro quando amamos ou nos sentimos amados. De várias maneiras, as pessoas mais idosas regridem e passam a se comportar como crianças ou, devido a uma doença, perdem sua autonomia e se tornam tão dependentes quanto bebês.

A crise da aposentadoria: 56 anos de idade

Nos pontos de transição entre os estágios, sentimos especialmente o vácuo que existe nos outros tanques. É nessa altura que somos mais estimulados a voltar atrás. Se, nas transições, não fizermos algo para remediar a situação, continuaremos a lutar sem nos darmos conta do que realmente precisamos.

Vamos olhar em primeiro lugar para o que normalmente acontece no décimo tanque de amor, por volta dos 56 anos. Muitos homens mal podem esperar para se aposentar. Eles anseiam por fazer aquilo que sempre tiveram vontade. Querem relaxar e se divertir. Desejam seguir em frente e fazer aquilo de que abdicaram para ser bons provedores. Em vez de seguir em frente, eles voltam atrás. Em vez de despertar para o desafio de servir a Deus, sentem a necessidade de servir a si próprios. Quando suas novas vidas ficam maçantes, eles acabam morrendo de repente.

As companhias de seguro relatam que, depois que um homem se aposenta, aumenta a probabilidade de ele morrer. Se continuar a trabalhar, vai viver muito mais. O segredo para o envelhecimento de um homem é continuar a trabalhar, tanto para se divertir bastante como para ganhar bastante amor. Os homens que continuam a trabalhar normalmente o fazem porque amam seu trabalho. Nesse caso, eles criaram uma vida na qual grande parte de seus tanques de amor permaneceu cheia. Quando você ama seu trabalho é um sinal de estar bastante conectado com seu eu interior.

> **Um homem deve continuar a se sentir necessário e responsável pelos outros ou ele perderá seu senso de propósito e vitalidade.**

As mulheres têm uma tendência menor de morrer por volta dos 56, mas ainda assim podem regredir. Se não estiverem prontas para seguir em frente, tendem a se tornar rígidas e dogmáticas. Em vez de ficarem livres para repartir a preciosa sabedoria de uma vida e fazer uma diferença no mundo, elas podem andar para trás. Podem se opor às opiniões dos outros, da mesma forma que um adolescente, quando dizem "vou fazer o que quiser, e não me importo mais com o que você acha. Sei tudo o que preciso saber". Muita autonomia pode tornar uma mulher rígida e defensiva. Para se manter saudável, uma mulher precisa sentir que não está sozinha e que pode depender dos outros.

> **Uma mulher precisa sentir que não está sozinha e que pode depender dos outros; muita autonomia não é saudável.**

Quando se chega aos 56 e seus tanques de amor estão cheios, então você está pronto para passar ao próximo estágio. Você começa a sentir uma enorme alegria porque agora está livre para realizar sua missão na vida. Sua presença está sob a proteção desse mundo, e ela é necessária. Quando alguém se sente assim, não há motivos para ficar doente. Você permanece saudável e acaba morrendo quando está pronto, depois de muitos anos servindo alegre e amorosamente a Deus e ao planeta.

É importante que a cada uma das principais transições escutemos nossos corações e trabalhemos para preencher qualquer vazio que possamos ter vivenciado. Se, nas transições, não fazemos algo para remediar a situação, continuamos a lutar, sem nos dar conta do que realmente precisamos.

A crise do ninho vazio: dos 49 aos 56 anos de idade

A crise seguinte comumente discutida é a do ninho vazio. Por volta dos 49 anos, muitos casais e pais solteiros experimentam um vazio em suas vidas. Quando o novo desafio é devolver o que se recebeu do mundo, eles subitamente sentem a lacuna dentro de si próprios e de suas existências. Acabam tendo pouco para dar, e em vez disso sentem falta do que perderam. Se forem casados, normalmente culpam seus parceiros ou a relação por sua infelicidade. Em qualquer medida que não tenham recebido o que precisavam em seus relacionamentos enquanto os filhos saem de casa ou se tornam mais independentes, eles começarão a se sentir decepcionados. O ninho está vazio. Ninguém está em casa. Será que isso é tudo?

Tanto para casais quanto para solteirões isso pode significar o começo de uma maior liberdade para que se possa aproveitar a vida – ou uma fonte de problemas. Quando se atinge essa idade, ou aprendemos como conseguir o que queremos fora do relacionamento, ou nos ressentimos com o companheiro(a) por não ter sido o suficiente para nós. Essa não é a hora de culpar o(a) parceiro(a) ou a falta de parceiro. É o momento de continuar a crescer para experimentar o amor universal e partilhá-lo livremente. É hora de ajudar a fazer uma diferença no mundo.

Ou nos preparamos para esse momento ou ficamos deprimidos em relação ao que está faltando em nossas vidas. Fica cada vez mais difícil andar para frente quando não aprendemos a encher nossos diferentes tanques de amor. Enquanto os médicos buscam maneiras de prolongar a vida, a resposta é muito simples. Mantenha os seus tanques de amor cheios, que você permanecerá jovem em espírito e em saúde.

O segredo para se manter jovem é conservar cheios os seus tanques de amor mais antigos.

Nessa hora começamos a sentir a nossa mortalidade e queremos nos conservar jovens. Essa tendência é, de fato, muito saudável. Nós a sentimos bastante nesse momento, se tivermos descuidado de nossos tanques de amor mais antigos. Podemos ter nos desconectado completamente da energia que sentimos quando éramos crianças, adolescentes, ou jovens adultos aos vinte e poucos anos.

Os homens olham para mulheres mais jovens para continuarem a se sentir jovens, enquanto elas olham para seus corpos tentando parecer mais novas. Por essa época, se não tivermos encontrado maneiras para nos mantermos jovens, essa se torna nossa nova busca. Mais uma vez, enquanto nos colocamos em evidência, poderemos perder o desafio desse novo período etário. Nessa hora, devemos estar prontos para nos envolvermos na salvação do planeta. Teoricamente, é nesse momento que teremos acalentado todas nossas necessidades interiores, e que então estaremos prontos para devolver o que recebemos do mundo.

Se você está preparado, sua maior alegria é encarar o desafio de se envolver na construção de um mundo melhor, ou pelo menos viajar pelo mundo e repartir sua luz e seu amor nesse estágio. É uma ocasião para encontrar pessoas em outras comunidades e culturas e expandir sua influência para além de sua comunidade. É maravilhoso ver pessoas em seus cinqüenta ou sessenta anos arrumando tempo para observar o mundo.

A crise de meia-idade: dos 42 aos 49 anos de idade

Outro ponto de transição muito discutido é a crise de meia-idade. Ela geralmente ocorre quando a pessoa está com mais ou menos 42 anos. Antes de passar para o próximo tanque de amor, as pessoas começam a sentir o vazio de seu passado. Se você tivesse de pular de um avião em pleno vôo, naturalmente gostaria de checar muitas vezes seu pára-quedas antes de saltar. Antes que as pessoas achem que devem retribuir livremente o que receberam de suas comunidades, elas precisam estar cheias por si só. Você não pode construir uma casa sem que haja um alicerce. Não dá para ficar emitindo cheques para a caridade local se o saldo de sua conta bancária for pequeno.

Quando for hora de avançar, e você não estiver cheio, em vez de seguir em frente, você começará a olhar para trás e ressaltar aquilo que não conseguiu. Um homem pode de repente querer a liberdade para vender seu negócio e abraçar o alpinismo. Ou, se foi casado, pode estar ansioso para ficar com outras mulheres. Se tiver sido conservador durante sua vida, poderá querer comprar e dirigir um carro veloz e ter algo que queria possuir quando estava na adolescência ou tinha vinte e poucos anos e nunca pôde. Ele irá reavaliar sua vida e suas prioridades. Com freqüência irá querer se livrar das responsabilidades que fazem com que se sinta velho. O verdadeiro motivo de se sentir idoso é não continuar a encher seus antigos tanques de amor.

Quando é hora de seguir em frente, ansiamos por andar para trás caso não estejamos prontos.

As áreas em seu passado onde esse indivíduo acha que se sacrificou ou não obteve o que precisava darão origem a uma insatisfação crescente. Para que seu desenvolvimento prossiga, o desafio será conseguir aquilo de que precisa sem criar nenhum caos em sua existência ou ferir as pessoas que ama. Há maneiras de encher seus tanques de amor sem despedaçar sua vida.

**Para seguir em frente, o desafio de um homem
é conseguir o que precisa sem criar nenhum caos
em sua vida ou ferir as pessoas que ama.**

Por volta dos 42 anos, uma mulher também pode ficar insatisfeita com sua vida e normalmente reclama por não ter obtido o que desejava. Num belo dia ela acorda com uma longa lista de coisas que deu e de coisas que não recebeu de volta. Sente-se ressentida e exausta. Se não tiver essa compreensão dos tanques de amor, tenderá a culpar sua vida atual em vez de voltar atrás e corrigir o passado. Vai se afastar do amor e normalmente acaba se dedicando à comunidade, mas ressente-se em silêncio. Para piorar ainda mais as coisas, ela se sentirá culpada por estar magoada com sua vida.

Essas sensações poderiam certamente ser sentidas a qualquer hora, mas o vácuo do passado tende a se mostrar principalmente nessas transições. Se não honrarmos nosso passado e não fizermos algo para corrigi-lo, ao enchermos os outros tanques de amor mais antigos, da mesma forma que agimos na vida, não nos beneficiaremos de estarmos ligados à nossa fonte interna de amor e satisfação. Sem essa conexão interior, a vida jamais vai atender a nossas esperanças, expectativas e vontades.

A crise secreta:
dos 35 aos 42 anos de idade

Por volta dos 35 anos existe outra crise, mas ninguém fala sobre isso. A transição para essa idade é o movimento em direção ao amor incondicional que se dá a um dependente. Filhos e futuros netos são dependentes ideais, mas se não os tivermos, um animal de

Entendendo os dez estágios • 71

estimação também servirá. Nesse momento, o espírito humano procura se dar totalmente a alguém que precisa e depende de nós.

Dar tudo para nossos filhos ou para um dependente se torna nossa primeira experiência de amor absoluto e verdadeiro. A relação ideal entre pai e filho é o amor incondicional. A criança não deve nada aos pais. Alguns deles, sem saber, ofendem seus rebentos quando dizem que eles estão em débito. Os pais dizem coisas do tipo "depois de tudo que eu fiz, você está me devendo". Isso não é correto. Se, no entanto, os progenitores não estiverem preparados para esse período, esses sentimentos virão à tona.

Alguns pais, sem saber, ofendem seus filhos quando dizem que eles estão em débito.

Quando o pai tem seus tanques cheios, a criança lhe oferece um grande presente – a possibilidade de se dar livremente. É uma alegria tão grande ter a oportunidade de amar tanto a alguém, que dar para o filho é como dar para si próprio. Essa situação oferece ao pai uma oportunidade para continuar a crescer. O problema para muitos pais é que tiveram filhos antes que soubessem como dar as coisas para si próprios.

Quando as pessoas têm descendentes antes de estarem prontas, elas começam, por volta dos 35 anos, a se sentir culpadas por todos os momentos em que se ressentiram por serem pais e mães. Lamentarão não terem estado aptas a dar para seus filhos o que eles mereciam. Ou se ressentirão por terem dado muito, e não terem recebido mais de volta.

Quando nossos tanques não estão cheios, é impossível dar nosso amor incondicionalmente.

Esta é a crise silenciosa, pois as pessoas não querem falar sobre o ressentimento que sentem em ter filhos. Elas amam seus rebentos, e adoram lhes dar tudo, mas também perdem uma vida.

Para não reclamar, dizendo que deixam de ter as coisas porque têm filhos, os pais precisam aprender como encher seus tanques de amor anteriores.

As pessoas que estão nesse estágio e não têm um rebento ou dependente que amem e cuidem como se fosse um filho vão se sentir como se estivesse faltando alguma coisa em suas vidas. Em vez de continuar a enfrentar os desafios impostos pelo dia-a-dia, elas vão voltar atrás e fazer exatamente o que querem em lugar de desistir de uma parte de si mesmas em prol de outra pessoa. Nunca saberão porque nada parece satisfazê-las.

Se você está sem um filho no momento, não basta passar algum tempo com sobrinhos e sobrinhas. Ser responsável exige muito. Todo dono de animal sabe que ter um bichinho de estimação é uma verdadeira responsabilidade. Eles precisam ser alimentados e levados para passear regularmente. Ficam doentes, e você precisa tomar conta deles. Há horas de grande sacrifício, assim como na paternidade, mas tudo vale a pena. Caso ser dono de um cachorro ou gato não se adapte a seu estilo de vida, então cuidar de uma planta ou de um jardim também pode ser uma maneira de expressar seus instintos de educador.

Se você está sem um filho no momento, não basta passar algum tempo com sobrinhos e sobrinhas.

Outro aspecto da crise secreta é a freqüência do sexo nos casamentos. Atualmente, é o homem que normalmente demonstra menos interesse e é a mulher que quer transar mais. Isso acontece especialmente se o casamento se deu quando ambos estavam na faixa dos vinte anos. Depois de muitos anos em que desejou mais sexo do que recebeu, um homem acaba, por fim, pifando. Enquanto isso, na medida em que o corpo da mulher está mais preparado para ter bebês, é muito comum seu desejo sexual aumentar.

Entendendo os dez estágios • 73

Por volta dos 37 anos, é a mulher que reclama por não estar fazendo sexo suficiente, e não o homem.

Em meus seminários sobre relacionamento, falo sobre como os homens aos poucos perdem o interesse pelo sexo com suas parceiras, se forem rejeitados repetidas vezes. Nos intervalos e depois das palestras, quando estou autografando livros, sempre algumas mulheres se aproximam de mim e confidenciam discretamente, para não embaraçar seus maridos, que pararam de fazer sexo. Só que quase todas afirmam que se sentem rejeitadas. Quando pergunto a elas sua idade, a maioria esmagadora declara ter 37 anos.

À medida que as mulheres avançam para esses tempos de entrega cada vez maior, elas precisam de um suporte romântico enquanto seus parceiros de algum modo desistiram de saciá-las, e encontram consolo jogando golfe. Se um homem não teve suas exigências românticas atendidas, ele certamente retomará suas necessidades anteriores e buscará satisfazê-las. Em vez de tentar iniciar o sexo e ser rejeitado, ele prefere ver um jogo de futebol.

Crise de identidade: dos 28 aos 35 anos de idade

"Quem sou eu?" e "O que eu realmente quero fazer?" são as questões típicas de quem está na faixa dos vinte. Se não reservarmos um tempo para nos encontrarmos e nos amarmos, antes que estejamos prontos para passar ao próximo estágio, aos 28 anos, começaremos a achar que temos de voltar atrás para nos encontrar. Poderemos tentar sair fora de um casamento ou evitar nos envolvermos num relacionamento.

Há muitas mulheres solteiras na faixa dos trinta que se perguntam o que aconteceu. Por algum motivo, elas não encontraram um parceiro. A partir da perspectiva dos tanques de amor, a resposta para esse problema está no fato de não terem se encontrado quando tinham vinte anos. Ou seja, não fizeram o que realmente queriam. Por um lado, envolveram-se em relações íntimas e se perderam, ou, em muitos casos, buscaram provar sua igualdade com os homens de um jeito que não permitiu que fossem sinceras com seus próprios desejos e vontades. A faixa dos vinte anos é um tempo de exploração e experimentação. Se elas não se derem totalmente a oportunidade de serem elas mesmas e de explorarem seus desejos e vontades, não ficarão satisfeitas com o que vão conseguir mais tarde. Quando não estamos ligados a nossa própria essência e não estamos nos amando, e difícil encontrar alguém que viva de acordo com os nossos padrões. Quando não nos sentimos suficientemente bem, da mesma forma que podemos ser extremamente exigentes conosco, esperamos demais dos outros. Nenhum parceiro jamais poderá ter como saber se não nos amamos. Como resultado, as mulheres poderão evitar o envolvimento numa relação, a não ser que o sujeito seja um bom partido. Os homens, por sua vez, tendem a dar um passo atrás quando chega a hora de se comprometer.

Encontrando o parceiro certo

Quando as mulheres se mostram muito exigentes em relação aos homens, elas param de apreciar o que podem obter e querem o que não é possível. Caso estejam em busca de um parceiro, começam a catar um marido em vez de manter um encontro divertido e interessante. Elas simplesmente não vão sair com qualquer um. Acham que, se tiverem que sair com um cara, ele deve ter bastante potencial. Não querem perder tempo e se envolver com a pessoa errada.

Num certo sentido, essa é a idéia, mas ela carece de um ingrediente importante. A mulher precisa ter cuidado para não se envolver seriamente até que encontre o parceiro certo. Enquanto isso, ela precisa sair com vários sujeitos. Se um deles ficar interessado e parecer interessante, ela deve simplesmente começar a se divertir, mesmo que o mancebo não seja, definitivamente, matéria-prima para o altar.

As mulheres que não possuem uma personalidade forte sentem dificuldades para sair com muitos homens. Tem de ser apenas um, ou elas não saem com ninguém. Um método para evitar ir fundo demais com um só sujeito é manter um fluxo constante de homens na sua vida até que apareça a pessoa certa. Sempre tenha um homem fora do caminho, um amante regular, e um que esteja na alça de mira. Faça com que eles saibam que você vê muitas pessoas do sexo masculino e, se isso for um problema então... AO PRÓXIMO!

Cicatrizando as feridas do passado

Quando as pessoas chegam aos 28 anos de idade, elas tendem a sentir várias perturbações emocionais, especialmente se tiverem rejeitado seus sentimentos no passado. Se aos 21 anos você alcança a maturidade física, aos 28 alcança a maturidade emocional. Se tivermos negado os sentimentos não resolvidos do passado, eles começam a voltar. À medida que nossas almas se preparam para ser vulneráveis num relacionamento íntimo, subitamente ficamos mais a par do que sentimos por dentro.

Geralmente, uma onda de emoções diferentes vem à tona. O que quer que tenha sido deixado sem solução no passado. Começamos a questionar tudo que aprendemos para sermos sinceros com os outros. Agora é hora de vivermos nossas vidas de acordo com nosso guia interior. Certamente, outros podem nos ajudar em nossa jornada e nos guiar, mas agora temos de sentir o que é verdadeiro e que nos é viável dentro de nossos corações. O que é bom para uma pessoa pode não ser o certo para você.

Se, nos relacionamentos que mantivemos ao longo da faixa dos vinte anos (ou bem antes disso), saímos machucados, então, antes que estejamos prontos para nos envolvermos, essas feridas precisam ser estancadas. Antes de nos sentirmos seguros para abrir nossos corações totalmente para outra pessoa numa relação íntima, precisamos nos assegurar de que não vamos mais nos machucar. Se estivermos sentindo uma dor em nossos corações que não tenha sido aplacada, vamos continuar a sentir medo. Essa apreensão tende a fazer com que as mulheres sejam exageradamente exigentes e temam a intimidade. Embora isso não impeça um homem de se envolver, vai acabar fazendo com que ele dê para trás antes de firmar um compromisso. Tal sujeito começará a ficar seletivo tão logo ela espere uma promessa.

Enquanto não curamos as feridas de relacionamentos passados, é difícil encontrar um outro enquanto avançamos na faixa dos trinta anos. Tendemos a ficar muito ocupados com nossas carreiras, com outros relacionamentos e parcerias profissionais, e evitamos ficar íntimos demais. O segredo para lidar com isso é começar a marcar encontros, evitando muitas intimidades até corrigir o seu passado. Em capítulos posteriores, vamos explorar como curar feridas do passado.

Crise da educação: dos 21 aos 28 anos

À medida que nossos filhos saem de casa e vão para a faculdade, surge uma nova crise em muitos alojamentos universitários. Alguns estudantes não sabem como lidar com a liberdade. Não estão acostumados a se disciplinar. No passado, o normal costumava ser os filhos saírem de casa para arrumar empregos. Isso significava abandonar uma figura de autoridade para trocá-la por outra. Se você queria sobreviver, fazia o que mandavam. Enquanto tentava ganhar a vida, não tinha muito tempo para pensar em quem era e no que realmente queria fazer.

No passado, não tínhamos como desfrutar do luxo de passarmos os anos além da faixa dos 18 aos 21 aos cuidados de nossos pais. Saíamos de casa, vivíamos por conta própria e tínhamos que arrumar um emprego. Hoje em dia, muitos jovens adultos vão para a rua, mas não têm um trabalho. Em vez disso, chegam num campus universitário e, de repente, estão livres para controlar suas vidas. Como ainda não aprenderam a se disciplinar, vivem de forma desregrada e perdem o controle. Começam a abusar de sua liberdade com drogas, sexo e álcool; e muitos acabam cancelando sua matrícula.

Se vão continuar sua educação ou não, caso não tenham enchido seus tanques de amor anteriores nessa transição, vão se sentir inseguros, crescer sem instrução ou estar liquidados, em busca de segurança. Poderão se casar cedo demais para que alguém possa tomar conta deles, ou acabarão perdendo o direito a seus sonhos, pois não acreditam em si mesmos. Caso queiram se preparar para os vinte anos, os jovens adultos precisam de um apoio positivo e igual em sua adolescência. Associar-se com mentores e amigos que têm métodos e atividades positivas ajudará imensamente. Mesmo se seus interesses mudarem, eles terão experimentado uma sensação de confiança que os levará a pensar que podem fazer as coisas.

Os adolescentes precisam de atividades grupais para lhes dar uma sensação de confiança.

Se eles se envolverem com a turma errada, poderão se sentir altamente influenciados e, mais tarde, achar que são indignos para correr atrás de seus sonhos. Passam a se sentir como se não tivessem um lugar no mundo. Precisam saber que a fase dos vinte anos é o momento que têm para encontrar seu lugar. Não devem desistir de ter esperança. Muitas pessoas extremamente bem-sucedidas não acharam seu nicho no mundo até depois dos 28 anos. Se você conseguir atingir esse objetivo antes, será por pura sorte. Só uns poucos conseguem.

Numa grande reunião de pais na faculdade onde estuda uma de minhas filhas, perguntaram para a platéia quantos dos que estavam lá haviam seguido uma carreira diretamente relacionada ao diploma que receberam. Apenas cerca de dez por cento estavam trabalhando em áreas que tinham a ver com sua especialização. Todos ficaram espantados. O motivo da pergunta foi assegurar aos pais que a carreira escolhida por seus filhos não tinha muita importância. O objetivo da educação que estavam recebendo era ajudá-los a descobrir qual era seu interesse e a aprender coisas sobre o mundo e sobre si próprios.

A crise hormonal: dos 14 aos 21 anos

Na puberdade, meninos e meninas recebem grandes doses de hormônios masculinos e femininos, que por sua vez provocam muitas mudanças. Quem eles são, enquanto garotos e garotas, está sendo profundamente redefinido. De repente, suas vidas são inteiramente sacudidas. Essa transição já é suficientemente dramática se nossos tanques de amor anteriores estiverem cheios, mas se não tivermos recebido o que precisávamos, aí que uma crise real vem à tona.

Nos últimos anos, houve uma discussão sobre o que podemos fazer para nossas filhas e filhos enquanto eles fazem a transição da puberdade. Estudos mostram que ocorre uma mudança dramática na auto-estima de uma menina, e, nitidamente, muitos garotos começam a apresentar problemas de comportamento. Embora essa questão tivesse sido mantida em silêncio no passado, especialistas atualmente trabalham para corrigir o problema, enquanto pais e educadores vêm aprendendo técnicas para ajudar seus filhos.

Temos de enfrentar essa questão de frente, mas também precisamos reconhecer que nossos filhos estão fazendo a transição

Entendendo os dez estágios • 79

para o próximo tanque de amor semelhante e sentindo o vazio das etapas anteriores. Normalmente, não é até a puberdade que começamos a sentir o que faltava anteriormente. É só nessa passagem que os jovens adolescentes começam a sentir e lidar com a mágoa de não estarem conseguindo o que precisavam num estágio prematuro.

À medida que nossos filhos passam dos 12 aos 14, sofrem uma transformação radical. Nossas criancinhas viram adolescentes, e cada pai nota claramente essa mudança. Os jovens nessa faixa de idade são, evidentemente, mais independentes de seus pais e familiares e mais vulneráveis a pressões parecidas. Divertir-se não é mais uma prioridade. Eles começam a fazer mais trabalhos escolares e se concentram para levar a cabo projetos e atingir metas. Se não brincaram o suficiente nos anos anteriores, podem resistir às novas responsabilidades e querer se divertir mais.

Muito embora nossos adolescentes tenham crescido a ponto de sentir a necessidade de uma fonte de apoio semelhante, eles ainda precisam da força da família e dos amigos. O amor e o apoio paternais sempre formaram a base de nosso crescimento, mas nesse estágio dependemos de nossos iguais e mentores para crescer. Pais sábios apóiam de fato seus filhos para que se envolvam em atividades de grupo positivas. Nesse estágio, uma maçã podre pode estragar de forma definitiva todas as maçãs numa cesta. Quando as crianças se associam a um grupo, elas são normalmente dominadas por seu líder. Isso é especialmente verdadeiro quando um adolescente não tem figuras fortes e positivas em que se espelhar.

Os *teens* precisam olhar para fora do âmbito íntimo de sua família para descobrir quem são e o que podem fazer. É como se eles saíssem, aprendessem com outros e depois voltassem para a família e para os pais com algo peculiar. Em minha própria vida, lembro-me de que minha mãe sabiamente me encorajou e me apoiou no sentido de encontrar muitos mestres e atividades de grupo. Podia ser pagando lições de caratê ou traçando mapas para que eu descobrisse as rotas certas.

Há uma variedade de interesses diferentes possíveis. O adolescente requer um tempo e uma oportunidade para aprender, descobrir uma vocação, e muito mais. Esse é um período no qual a confiança está se estruturando. É importante descobrir no que você é bom e experimentar o domínio crescente dessa habilidade. Todas as atividades esportivas diferentes, o canto, o teatro, e até empregos fora do horário escolar, são ideais para isso.

É importante que os pais não alienem seus adolescentes. À medida que nossos filhos se tornam mais capazes de ser independentes, nosso papel, enquanto pais de família, muda completamente. Embora fôssemos bons gerentes antes, temos de nos transformar em consultores. Um gerente controla, enquanto um consultor é contratado para dar conselhos apenas quando lhe é perguntado. Fica, portanto, a cargo dos clientes escolher o que devem fazer.

Normalmente, esse é um período complicado para mães e filhas. As garotas têm, numa fase anterior, uma tendência para se prender mais às suas genitoras. Quando chegam à adolescência, em qualquer medida que tenham de desistir das coisas para agradar-lhes, tendem a se rebelar e resistir à autoridade maternal. Quase sempre é difícil que uma filha se afaste e se encontre sem empurrar sua mãe para o lado.

As mães também têm mais dificuldades para se desligar da tarefa de administrar as vidas de seus filhos adolescentes. O instinto maternal que funcionou tão bem nos anos anteriores pode se tornar muito controlador e limitante para um jovem. Os pais precisam perceber que agora eles têm menos influência, e isso é bom. Supostamente, o adolescente deve começar a procurar um maior apoio fora da família. Como disse um jovem em minha pesquisa para esse livro: "Não preciso mais da minha mãe como antes, mas com certeza fico feliz quando chego em casa e ela está lá."

Se você aprender a desistir de dizer a seus filhos o que fazer, eles virão perguntar. Em vez de lhes dizer o que fazer, essa é a hora de fazer a seguinte pergunta: "O que você acha?" Eles continuarão a ficar ligados se você estiver habilitada a ouvir mais e fazer perguntas, tomando porém cuidado para não dar muitos conselhos e lhes dizer o que fazer. Em algumas ocasiões, é bom que meninas estejam com meninas e garotos com garotos numa atividade social. Ter um foco exterior é útil para ajudá-los a conhecer um ao outro e aprender mais sobre si próprios e em quem estão se tornando. Nesse estágio, o crescimento ocorre quando nós, humildemente, compartilhamos o que temos com outros semelhantes que possuem interesses, capacidades e metas parecidas.

A crise silenciosa: dos sete aos 14 anos

Deixar os pais e começar o primeiro grau pode ser muito traumático para as crianças, mas geralmente ninguém sabe ou se lembra dessa fase. É nela que ocorre uma crise silenciosa, pois quando nossos filhos saem de casa, os pais não estão presentes para saber o que acontece. Com muita freqüência, se as crianças não se sentem seguras para expressar sentimentos, então não só omitem as coisas dos pais, como também não têm noção do que se desenrola. Nessa idade, para que as crianças saibam que processo se dá em seu interior, é necessário que alguém interessado faça perguntas para ajudá-las a olhar para dentro a fim de que possam falar sobre suas experiências, sentimentos, emoções e desejos.

Se as crianças não receberam uma educação satisfatória no primeiro estágio, então no segundo poderão, de vez em quando, resistir à idéia de se divertir e continuarão a dar para trás, agindo como "bebês". Poderão dar ataques de raiva infantis demais, molhar suas camas, chupar os dedos, ou ter outros tipos de comportamentos regredidos. Em vez de envergonhar as crianças por causa desse tipo de conduta, os pais devem reconhecer que elas estão simplesmente tentando voltar para preencher o tanque de amor anterior. Eles podem ajudar criando momentos e oportunidades especiais para que seus filhos recebam a orientação necessária.

Quando as crianças têm cerca de sete anos de idade, surge, de repente, uma alegria vigorosa e uma necessidade de se divertir e fazer amizades. É como se estivéssemos acordando de um transe que durou sete anos. O período que vai dos sete aos 14 anos é aquele no qual se desenvolvem habilidades sociais e aprende-se a se divertir. Essas idades são apenas normas gerais. Com certeza, algumas crianças acordam mais cedo, enquanto outras dormem um pouco mais tarde. Se, durante nossos primeiros 14 anos, não nos sentirmos seguros para resistir às mudanças e para trabalhar com uma grande variedade de sentimentos, não formaremos um conceito claro sobre quem somos e do que gostamos.

A habilidade para protelar o prazer é aprendida nessa fase. Ao sabermos quando é nossa vez de compartilharmos as coisas, cresceremos no sentido de sentir o que queremos e esperar pacientemente por essa oportunidade. Uma grande parte desse processo é ter muitos acessos de raiva quando não conseguimos as coisas de nosso jeito. Essas explosões emocionais, quando encaradas de uma maneira amorosa e nada sufocante, são essenciais para nosso crescimento emocional saudável. Tais acessos são o jeito que temos para lidar com sentimentos fortes e passionais sem suprimir o que queremos. Quando um pai não perde o rumo assim que reage a um acesso de fúria de seu filho, este acaba aprendendo como ter emoções fortes enquanto está sob controle.

Até mesmo os adultos têm explosões de raiva, mas se forem saudáveis, aprenderam como cuidar de si próprios sem descarregar seus sentimentos negativos em cima dos outros. Na maior parte dos casos, quando culpamos os outros por nossa infelicidade, precisamos encher esse primeiro tanque de amor. Sempre que você estiver apontando o dedo da culpa, três outros dedos apontam para os seus tanques de amor anteriores. Para se livrar da culpa, devemos ouvir e entender nossos sentimentos do mesmo jeito que um pai faria com um filho. No capítulo 10 vamos explorar como manter esses tanques anteriores cheios sem ter de regredir e se comportar como um menino de dois anos de idade.

Manter esse tanque de amor anterior cheio é a base para se sentir seguro. Se tivermos sido negligenciados, não nos sentiremos dignos de apoio. Mesmo quando tivermos encontrado uma segurança exterior na vida, não poderemos nos sentir verdadeiramente seguros, pois não sabemos o que merecemos. Em algum nível, achamos que isso tudo nos pode ser arrancado. Acreditamos que temos de ser bons ou corretos para merecer amor. Isso é muito sufocante para alguém tão pequeno. As crianças precisam de um amor puro e incondicional. Quando nossas primeiras necessidades emocionais por amor são atendidas, estamos aptos a tocar e experimentar a alegria de estarmos conectados a nosso verdadeiro eu. Se nos sentimos amados e bem-educados na infância, automaticamente ficamos aptos a nos amarmos quando atingimos a idade adulta. Sem essa base, nunca poderemos nos adaptar aos padrões que vão imperar pelo resto de nossas vidas.

Por natureza, já somos alegres, amorosos, tranqüilos e confiantes. Isso nos é dado. As crianças experimentam automaticamente esses sentimentos interiores, mas a não ser que continuem a receber o amor de que precisam começam gradualmente a se desligar de sua verdadeira natureza. Dependendo do amor que vivenciamos nos primeiros anos de existência, estamos mais ou menos ligados a quem somos. Da mesma forma que o amor nos conecta aos outros, ele nos liga a nós mesmos.

Na infância, não possuímos a capacidade de nos amarmos. A única maneira pela qual podemos conscientemente conhecer a nós mesmos é por meio do espelho do amor de nossos pais e do jeito com que somos tratados por nossas famílias e amigos. Quando eles nos tratam com respeito, aprendemos que merecemos respeito. Quando eles nos tratam com carinho, passamos a nos ver como pessoas especiais. Quando eles nos ajudam e apóiam com tempo e energia, nos sentimos merecedores desse tipo de apoio.

Durante todo o tempo que passamos na escola primária, ou entre os sete e 14 anos de idade, a principal necessidade da criança é se sentir segura. À medida que continuam a crescer e aprendem o que é o mundo e como podem se encaixar em suas estruturas, elas precisam obter permissão para cometer vários erros e aprender com eles. A função de um pai é conduzir a vida do filho e protegê-lo das influências negativas enquanto se dá o aprendizado. Esse é um momento de diversão e expressão livre. Muita ênfase na perfeição pode interferir no desenvolvimento natural de uma criança.

Enquanto adultos, tendemos a nos tornar muito sérios e norteados pelo trabalho, pois começamos a ter esse tipo de expectativa numa idade bastante prematura. É colocada muita ênfase na realização de tarefas familiares, no trabalho pesado e nos sacrifícios que são feitos em prol da família. Teoricamente, essa é uma hora de se juntar àqueles que se importam com você; um momento de inocência e perdão incondicional.

Durante essa fase, assim como acontece nas anteriores, o cérebro ainda não se desenvolveu o suficiente para entender essa distinção: "Fiz uma coisa ruim, mas não sou mau." Em vez disso, uma criança irá concluir que "se o que fiz é ruim, então sou mau". "Se coisas ruins acontecem comigo, então eu sou mau." A maior parte dos adultos ainda não aprendeu essa distinção, pois quando eram pequenos não tinham pais que soubessem a diferença. Quando uma criança resiste a cooperar com suas vontades, um termo melhor para comportamento ruim é "fora de controle". Não há, portanto, nenhuma associação negativa com quem ela é.

Em vez de maltratar os filhos quando eles se comportam "mal", os pais precisam se valer de castigos, 1 minuto para cada ano de idade. Se a criança tem oito anos de idade, oito minutos de castigo são apropriados.

Quando não se comportam bem, nossos pequenos descendentes não estão cooperando com suas vontades e desejos, e por isso estão fora de controle. Dando-lhes uns poucos minutos de castigo, eles vão receber o que merecem para voltar ao normal.

O castigo é uma oportunidade para que as crianças possam retomar seu ritmo. Basta colocar o peralta num quarto e mantê-lo por lá, sozinho, durante um determinado período de tempo. Isso evita que ele perturbe os outros, como também permite que perceba e jogue para fora suas emoções turbulentas interiores. Durante esse período, pode ser que seu filho tenha um acesso de raiva. As crianças precisam ter essas explosões durante os castigos para aprender a controlar suas emoções sem ter de suprimi-las.

À medida que os adultos começam a perceber a importância da fluência emocional e reconhecem o valor da inteligência emocional, eles podem identificar facilmente o valor que há em dar uma chance para que seus filhos recuperem o controle com castigos regulares. Deus fez com que nossos rebentos fossem pequenos para que pudéssemos pegá-los e colocá-los de castigo.

Se eles resistirem à idéia de ficar no quarto ou no banheiro, então é melhor manter a porta fechada em vez de simplesmente trancá-los lá dentro. Ao mesmo tempo em que as crianças ficam magoadas quando ficam trancafiadas, é bom que elas saibam que não foram abandonadas e que há alguém do outro lado da porta. Castigos regulares irão liberá-las para se conectarem com seus sentimentos e, especialmente, com o desejo de fazer os outros felizes.

É por isso que bater nelas não funciona. As prisões estão cheias de gente que apanhou, em grande parte, da vida e de seus pais. Noventa por cento das pessoas que estão na cadeia são homens, enquanto noventa por cento das que fazem consultoria jurídica são mulheres. Quando os homens apanham, eles descarregam tais maus-tratos em cima dos outros, enquanto as mulheres o fazem contra si próprias. Essa é uma das principais razões que levam as garotas a experimentar uma grande queda na auto-estima por volta da puberdade, época na qual os rapazes começam a botar tudo para fora. Os meninos tendem a tratar o mundo do jeito com que foram maltratados, e as meninas tratam a si próprias dessa mesma maneira.

A agressão física, gradualmente, insensibiliza-nos em relação a nossos sentimentos, e por isso perdemos nossa vontade natural de agradar aos pais. As pessoas que só passam a agradar aos outros num momento tardio da vida ficam assim porque nunca foram bem-sucedidas ao agradar a seus pais ou familiares. Quando os pais fazem com que aumentem as chances de as crianças terem sucesso ao agradar-lhes, a auto-estima delas pode crescer e ser saudável.

Durante essa fase, os pais podem às vezes se sentir sem forças para ajudar seus filhos. Não importa o quanto você os ame, é impossível fazer com que fiquem felizes quando seus amigos não estão sendo legais. Não há como fazer com que eles amem a si próprios. Mas você pode ajudar. Ao ser compreensivo e com um bom ouvido, acaba ajudando. O carinho incondicional dos pais dará às crianças o apoio que elas precisam ter para obter o que precisam de seus familiares e amigos. Os genitores também colaboram muito quando ajudam seus filhos a ter oportunidades para estar com outras crianças e formar laços de amizade.

Uma parte importante do processo de crescimento nesse estágio está em trabalhar nas questões sociais e nos desafios que acabam aparecendo inevitavelmente. Embora nada seja sempre perfeito, o apoio dos pais ainda é muito importante, mas apoio demais não é tão legal assim. Quando eles se dão demais, as crianças tendem a afastá-los, pois há certas coisas que elas devem fazer por si próprias.

A crise do nascimento:
até os sete anos

Do nascimento até a infância, mais ou menos até os sete anos, estamos num estágio indistinto de desenvolvimento. Não temos a capacidade de saber quem somos e o que merecemos, exceto pela maneira com que nossos pais nos tratam. Enquanto somos bebês, acabamos nos ligando àqueles que são os primeiros a zelarem por nós ou aos pais, e depois crescemos apoiados nesse suporte amoroso.

Toda nossa atitude em relação ao mundo e nosso relacionamento com o planeta começa no nascimento. As crianças são, basicamente, impotentes para obter o que precisam quando saem do útero. Se elas não forem bem tratadas, acabam morrendo. Sendo esta a realidade física, a criança forma uma entre duas atitudes básicas: "Tenho necessidades e tenho forças para fazer com que elas sejam atendidas", ou "Tenho necessidades e sou impotente para fazer com que elas sejam atendidas." Atravessamos a vida e nos sentimos impotentes ou poderosos.

Uma criança se sente poderosa ou impotente para fazer com que suas necessidades sejam atendidas.

Nossas primeiras impressões da vida são sempre as mais profundas e duradouras. Embora seu cérebro não estivesse desenvolvido na época do nascimento, você esteve habilitado para sentir e estimar a qualidade de sua situação. Ou você sentia que podia conseguir o que precisava, ou achava que não podia. Por causa da prática de separar a criança de sua mãe, que começou há cerca de sessenta anos nos hospitais, a maior parte dos bebês que nasceram no pós-guerra e as gerações posteriores aprenderam que não podiam conseguir aquilo de que precisavam. Felizmente, essas práticas estão agora sendo corrigidas. Já reconhecemos a importância do vínculo entre os pais e o bebê.

Essa atitude de impotência não quer dizer que todos nós crescemos sem forças para conseguir o que desejamos. Em muitos casos, uma deficiência pode nos tornar mais poderosos. Quando sentimos que não podemos obter o que necessitamos, automaticamente nos adaptamos a uma maneira de agir que nos torna mais poderosos. Sentimos que ninguém está lá a nosso dispor e por isso vamos ter de correr atrás se quisermos alguma coisa. Depender dos outros não é uma boa opção.

Se eu achar que não posso conseguir o que preciso, concluo que tenho de crescer e me virar. De repente, muito antes de sentir a obrigação de olhar para meu interior por qualquer motivo, já me sinto bastante responsável e independente. Posso experimentar um poder maior para criar um sucesso exterior, mas por dentro estarei sentindo falta do sucesso interior.

Quando as crianças crescem rápido demais, elas perdem certos estágios de desenvolvimento importantes.

Outra reação comum que brota quando nos sentimos impotentes para conseguir o que precisamos é uma inabilidade de saber o que necessitamos ou queremos. Se não conseguimos aquilo de que estamos precisando, é difícil sentir e definir essas necessidades. Se não podemos saber claramente quais são elas, é difícil sentirmo-nos merecedores ou habilitados a tê-las atendidas. Por outro lado, quanto mais recebemos o que necessitamos, sabemos com mais nitidez que precisamos de tal coisa e temos uma maior sensação de habilitação.

O conhecimento claro e a experiência nítida daquilo de que necessitamos cria uma sensação de habilitação.

Sem uma sensação clara de habilitação para receber o que necessitamos, poderemos nos esforçar muito para conseguir isso. Para agradar a nossos pais e fazer com que eles nos dêem aquilo de que precisamos, nós equivocadamente desistimos de zelar por nosso umbigo. A impotência pode tanto nos tornar totalmente dependentes dos outros como de nós mesmos. Se você sentir uma força interior para obter o que precisa nesse estágio anterior, então acabará conseguindo um equilíbrio saudável entre a dependência pelos outros e por você mesmo.

Quando reconheço que não posso obter as coisas das quais preciso, mudo minha estratégia e opto por me responsabilizar por elas e assim consigo o que quero. A distinção feita aqui é entre precisar e querer. Quando precisamos, estamos dependendo dos outros; quando queremos, dependemos de nós mesmos para conseguir isso. Durante nossa infância, são necessários muitos anos de recebimento daquilo de que precisamos antes de desenvolver a habilidade de conseguir o que queremos. Até a casa dos vinte anos, dependemos muito mais do que acontece conosco. Aos 21, temos um poder muito maior para conseguirmos aquilo de que precisamos.

Quando aprendemos cedo demais a nos cuidar, achamos que temos de fazer tudo por conta própria. Não valorizamos a ajuda dos outros e até rejeitamos algumas formas valiosas de apoio. Não ficamos à vontade quando nos sentimos próximos ou íntimos. Vá a qualquer parte do mundo onde as crianças não são separadas de suas mães no nascimento, e você verá como os pais são muito mais chegados aos filhos e como as famílias possuem laços de afeto bem maiores.

Embora estejamos sentindo o trauma do nascimento nos países desenvolvidos, quando as crianças são separadas de suas mães, isso tem algumas boas vantagens. Às vezes temos de seguir na direção errada para encontrar um caminho novo e melhor. Embora a geração do pós-guerra tenha dado uma grande virada no sentido de prestar atenção em si mesma e obter tudo o que quer no mundo exterior, ela está nesse momento voltando a reconhecer que precisa de amor. Todos os tipos de terapias foram desenvolvidos para nos ajudar a voltar atrás e curar o trauma de não termos conseguido o que necessitávamos nos nossos primeiros anos de vida, quando éramos mais vulneráveis e dependentes.

Da concepção ao nascimento

Nossa primeira experiência nesta vida é aquela na qual nos desenvolvemos no útero. Durante este período, experimentamos nossa relação com Deus. Não é um relacionamento conceitual – o cérebro ainda não é capaz disso – mas há uma experiência. Geralmente a esquecemos por volta dos dois anos, quando nossas habilidades lingüísticas se desenvolvem rapidamente.

Para a maior parte das pessoas, o ficar no útero é uma experiência magnífica. Não somos responsáveis por nada. Deus e a Mãe Natureza fazem tudo, e não temos nenhuma responsabilidade. As pessoas que são saudáveis, fortes e desenvolvidas estão ligadas à energia que criou seus corpos.

Essa energia que faz tudo por nós é a nossa primeira relação com Deus. Infelizmente se, depois que nascemos, outros não acreditam ou dependem dessa energia divina e positiva, nos desconectamos gradualmente dela e esquecemos que Deus está sempre lá para tomar conta de nós e nos ajudar.

Toda a cura vem dessa energia divina. Os médicos podem fornecer os remédios para auxiliar no processo curativo, mas é a energia de Deus que promove a cura. A doença e a cura são aspectos inevitáveis da vida. Quando estamos doentes, esse é um sinal de que precisamos nos reintegrar à energia que nos criou.

Às vezes, mesmo dentro do útero, começamos a nos desconectar da energia divina responsável pela criação de nossos corpos. Se nossa mãe possuir emoções negativas, isso pode nos afetar pelo resto da vida. Se você quiser filhos saudáveis e felizes, o primeiro passo é ajudar a mãe deles a ter tudo que ela julgar necessário durante a gravidez.

Sua relação com Deus também faz uma grande diferença. Se ela acha que tem de fazer tudo por conta própria, então tal mensagem ou atitude não espiritual é passada para a criança. Uma sábia gestante leva bastante tempo para conseguir aquilo de que precisa, e não se preocupa com suas metas e ambições na vida. Mais importante, ela se concentra para relaxar, sair de seu juízo perfeito e deixar a natureza fazer seu trabalho. Uma vez terminando de criar crianças pequenas, ela passa a ter tempo de sobra para se concentrar mais uma vez em suas ambições de forma completa.

No que as pessoas se reformularam para depender exclusivamente dos médicos, e não de Deus e da natureza, as crianças passaram a não ganhar o reforço de que precisam para saber que o mundo é um lugar amigável que responde em forma de mágica a todas as nossas necessidades. Uma mãe precisa se opor a essas tendências que pregam que devemos esquecer Deus, lendo livros espirituais e elevados ou passando bastante tempo em contato com a natureza. Se estivermos desconectados do ritmo da natureza, é mais difícil se sentir bem durante a gravidez.

Ler alguma coisa sobre esses estágios anteriores nos deixa acabrunhados mais facilmente, quando pensamos que não obtivemos o que precisávamos e culpamos o passado por nossos problemas. Se você está começando a se sentir impotente, está despertando os sentimentos que tinha quando era pequeno. Agora você tem a oportunidade de se dar um abraço e dizer que tudo vai dar certo. A boa notícia é que, se estiver lendo esse livro, logo terá a força necessária para encher esses tanques de amor e começar a conseguir o que precisa.

CAPÍTULO 7

Enchendo os
dez tanques de amor

Se as paredes de sua casa começarem a ruir, você deve primeiro olhar as fundações para corrigir o problema. Se suas plantas começarem a ficar amareladas e morrer, não é bom pintá-las para que elas ganhem um aspecto melhor. Em vez disso, é melhor regá-las. Da mesma forma, muitos de nossos problemas começam a desaparecer sozinhos quando começamos a encher os dez tanques de amor. À medida que conseguimos o que precisamos, começamos a nos conectar com quem realmente somos.

Para a maior parte das dificuldades na vida, a solução começa quando nos certificamos de que estamos enchendo os cinco primeiros tanques de amor. Quando atolados na vida, encontramos uma boa ajuda quando reconhecemos que muitas das sensações que experimentamos são as mesmas de quando éramos crianças. Ao reservarmos algum tempo de nossa semana para enchermos nossos tanques de amor seguintes, estamos aptos a seguir em frente e criar a vida que desejamos.

É sempre melhor fazer coisas que mantenham nossos tanques cheios a cada semana. Não basta enchê-los todos de uma vez. Esse amor é necessário para que você continue ligado ao que é enquanto segue adiante, seja qual for o estágio da vida em que estiver. A base para se obter o que se quer e permanecer conectado a seu verdadeiro eu é manter seus tanques de amor cheios. Se você tiver flores em seu jardim, não basta regá-las todas de uma vez só. Temos de estar a serviço delas e nutri-las incessantemente.

Tanque de amor nº 1
Vitamina D1

O primeiro tanque é o amor e o apoio de Deus. Quando estamos carentes de vitamina D1, a vida tende a ser uma luta. Acabamos cansados e estressados, pois achamos que temos de fazer tudo por conta própria. Para encher esse primeiro tanque, há de se manter um contato regular com Deus ou alguma relação espiritual com o universo, qualquer uma que seja. Precisamos entender que não estamos sozinhos e que há uma força maior nos ajudando. Embora a meditação não seja religiosa, ela é espiritual. Mesmo se um determinado indivíduo for ateu ou não estiver afiliado a uma religião em especial, pode satisfazer essa necessidade básica com meditação regular. Normalmente, depois de experimentar essa conexão espiritual, tal pessoa vai buscar e apreciar uma religião para ajudar a entender sua relação com Deus e obter o apoio de outras com mentes e corações em sintonia. No capítulo 9, vamos explorar um tipo maravilhoso de meditação para encher esse tanque de amor.

Tanque de amor nº 2
Vitamina P1

O segundo tanque é o amor e o apoio que vêm dos pais. Quando sentimos carência de vitamina P1, tendemos a nos conter na vida por causa de sentimentos de dúvida, impropriedade e indignidade. Experimentamos ondas de distúrbios e infortúnios emocionais em nossas vidas. Podemos achar que é o ambiente de trabalho que cria tal angústia, mas ela vem de dentro. O mundo exterior simplesmente reflete o interior.

Felizmente, como adultos, não dependemos de nossos pais ou daqueles que zelaram por nós quando estávamos no berço, para obter o amor incondicional de que precisamos. Alguns pais nunca terão condições de nos dar aquilo de que necessitamos, e muitos deles morreram sem o dar. Por sermos adultos, podemos escolher onde vamos pegar esse apoio, e aprender como devemos fazer para dá-lo a nós mesmos.

Quando não estamos conduzindo nossa experiência emocional de uma maneira amorosa e tranqüila, este é o tanque que precisamos encher. Se não estivermos nos sentindo confiantes ou felizes, encher esse tanque é um dos primeiros trabalhos que precisamos fazer para curar nosso passado.

Num sentido bastante prático, freqüentar conselheiros ou terapeutas é como contratar parentes. Eles o ouvem, o entendem, e lhe dão o tal amor incondicional. Na mesma medida que consegue ter essas necessidades atendidas, você se torna capaz de dirigir esse apoio para si próprio. Enquanto esse tanque começa a ficar cheio, você descobre que ou seus pais estão, efetivamente, apoiando você muito mais, ou que outras pessoas em sua vida estão lhe dando esse tipo de amor irrestrito.

Se a meditação e a conexão com Deus são equivalentes a molhar as flores, corrigir nosso passado é como mudar o solo. Uma planta precisa de uma terra fértil para florescer. Muitas das crenças estabelecidas no começo de nossa infância continuam a nos refrear. Ao mudá-las, acabamos fazendo com que as coisas fiquem melhores. Independente do tipo de apoio que teve nos seus primeiros anos de vida, você agora tem a força para se tornar o seu próprio pai e se dar tudo que precisa.

Eu me lembro de ter dado um *workshop* no Instituto Correcional de San Quentin. Nunca havia trabalhado com pessoas que eram tão carentes de P1. Noventa prisioneiros começaram o *workshop*, e eu dispunha de 32 voluntários para me auxiliar. Estes, cujos tanques de amor mais antigos estavam relativamente cheios, fizeram exercícios curativos com alguns dos detentos.

Quando os prisioneiros fizeram os exercícios uns com os outros, houve muito menos impacto, mas com os voluntários houve um grande progresso. Nos últimos momentos do fim de semana, os 32 que permaneceram até o final trabalharam, cada um, com um assistente. Ficou claro que os exercícios tiveram mais efeito quando foram feitos com aqueles que receberam mais amor em suas vidas. Os prisioneiros possuíam um passado tão empobrecido que não conseguiam fazer os exercícios juntos.

Em meu próprio processo de cura, descobri que fazer exercícios curativos com outras pessoas – alguns profissionais treinados e uns certos parceiros disponíveis nos *workshops* – ajudava muito. Mesmo hoje em dia, consigo me lembrar de várias experiências que mudaram a minha vida. Ficarei eternamente grato àqueles momentos curativos. No capítulo 11, explicarei alguns desses exercícios. Eles podem ser feitos por conta própria ou com um parceiro em casa, na terapia, ou num *workshop*.

Tanque de amor nº 3
Vitamina F

O terceiro tanque é o amor e o apoio que vêm da família, dos amigos e do lazer. Quando a sua vida é séria demais, e você não está se divertindo, acaba carente de vitamina F. Se seu primeiro relacionamento sofre com as críticas, com a culpa ou com o tédio, basta eventualmente se concentrar para encher este tanque que as coisas melhoram automaticamente. Este terceiro tanque é suprido pelo desenvolvimento e pelo prazer que recebemos de nossos afetos, e por bons momentos de diversão.

Para manter este tanque cheio, precisamos cuidar de nossas velhas amizades, e às vezes também precisamos criar novos amigos. Novos colegas nos ajudam a trazer à tona facetas novas de quem somos. Velhos companheiros colaboram conosco fazendo com que amemos e aceitemos nosso jeito de ser. Ambos são necessários.

Às vezes as pessoas se perguntam por que não têm muitos amigos. A resposta está no fato de nunca terem aprendido a fazer amizades. Elas supõem que vão gostar automaticamente de alguém e vão querer se amigar com tal indivíduo. Ou esperam que outros venham a gostar delas do mesmo jeito. Quando estiver sem colegas, comece a fazer coisas para os outros. Ao se dar e depois receber o que deu de volta, vocês aos poucos começarão a gostar mais um do outro e se tornarão amigos.

Caso seja difícil fazer amizades, às vezes a solução é chegar num tanque anterior e enchê-lo. Esse princípio se aplica a cada um dos tanques de amor. Sempre que temos dificuldade para obter aquilo de que precisamos, estamos olhando na direção errada. Ao pôr à prova os outros tanques, você poderá descobrir que, durante algum tempo, um funciona melhor do que o outro. Por quê? Porque, nesse momento em especial, é disto que sua alma precisa mais do que qualquer coisa.

Esse conceito explica por que algumas pessoas extraem tanto da terapia, enquanto outras não conseguem o mesmo resultado. Se elas estiverem sentindo uma grande necessidade de vitamina P1, então a terapia realmente ajuda, mas se estiverem precisando de vitamina F, então ir a um jogo de futebol com um amigo será melhor para levantar o astral. Ultimamente tem sido importante encontrar maneiras distintas de encher cada um dos tanques de amor.

A amizade ajuda a nos aceitarmos do jeito que somos. Para atingir esse estado de graça, precisamos nos sentir seguros sendo nós mesmos e nos expressarmos sem demonstrar medo do ridículo. O humor e a atividade ajudam a encher esse tanque. Quando você está deprimido, é muito bom ver um filme engraçado e receber uma boa dose de F. Mesmo que não queira, às vezes é exatamente disso que você precisa. Normalmente resistimos às coisas das quais necessitamos, mas uma vez que nos envolvemos, começamos a nos sentir melhor.

Tanque de amor nº 4
Vitamina P2

O quarto tanque de amor é o apoio que vem dos semelhantes. Para enchê-lo, precisamos estar num clube ou em algum tipo de grupo de apoio. Torcer para um determinado time ou participar de alguma atividade são outras maneiras de encontrar esse apoio. Embora você possa partilhar de muitos interesses num casamento, é importante que você tenha alguns outros que sejam diferentes dos de seu parceiro. Esses têm de ser coisas só suas, que devem ser partilhadas com outras pessoas que não são necessariamente os amigos com os quais convive, ou aquela ou aquele com quem está casado.

Se seu barato é o esporte, um dos mais poderosos grupos de apoio pode ser encontrado num jogo de seu clube favorito. A experiência no estádio é mais intensa do que a de ver um jogo na TV, embora ela quebre um galho. Sentir a ligação com seu time e com outros torcedores fornece grandes doses de vitamina F.

Para encher esse tanque, vá a lugares onde as pessoas se agrupam. Se você gosta de cinema, não se contente com o vídeo. Vá às salas de exibição aonde vão as pessoas com interesses semelhantes. Para obter um suporte ainda maior, vá ao cinema assim que o filme estrear, o que será muito mais empolgante. Aqueles que realmente querem estar lá estarão lá. Esse é o entusiasmo e a energia concentrada dos quais vale a pena se cercar.

Se você está aberto para uma religião em especial, então participe de atividades de grupo. Cante e reze junto com os outros. Experimentar essa forma de apoio regular vai fornecer não apenas a vitamina D1, como também a P2. Você receberá uma quantidade abundante de apoio vindo de seus semelhantes.

Se seu negócio é um determinado artista ou cantor, vá a seus shows. Deixe sua alma ser alimentada pela energia da P2. Como é boa uma apresentação ao vivo dos Rolling Stones para levá-lo de volta aos tempos da adolescência. Não só estará lá um grupo de pessoas que gosta da mesma música que você, como as canções serão aquelas que escutava quando era jovem – isso, é claro, se você tiver mais de quarenta anos. A música que você amava quando era *teen* será sempre uma âncora poderosa que o fará sentir novamente a energia de sua essência adolescente.

Sempre que encher um determinado tanque de amor, você estará fazendo despertar aquela parte de seu ser e colhendo benefícios da energia especial que vem dessa fase. Ao despertar o jovem, haverá ondas de entusiasmo, vitalidade e energia que o empurrão para seguir em frente na vida.

Se você tiver algum tipo de desafio específico que precise superar, compareça a encontros de outras pessoas que tenham ultrapassado tal barreira. Programas com 12 etapas para pessoas que abandonaram seus vícios são exemplos de uma fonte excelente dessa vitamina.

Tanque de amor nº 5
Vitamina S

O tanque número cinco é o amor-próprio. Para enchê-lo, você tem que se certificar de que será o primeiro. Precisa ter a sua vida sob controle. Deve começar se perguntando o que quer e depois correr atrás.

Caso você venha a perguntar a si próprio o que quer e a resposta for fazer os outros felizes, você ainda não entendeu bem o espírito da coisa. O que você quer significa o que *você* quer. Repare no que está perdendo e no que quer a mais.

Certamente, seu desejo é fazer os outros felizes, mas isso não tem nada a ver com esse tanque de amor. O que mais, além de fazer os outros felizes, o faz feliz? O que o acende? O que o faz feliz? O que vale a pena se colocar para encher esse tanque? Vá a lugares onde se sinta à vontade para pedir aquilo que deseja e para dizer não àquilo de que não está a fim.

Para amar a si próprio, dê-se uma permissão para experimentar na vida.

Afaste-se das pessoas de seu cotidiano, a fim de ficar livre para experimentar novas roupas e se comportar de forma diferente. Dê-se a liberdade para fazer coisas que jamais faria. Vá a um lugar onde jamais retornará para que, se fizer papel de bobo, isso não tenha nenhuma importância. Afinal de contas, ninguém vai conhecê-lo e você não vai voltar lá.

Em grande parte do tempo, nós nos contemos porque ficamos preocupados com o que os outros vão pensar de nós. Queremos fazer algumas coisas, mas acabamos nos segurando. Afinal de contas, se viermos a cometer erros, seremos lembrados disso para sempre. Além do mais, estar junto de pessoas novas e diferentes sempre traz à tona alguma faceta nova de quem você é. Sempre que partilha algo novo e diferente com alguém, um novo aspecto de sua personalidade tem uma chance de emergir.

Estar junto de pessoas novas e diferentes sempre traz à tona alguma faceta nova de quem você é.

Para atingir o sucesso exterior e ser feliz, fique em contato com aquilo que quer e estabeleça suas intenções a cada dia. Imagine-se indo ao restaurante e não fazendo nenhum pedido. O garçom pergunta o que gostaria de comer, e você diz "qualquer coisa que tiver aí". A não ser que tenha muita sorte, você provavelmente acabará degustando sobras.

Para manter esse tanque cheio, reserve alguns minutos todo dia para refletir sobre o que quer, e depois estabeleça suas intenções fazendo um pedido. Vamos explorar esse processo no capítulo 10. Ao se certificar de que está planejando o seu dia, você não acabará com as sobras do mundo.

Tanque de Amor nº 6
Vitamina R

O sexto tanque de amor é o dos relacionamentos, das parcerias e do romance. Para enchê-lo, você precisa se certificar de que está se dividindo com outro alguém. De algum modo, você depende dele, e ele depende de você.

Na maior parte dos casos, essa necessidade é atendida por meio de um relacionamento amoroso, comprometido e sexual. Para se dividir intimamente, a maior parte das pessoas precisa amadurecer seu amor ao longo do tempo. É difícil uma mulher se abrir de uma hora para outra. Ela geralmente precisa de mais tempo para sentir que seu parceiro já a conhece antes de deixar esse amor penetrar. Um homem pode, às vezes, se dividir na mesma hora, mas antes de poder se abrir de forma consistente, ele também precisa estar apaixonado.

Vitamina R pode vir de qualquer parceria amorosa em que haja um dar e receber amor.

Se você não está casado e nem possui uma parceira para os momentos íntimos, é importante marcar encontros para que possa encher esse tanque. Sair por aí não significa que você tenha de dormir em qualquer lugar. Para encontrar alguém com quem você queira ter intimidades ou um relacionamento, reserve um tempo para experimentar. Comece simplesmente a sair e não procure pela pessoa perfeita. Particularmente, quando as pessoas estão atrás de um casamento, acabam ficando contidas por causa dessa busca infrutífera.

Se você não está encontrando a pessoa perfeita, isso normalmente acontece porque está realmente precisando encher alguns de seus tanques interiores. Da mesma forma, quando alguém está numa relação, o amor pára de fluir depois de um tempo até que se resolva reservar algum tempo para encher outros tanques que estejam vazios.

Se você não está arrumando a pessoa certa, com certeza está olhando na direção errada.

Quando o aluno está pronto, o professor sempre aparece. Quando você faz uma pergunta, a resposta virá. Quando você está pronto para um relacionamento e está aberto para a possibilidade de marcar encontros, a pessoa que lhe parece perfeita acaba aparecendo. Desista de seu complexo de necessidade, mantendo uma vida que sustente as outras coisas das quais precisa, que acabará encontrando o parceiro ideal.

É importante se lembrar de que almas gêmeas nunca são perfeitas, mas são ideais para você como parceiros. Como há uma ligação profunda, você, ao amá-las, se conecta imediatamente a seu verdadeiro eu. É impreciso pensar que só pode existir uma alma gêmea para cada pessoa. Há milhares de indivíduos com quem você poderia fazer um belo par. A alma gêmea é alguém entre tantos que você escolhe para partilhar sua vida.

Almas gêmeas nunca são perfeitas, mas são ideais para você como parceiros.

No passado, as pessoas estabeleciam parcerias amorosas para sobreviver. As habilidades sociais com as quais crescemos não foram criadas com o objetivo de estabelecer romances duradouros, mas para dar segurança. Para obter o que você deseja hoje num relacionamento, é essencial aprender novas habilidades.

Os filmes nos dão uma idéia do tipo de romance que nossa alma busca, mas não nos mostram como chegar lá. Para criar um clima de amor e relacionamentos estáveis, precisamos aprender novas técnicas. É importante lembrar que os romances não são automáticos, mesmo se estivermos enchendo nossos outros tanques de amor. Se não criarmos oportunidades de fato para que os romances prosperem, eles não acontecerão. Todos os livros da série "Marte e Vênus" evidenciam o aprendizado dessas novas técnicas para se criar uma paixão duradoura.

O romance não só preenche o desejo de nosso coração por uma maior intimidade, como também ajuda a nos fortalecermos para ser mais bem-sucedidos no mundo profissional.

> **Quando há paixão no quarto, essa paixão se traduz em poder no local de trabalho.**

Todas as técnicas para se criar mais no mundo exterior requerem que estejamos ligados a nossos sentimentos e desejos. Se estivermos suprimindo nossos desejos sexuais ou ficarmos insensíveis a eles, estaremos eliminando uma quantidade tremenda de poder em nossas vidas. Manter-se em contato com nossos desejos e agindo para realizá-los é essencial para criar e atrair tudo o que se quer.

Tanque de amor nº 7
Vitamina A

O sétimo tanque é dar um amor incondicional a alguém que depende de você. Ser responsável pelas necessidades dos outros é um requisito essencial da alma. Não podemos continuar a nos desenvolver depois dos 35 anos de idade se não criarmos oportunidades para nos darmos de forma irrestrita.

Para encher esse sétimo tanque de amor, precisamos tomar conta de nossos filhos e, mais tarde, de nossos netos. Se não tivermos nossos próprios netos, deveremos então oferecer nossos serviços a outros. Precisamos nos sentir responsáveis por alguém que amamos e zelamos. Com esse amor especial, podemos começar a fazer sacrifícios, desistindo do que queremos em prol de outra pessoa.

Esse amor e apoio incondicionais são a base de uma relação apropriada entre pai e filho. Não é a ideal entre parceiros íntimos. É enganoso encorajar as mulheres a se entregarem de corpo e alma para seus pares. Quando elas se ressentem por não receberem de volta aquilo de que precisam, sentem-se culpadas por reagirem dessa maneira.

As pessoas vão experimentar o ressentimento se derem mais do que estão recebendo. Se não tivermos permissão para nos sentirmos assim, acabaremos não tendo a impressão de que devemos parar de dar e começar a receber.

As pessoas vão experimentar um ressentimento se derem mais do que estão recebendo.

Certamente, um pouco de amor irrestrito é bacana, mas ainda assim não deixa de ser incondicional. Um indivíduo pode se dar durante um tempo sem receber nada de volta, contanto que acabe tendo sua vez de receber. Esse retorno não deve demorar anos, senão você acabará acordando um dia sentindo-se completamente vazio, ressentido e fechado. E acabará sem ter nada mais para dar.

Teoricamente, olhamos os seis primeiros tanques para enchê-los de amor, para que depois possamos fazê-los transbordar para nossas crianças. Se não temos filhos, acabamos então nos dando equivocada e irrestritamente em nosso relacionamento íntimo para mais tarde ficarmos imersos em ressentimento. Sem eles, também podemos, sem saber, sabotar uma relação ou a possibilidade de uma nova, quando mimamos demais um parceiro e o tratamos como criança.

Só podemos nos dar incondicionalmente quando nossos tanques estão cheios e transbordando. Esse é o desafio ideal nesse período de desenvolvimento. Não basta tomar conta dos pobres, de um sobrinho ou de uma sobrinha. Embora isso ajude, precisaremos nos sentir profundamente responsáveis por alguém ou algo vivo, se estivermos na faixa dos 35 aos 42. Um bom substituto pode ser um bicho de estimação ou um jardim que necessitem de cuidados. Assim como um animal, suas plantas estão vivas e precisam de você. Se tivermos filhos, precisamos encontrar um substituto para nos darmos assim que eles crescerem. Os netos, com certeza, são perfeitos para isso.

Ao se sentir responsável e dar seu amor de forma absoluta, sua alma será fortalecida.

Tanque de amor nº 8
Vitamina C

O tanque de amor número oito é ajudar a sua comunidade, colaborando para fazer de seu habitat um lugar melhor e mais bonito. Essa é a hora ideal para começarmos a fazer trabalhos voluntários que venham a ajudar outras pessoas que não estejam diretamente relacionadas a você. Qualquer tipo de projeto para ajudar os pobres, as escolas, a livraria, ou o meio ambiente, só para citar alguns, também ajuda.

Nesse estágio da vida, precisamos estar pensando em ajudar os outros. Os presentes que recebemos ao longo de nossa existência são aqueles que temos de partilhar com nossa sociedade. Para encher esse tanque, comece a procurar maneiras de devolver parte do que recebeu.

Os presentes que recebemos ao longo de nossa existência são aqueles que devemos partilhar por estarmos no mundo.

Esse é um período no qual devemos dedicar tempo e dinheiro para instituições de caridade e organizações dignas que tentam ajudar sua comunidade. Ao se oferecer dessa maneira, você começa a expandir seu espírito por intermédio de sua generosidade. Tome cuidado para não descuidar de sua família no processo. Essa maneira de se dar pode ser tão gratificante que acabamos esquecendo as outras pessoas que amamos. No fim das contas, ela acabará perdendo seu brilho se não nos cuidarmos e deixarmos de encher nossos tanques de amor anteriores.

Tanque de amor nº 9
Vitamina M

O tanque de amor número nove – devoção ao mundo – é uma extensão do anterior. Nesse estágio, precisamos ampliar nossos horizontes e nos expandir para além das fronteiras de nossa comunidade, raça e cultura. É um momento para partilharmos com aqueles que vivem em meios diferentes e possuem outras tradições.

É uma hora para nos tornarmos mais interessados em ideais políticos e em idéias relativas ao país e ao mundo. Você pode se oferecer para ajudar um candidato a ser eleito ou concorrer a um cargo você mesmo. Para encher esse tanque de amor, um indivíduo pode acabar envolvido em algum de tipo de causa mundial.

Não use sua sabedoria e poder só para ajudar a você mesmo e sua família, se ofereça para ajudar o mundo de alguma maneira.

Esse também é um momento ideal para viajar, conhecer o mundo e repartir sua luz. Tire mais férias e amplie suas experiências. Se não expandir suas fronteiras, você não crescerá. Muitas pessoas nessa fase começam a se sentir velhas porque não estão se expandindo. Elas não sabem o que estão perdendo. Ao sair por aí, logo vão recuperar seus antigos níveis de energia. Cruzeiros e excursões são fantásticos nessa fase, não só porque tornam as viagens mais fáceis, como também porque oferecem a oportunidade de se encherem os outros tanques. Ao se conectar com outras culturas e partilhar delas, você descobrirá que, embora as pessoas sejam diferentes, somos todos iguais por dentro. Ver o mundo fará com que venham à tona partes de seu ser que vão mantê-lo jovem. Essa é uma grande fase de sua vida para viajar pelo mundo e criar uma aventura ímpar com seu cônjuge, seus netos ou seus amigos.

> Ver o mundo fará com que venham à tona partes de seu ser que vão mantê-lo jovem.

Esse também é um momento no qual seu negócio pode dar frutos. Quando você está cheio por dentro e apto a devolver o que recebeu do mundo, seu próprio sucesso aumenta de forma dramática. Quanto mais você fez pelos outros, supondo que tenha sido sem compromisso, mais força terá para atrair o que quer.

Um estudo mostrou que os homens atingem seus maiores níveis de poder entre os 44 e 56 anos de idade. Nesse momento, um homem é capaz de pensar livremente sobre as necessidades dos outros. Como resultado, não só as pessoas confiam e dependem mais dele, como ele tem sua intuição sob controle para fazer as escolhas corretas. Envelhecer pode significar ter mais, não menos.

Tanque de amor nº 10
Vitamina D2

O tanque de amor número dez é a servidão a Deus. Quando chegamos a esse mundo, Deus zela por nós. À medida que crescemos

Enchendo os dez tanques de amor • 107

e nos preenchemos internamente, podemos aos poucos devolver o que recebemos. Nesse ponto, estamos livres para servir a nosso Senhor. Ao enchermos esse tanque de amor, estamos, automaticamente, mais afinados com a vontade divina. É nesse momento que podemos provocar o maior impacto no mundo. Por volta dos 56 anos de idade é que estamos totalmente prontos para cumprir nossa missão no planeta.

É aí que alcançamos nossa maior glória. É nessa fase que estamos em contato com nossos maiores dons e poderes. Depois que aprendemos a encher todos nossos tanques de amor, podemos expressar, nessa fase, e a cada dia, todo o nosso potencial. Com certeza, antes desse período, podemos ter lampejos desse estágio, mas até enchermos todos outros tanques e nos desenvolvermos completamente, isso não é possível. Muitas pessoas envelhecem e ficam imediatamente doentes quando chegam nessa idade, pois não têm como vencer o desafio. Seus outros tanques estão vazios demais para atender o requisito que é se dar de forma altruísta em serviço.

> **Muitas pessoas envelhecem e ficam imediatamente doentes quando chegam a essa idade, pois não têm como vencer o desafio.**

Quando você chega aos 56 anos, a única maneira de encher esse décimo tanque de amor é submeter completamente sua vontade aos desígnios de Deus. Embora você possa ter feito isso quando era mais jovem, está mais apto para fazê-lo nessa idade, enquanto continua a encher os outros tanques de amor.

Esse é o momento para florescer totalmente. Certifique-se de que está pronto para aproveitar essa oportunidade. Se este não for o caso, então pelo menos saiba como voltar atrás para encher seus tanques enquanto continua a clamar por uma orientação interior. À medida que tira partido dessa fase, você sente cada vez mais que é um entre tudo e todos. Sua maior alegria está em servir. O "eu", "você", "ele", "ela" e "nós" misturados em uma só energia divina. A vida se torna um rio da luz de Deus, com amor fluindo delicadamente em busca de mais e mais. Você se torna um canal puro da graça do Senhor para todos que encontra. Levar uma vida intensa e rica não só é possível, como é nosso dever. Deus quer, tanto quanto você, que a tenha. Ao continuar a obter o que necessita para encher seus dez tanques de amor, você sempre será guiado para cumprir seu objetivo divino, a fim de fazer diferença no mundo.

CAPÍTULO 8

O valor da meditação

Para encher o primeiro e mais importante tanque de amor, precisamos perceber nossa ligação com Deus. Há muitas maneiras de se fazer isso. A meditação é uma das mais eficientes. Embora não esteja ligada a nenhuma religião em especial, a meditação sustenta todas as tradições espirituais. Todos podem se beneficiar da meditação sem acreditar no Todo-Poderoso. Enquanto eu falo sobre Deus, você pode querer interpretar dizendo que Ele é a energia positiva, a energia do amor, o poder superior, o potencial maior, a sabedoria superior, o futuro glorioso, ou seja lá o que for. Como meu passado traz uma forte experiência de crença no Criador, vou usar a palavra "Deus"; mas fique à vontade para inserir seu próprio significado nesse "algo a mais".

Mesmo não sendo religiosa, a maior parte das pessoas acredita em algo que está além. Esse poder superior pode até ser seu potencial interior. Pelo menos, elas acreditam num futuro melhor e mais brilhante. Seja qual for sua crença, a meditação irá ajudá-lo a encher seu primeiro tanque de amor. Logo depois você começará a experimentar uma paz e um relaxamento maiores. Aos poucos sentirá alegria, confiança e amor também. Ao reservar alguns minutos todo dia para se conectar com Deus, sua vida será enriquecida.

Ensinei meditação durante mais de 28 anos para pessoas de diferentes religiões e posições sociais. O valor da meditação é reconhecido e aceito por todas as doutrinas. Embora seja vista como uma prática espiritual, ela não entra em conflito com nenhuma crença. Para se valer dos benefícios da meditação, não é necessário ser religioso, contudo, se uma determinada pessoa for religiosa, a concentração intensa do espírito também fortalecerá o interesse pelas coisas sagradas. A experiência regular de conexão com um poder superior o ajuda a entender e honrar as verdades universais em toda religião.

A meditação regular ajuda você a se reunir ao aspecto de seu eu interior conectado com Deus. Essa ligação já está lá, mas você precisa saber que ela existe para experimentá-la. Vamos fazer alguns exercícios de consciência.

Reserve um tempo para ficar ciente da existência de sua mãe ou de alguém que ama você. Enquanto pensa nessa pessoa, você começará a sentir a conexão que liga ambos. Essa ligação está sempre em seu lugar. Tudo que tem a fazer é ficar mais atento, que vai acabar encontrando.

Agora desvie a atenção para seu pescoço. Conscientize-se de que há uma garganta. Note como ela está. Tenha ciência de sua temperatura. De repente, não haverá como parar de prestar atenção nela. Logo, sua consciência vai se desviar, e mais uma vez você esquecerá de seu pescoço.

Uma parte de sua mente está sempre experimentando seu pescoço, já que ele liga o corpo à cabeça; mas sua consciência só o percebe, assim como as outras partes do corpo, quando você opta por dirigir sua atenção. De uma maneira parecida, a meditação implica desviar sua atenção para a parte de seu eu que já está ligada a Deus. Ao aprender a fazer essa mudança, você começará a sentir a conexão que consegue estabelecer com a divindade maior, do mesmo jeito que poderá perceber como seu pescoço liga o corpo à cabeça, e a ligação interior que tem com sua mãe ou com alguém que o ama.

O valor da meditação • 111

A meditação está desviando sua atenção para a parte de seu eu já ligada a Deus.

Sem querer fazer qualquer interpretação, a experiência da meditação é tranqüila, calma e relaxante. Aos poucos você passa a experimentar a energia ardente ou um calor nos dedos e nas mãos. Começa a sentir uma corrente elétrica. E, com o fluxo de energia, sente-se mais confiante, amoroso, e alegre pelo que, aparentemente, não tem motivo algum. Essas são as experiências universais de meditação, independente de como você opte por interpretar tal energia.

Acredito que, dessa forma, consigo sentir minha ligação com Deus. Sinto seu amor, sua graça, sua energia e seu poder fluindo para dentro de meu corpo, por meio das pontas de meus dedos. É literalmente como se eu estivesse me plugando à tomada da parede do Todo-Poderoso. Aqueles que não têm uma perspectiva religiosa farão uma interpretação diferente de sua experiência, mas ela é sempre a mesma.

A meditação funciona para todo mundo

A experiência da meditação não é mais para uns poucos. Todos podem recorrer a ela e obter benefícios imediatos. Os tempos mudaram dramaticamente desde que comecei a meditar regularmente há 28 anos. Fico surpreso com o fato de meus alunos poderem vivenciar essa conexão imediatamente. Uma pessoa não precisa passar anos longe da sociedade, no silêncio dos vales, para encontrar Deus.

Vivi como um monge nas montanhas da Suíça durante nove anos para experimentar minha ligação interior com o Senhor.

Agora, quando ensino meditação, vejo gente progredindo com uma velocidade anos-luz maior do que a minha. Em poucas semanas, meus aprendizes começam a notar a corrente elétrica fluindo pelas pontas de seus dedos. Noventa por cento das pessoas que aprendem a meditar em meus seminários passam por essa experiência em um ou dois dias. Para mim, isso é extremamente empolgante. Ao longo da história, isso nunca aconteceu. Nunca se soube de alguém que tivesse resultados tão imediatos. Os grandes místicos e sábios de nosso passado tinham de passar anos esperando para viver uma experiência espiritual, e agora praticamente todo mundo pode sentir uma corrente energética. Estes acabam ficando em paz e relaxados de uma hora para a outra. Quando você medita depois do trabalho, o estresse do dia é automaticamente varrido para longe. Sentir esse fluxo de energia o recarrega e o ajuda a se sentir imediatamente revigorado.

Quando você medita no começo do dia, acaba ficando preparado para enfrentar os desafios da vida com uma atitude positiva. Sentir sua conexão com Deus o ajuda a lembrar que não está sozinho e que tem um suporte a mais. Grande parte de nosso sofrimento e luta ocorre quando achamos que temos de fazer tudo por conta própria. Felizmente, esse não é o caso. A ajuda está ao alcance, mas precisamos pedi-la. A energia que sentimos se mover em meio a nossos dedos indica que estamos fazendo a conexão e atraindo para nossas vidas o poder, a intuição, a clareza e a criatividade necessários para atender nossas vontades.

O sofrimento ocorre quando esquecemos nossa ligação com Deus.

A meditação começa a encher automaticamente o primeiro tanque de amor. Com certeza, todos os outros são fundamentais, mas se este estiver vazio, acaba se tornando o mais importante. Quando estamos carentes de vitamina D1, sentimos o fardo da

O valor da meditação • 113

vida e suas responsabilidades. Percebemos que temos de fazer tudo por conta própria e não sabemos como. Quando não estamos a par de nossa ligação com Deus, começamos imediatamente a procurá-la, esperando muito de nós mesmos e dos outros. Quando não sentimos uma conexão com algo a mais, esperamos que os outros compensem isso e, inevitavelmente, ficamos decepcionados. Em vez de reconhecermos e nos regozijarmos nos pequenos milagres que Deus realiza a cada dia, nos concentramos muito no que não estamos conseguindo. Não admitimos que aquilo que estamos querendo e precisando está fluindo para dentro de nossas vidas. Quando esse primeiro tanque está num nível baixo, o que quer que consigamos nunca parece suficiente.

Quando você medita sobre sua ligação com Deus, acaba apreciando mais o que tem. Essa consciência positiva unida a um desejo forte aumenta seu poder para atrair e criar aquilo que quer. Naturalmente, quando irradia mais energia positiva, as pessoas querem estar com você, trabalhar a seu lado, lhe dar coisas, apreciá-lo, e confiar em você. Num sentido muito literal, você traz um raio de sol para suas vidas.

Quando você irradia mais energia positiva, as pessoas querem estar à sua volta.

A meditação é simples

A coisa mais fantástica em aprender a meditar nesse período da história em que vivemos é ver como isso é simples. No passado, o processo era mais difícil. As pessoas não experimentavam imediatamente a agradável corrente de energia. A meditação era entediante, cansativa e a maior parte dos alunos desistia no meio. Os professores normalmente faziam com que você esperasse bastante tempo antes de ele dar as dicas. A meditação era só para os alunos mais comprometidos e avançados. Os tutores esperavam até sentirem que seus discípulos estavam receptivos. Agora, com uma compreensão da importância dos sentimentos e do desejo, essa prática antiquada de ficar esperando não é mais necessária.

No passado, quando as pessoas não estavam tão em contato com seus sentimentos interiores, o fato de ter de esperar fortalecia seu desejo e paixão para, quando começassem, poderem ter um lampejo da experiência espiritual para motivá-las em sua árdua jornada. Os professores costumavam testar seus alunos fazendo-os viajar longas distâncias e realizar muitos gestos altruístas antes de instruí-los. Estas tradições abriram os alunos para seus sentimentos interiores e sua ânsia de aprender. Num certo ponto, os mestres acabavam sentindo o fluxo de energia fluindo na direção do aprendiz e começavam a ensinar. Quando você se abre para receber essa carga energética, acabará também ficando apto para enviá-la aos outros.

Essa é a base da cura espiritual. Um curandeiro que posiciona suas mãos em cima de alguém atrai a energia e a transfere para a pessoa que está sendo curada. A mesma coisa aconteceu quando do um determinado professor ensinou práticas elevadas de meditação. Este mestre, que podia sentir a energia fluindo para seu discípulo, sabia que este havia se tornado poroso o suficiente para experimentar, pelo menos, um lampejo do fluxo.

Hoje em dia, as pessoas que encontro, depois de alguns poucos minutos discutindo o valor da meditação, começam a extrair aquela energia que indica estarem prontas. As coisas não eram assim 25 anos atrás ou até mesmo há cinco anos. O mundo está mudando rapidamente. Estamos muito mais abertos a nossos sentimentos e a par do que queremos e do que não queremos. Essa habilidade de abrir os corações e sentir desejos fortes dá às pessoas a oportunidade de atrair a energia. Basta que elas comecem a sentir sua conexão e a peçam. O processo de meditação abre os canais para que isso aconteça.

Meditação interativa

A meditação interativa é um apoio para se aprender a atrair energia por meio da ponta dos dedos. Para mim e para os milhares de participantes que compareceram a meu seminário sobre sucesso pessoal, praticar a meditação interativa ao mesmo tempo em que se certifica de que os outros tanques de amor estão cheios é, sem sombra de dúvida, uma ferramenta poderosa para se criar imediatamente o sucesso pessoal na vida. Embora eu use e ensine essa técnica, ela não é o único caminho. Há outras maneiras de meditar que também são válidas e ajudam a encher o tanque de amor D1.

Até agora, só os peritos e os especialistas em meditação sabiam como sugar energia por intermédio dos dedos. Os alunos não aprendiam nada, pois não eram suficientemente porosos, e assim nada dava certo. Eles não podiam sentir a energia fluir. Mas, hoje em dia, as pessoas estão prontas. O que alguém pode ganhar numas poucas semanas de prática levei mais de 15 anos para conseguir.

Teoricamente, é bom aprender meditação diretamente com um especialista, mas depois de ensinar essa técnica na televisão para milhões de pessoas, recebi um *feedback* tremendamente positivo de que ela funciona, mesmo se você não estiver numa turma que faça parte de meus *workshops* de sucesso pessoal. Essa boa notícia me encorajou a partilhar todo meu conhecimento num livro. Eu ainda aconselharia que esse aprendizado fosse feito em grupo com um especialista, mas a meditação também pode ser aprendida em casa. Especialmente no começo, meditar ao lado de um grupo torna mais fácil experimentar o fluxo de energia.

> **Essa prática pode até mesmo ser aprendida num livro, embora possa ser mais bem estudada num grupo que tenha um instrutor.**

A meditação interativa nos dá a experiência regular de que não precisamos fazer tudo. Para mim, pessoalmente, esse elemento tem sido muito útil. Sempre que as pessoas fazem algo realmente criativo, elas se perguntam depois "como é que eu fiz isso?". Depois se questionam sobre a possibilidade de fazer tudo novamente. Quando temos certeza de que somos ajudados, a preocupação do "posso fazer novamente?" se esvai. Caso você simplesmente faça o melhor, suas intenções se tornam realidade com uma ajuda maior. Especialmente nos países materialistas do Ocidente, as pessoas precisam se lembrar de que não estão sozinhas, e há um apoio maior para fazer com que os grandes sonhos se tornem realidade.

Quando lanço um livro, às vezes as pessoas dizem que "você deve ter canalizado isso", dando a entender que outro alguém está por trás de minhas palavras. Não é desse tipo de apoio que eu estou falando. O suporte que eu recebo da meditação interativa é uma maior iluminação para ver minhas idéias, uma maior compreensão para encadeá-las, uma maior confiança para elaborá-las, uma maior energia para sustentar uma agenda diligente e persistente, uma maior capacidade para apreciar o que funciona e mudar o que não anda, e uma maior criatividade para encontrar uma solução. É esse tipo de apoio que recebo. Ninguém mais faz isso por mim. Essa ajuda, no entanto, não vem até que eu resolva sentar e dar o máximo de mim.

Compreendendo o destino

No Oriente, as pessoas têm uma noção maior de que a vontade de Deus sempre se realiza. Embora possa tranqüilizá-lo, isso tende a negar seus desejos pessoais de querer mais. A vida é vista como um processo de experimentação dos resultados das ações passadas, em vez de uma tela vazia na qual você pode pintar o que quiser. A partir da perspectiva do sucesso pessoal, a vida é uma tela em branco, contanto que você opte por pintá-la. Se, por outro lado, você segue o fluxo para ver aonde vai parar, então o ímpeto ou o karma do passado controla seu destino. Com certeza, somos todos afetados por nosso passado; tudo que experimentamos hoje é o resultado de nossos pensamentos e ações anteriores. Ainda assim, isso não significa termos de ficar limitados. A qualquer hora, podemos escolher como queremos que seja nosso futuro e começamos a fazer mudanças nesse sentido.

Um foguete em movimento não pode virar ao contrário, mas pode aos poucos mudar de direção.

Da mesma forma, jamais somos limitados por nosso destino. A cada dia, podemos começar tudo de novo e trabalhar em outro quadro. Embora tenhamos a oportunidade de pintar uma nova figura, estamos limitados pelas mesmas cores. Para criar nosso futuro, precisamos trabalhar primeiro com o que temos, mas gradualmente misturando as cores, podemos inventar novas tonalidades.

Se você tende apenas a deixar as coisas acontecerem em vez de criar a vida que quer, vai se beneficiar mais se reservar algum tempo no final da meditação para sentir, profundamente, seus desejos e vontades. Em vez de aceitar passivamente seu destino como a vontade de Deus, arrume alguns instantes para sentir que seus anseios estão afinados com os desígnios do Todo-Poderoso de criar uma vida de amor, paz, confiança e poder; uma vida de fartura, prazer, boa saúde e sucesso exterior também.

Você tem o poder para criar a vida que deseja. Não está limitado pelo passado. Ao aplicar esses princípios do sucesso, acabará criando seu destino em vez de representar. Se não criar ativamente seu futuro, ele será limitado por seu passado. A meditação interativa monta o palco para que você possa representar sua vida do jeito que quiser. Quem escreve o roteiro e escolhe os personagens é você.

CAPÍTULO 9

Como meditar

A meditação interativa permite que você, quando convida Deus para entrar dentro de seu coração, sinta a ligação interior que possui com o Todo-Poderoso ou com uma força maior. Para praticá-la, encontre uma posição confortável, sentado ou deitado, num lugar onde não será interrompido. É melhor desligar o telefone e conceder 15 minutos para poder ignorar todas suas responsabilidades e se voltar para dentro. Também vale a pena colocar uma música de fundo tranqüila, embora isso não seja necessário.

Com os olhos fechados, estique suas mãos para o alto, um pouco acima da altura do ombro, ou para onde quer que você se sinta confortável, e comece a repetir a seguinte frase: "Oh Deus, meu coração está aberto, por favor, vem e se instala em meu peito." A meditação interativa se resume, a princípio, em repetir calma e silenciosamente essa frase, várias vezes, durante quinze minutos.

> **Para meditar, repita calmamente a seguinte frase:**
> **"Oh Deus, meu coração está aberto,**
> **por favor, vem e se instala em meu peito."**

Comece, em seguida, a repetir a frase dez vezes, num volume mais alto, uma vez para cada dedo. Enquanto estiver fazendo isso, segure-se para não adormecer, e procure despertar e abrir os canais de energia de cada ponta de dedo.

Uma vez pronunciada a frase em tom mais alto dez vezes, continue a repeti-la calmamente por dentro durante cerca de 15 minutos. Tenha um relógio por perto para checar o tempo.

No começo, é natural e normal que a mente vagueie e tenha outros pensamentos. Você pode até esquecer a frase. Se isso acontecer, basta abrir os olhos e olhar para cima. Leva tempo para que o processo se torne completamente automático.

**Durante a meditação, é natural e normal
que a mente vagueie e tenha
outros pensamentos.**

No começo, para lembrar e repetir a frase, você está usando sua memória de curto prazo. Enquanto continua a repeti-la, essa memória se instala e conectores neurais começam a se formar no cérebro para lembrá-la. Com alguma diligência e persistência, os caminhos neurais se desenvolvem aos poucos, e o processo se torna automático.

Enquanto isso, os canais para receber a energia sutil começarão a se abrir nas pontas dos dedos. Para receber as bênçãos da energia divina, mantenha-os virados para cima sem que um toque o outro. Se você não sentir imediatamente o formigamento, tente dizer a frase em tom alto, durante mais algumas rodadas de dez vezes.

**Enquanto diz a frase em tom de voz alto,
uma vez para cada ponta de dedo,
faça um leve movimento em cada um deles,
enquanto sua consciência trabalha.**

Às vezes, no começo, sacudir um pouco os dedos fará com que eles fiquem relaxados e o ajudará a sentir a energia. De vez em quando, mover as mãos lentamente, para frente e para trás, num espaço de cerca de um décimo de polegada, aumentará a percepção do campo de energia que está em volta de seus dedos.

Dessa maneira, à medida que dirige a atenção para os dedos e abre o coração para Deus, a energia começa a fluir. A rede elétrica já está lá; você só precisa ligá-la. No exato momento em que as pontas de seus dedos permitem que você toque o mundo, elas também possibilitam que toque em Deus. Esse conceito é maravilhosamente descrito na famosa pintura de Michelangelo, na qual um homem estica o braço e toca em Deus com a ponta dos dedos, que está na Capela Sistina.

> No exato momento em que as pontas de seus dedos permitem que você toque o mundo, também possibilitam que toque em Deus.

Mesmo em estágios avançados de meditação, é normal que a mente fique vagando. Em etapas anteriores, sua mente divaga e pensa em coisas que podem estar lhe perturbando ou causando estresse. Em estágios avançados, sua mente vagueia em busca de sentimentos bem-aventurados e correntes de discernimento crescente. Enfim, sempre que busca a solução para um problema de direção interna, ela pode emergir como um sentimento delicado, durante um estado meditativo.

Quando estiver meditando e notar que sua mente divagou, basta voltar para a frase. É natural ficar pensando, ocasionalmente, em listas de compras, deveres, coisas que as pessoas disseram, atribulações, e por aí vai. Os benefícios da meditação só vêm mesmo se você puder dizer a frase algumas poucas vezes antes de sua mente começar a se perder novamente.

> Quando estiver meditando, e notar que sua mente divagou, basta voltar à frase.

Toda vez que você notar que está dirigindo a atenção para outras coisas, basta voltar a pensar na frase e na percepção de seus dedos. Ao mesmo tempo em que é fácil e não exige qualquer esforço pensar em outras coisas, também é fácil pensar na frase. Todo o processo é simples. Não importa se você acha que a frase é rápida ou lenta, basta concentrar-se nela, isso é suficiente.

Ao mesmo tempo em que é fácil e não exige qualquer esforço pensar em outras coisas, também é fácil pensar na frase.

Manter as mãos viradas para cima cria uma maior percepção dos dedos. Se no começo elas se cansarem, tudo bem se ficarem relaxadas sobre as coxas, mas mantenha as palmas viradas para cima e os dedos levemente separados. Certifique-se de que suas mãos não estão tocando nenhum pedaço de pele das pernas. Se estiver usando uma bermuda, coloque uma toalha no colo. Quando as mãos tocam diretamente a pele, a tendência é que pare de absorver energia e, com isso, passe a sentir aquela que está dentro de você. Uma das vantagens da meditação interativa é atrair uma nova energia para se juntar à sua.

De várias maneiras, sua experiência com a meditação irá mudar. Às vezes a frase será clara e às vezes será tênue; às vezes extensa, às vezes curta; às vezes macia e serena, às vezes será como surfar numa onda que sobe e desce. Às vezes parecerá muito próxima, noutras muito distante.

Sua experiência com a frase continuará a mudar. Às vezes você irá se sentir pesado e noutras estará muito leve. Às vezes ficará cansado e noutras alerta. Haverá momentos em que o tempo vai passar mais rápido e outros nos quais cada minuto parecerá durar dez. Cada uma dessas variações é natural e indica que o processo está em andamento.

De várias maneiras, sua experiência irá mudar.

No começo, medite duas vezes por dia, para que a mente, o coração e o corpo peguem o hábito de mergulhar interiormente e se abrir para a energia de Deus. Uma vez que o hábito de se virar para dentro ficar estabelecido, a regularidade passará a não ser essencial, embora útil. No passado, a regularidade costumava ser importante, mas agora, tão logo as pessoas colocam os dedos para cima, a energia divina começa a fluir. Isso faz tão bem que você passará a procurar oportunidades para repetir essa experiência. Geralmente são necessárias seis semanas de prática regular para que se possa abrir completamente os canais nas pontas dos dedos. Uma vez habituado a se voltar para dentro, você decide o quanto deve meditar. Duas sessões de 15 minutos por dia são o suficiente para a maior parte das pessoas. Se estiver realmente ocupado num determinado dia, não há problema em deixar de fazê-la, mas isso terá de ser compensado mais tarde. Seu corpo se acostuma a usar essa energia a mais. Quando medita, ele recebe uma dose adicional de energia e clareza, o que o torna mais eficiente. As melhores horas para se fazer meditação são de manhã ao acordar, depois do trabalho ao pôr-do-sol, e antes de ir para a cama dormir.

Duas sessões de 15 minutos por dia são o suficiente para a maior parte das pessoas.

Mesmo que pareça não ter tempo, o fato de dedicar alguns poucos minutos à meditação é uma decisão sábia. Você arrumará mais tempo tomando as decisões corretas e delegando mais funções para os outros. Sempre que não temos tempo para meditar é porque estamos carentes da vitamina D1 e temos de fazer tudo por conta própria. Lembre-se de que você está guiando o automóvel; não precisa sair para empurrá-lo.

Às vezes, passo muitas horas meditando, aproveitando o fluxo de idéias criativas que vem quando minha mente vagueia ao largo da frase. Ou, antes de uma apresentação que vai acontecer mais tarde num determinado dia, fico meditando durante mais tempo para permitir que minha energia se desenvolva. Quanto mais energia positiva você tiver, mais pessoas você conseguirá atrair. Mais tempo meditando, sentindo a corrente fluindo, significa mais energia, criatividade, amor, alegria, paz e inteligência.

Não dá certo usar a meditação para se abster de responsabilidades. Você pode achar que basta meditar para que as coisas aconteçam. Esse não é o caso. O motor do carro vai levá-lo aonde quiser, mas ainda é necessário entrar no veículo e dirigir. O automóvel pode estar com o tanque cheio e pronto para partir, mas é necessário ligar a ignição.

Deus não fará por você aquilo que você é capaz de fazer.

Enquanto usa a energia para obter o que precisa e o que quer, seu fluxo vital aumenta ainda mais. Caso não a esteja usando depois da meditação, ela vai parar totalmente de se propagar. Se quiser uma circulação maior de energia, certifique-se de que a está consumindo. Algumas baterias recarregáveis funcionam assim. Para carregá-las totalmente de energia, você precisa gastá-la. Depois, na próxima oportunidade, elas vão se carregar até o limite máximo. No caso da meditação, caso faça uso de toda a energia que absorver, acabará absorvendo mais e mais. Dessa maneira, sua capacidade para conseguir mais aumenta.

A corrente de energia é reconhecida por várias culturas e religiões. No Oriente, por exemplo, ela é chamada de *chi*; na Índia é conhecida como *prana*; na antiga cultura havaiana ela foi batizada de *mana*; e na tradição cristã leva o nome de Espírito Santo. Em muitas culturas, essa experiência é debatida, mas nunca é comum. As pessoas que a vislumbraram tiveram sorte. Hoje em dia, ela não é mais um conceito que explica por que Deus faz maravilhas no mundo. Para muitos, ela se tornou uma experiência regular.

Se você for ateu e a palavra "Deus" não funcionar, tente então o seguinte: "Oh, futuro glorioso, meu coração está aberto para você, vem para minha vida." Todo mundo adora essa frase. Traz uma sensação agradável.

Você também pode querer experimentar e colocar um nome de sua escolha na primeira parte da frase. Dependendo da sua fé, é possível que queira usar uma das seguintes sentenças:

"Oh Jesus, meu coração está aberto, por favor, vem e se instala em meu peito."

"Oh divina Mãe, meu coração está aberto, por favor, vem e se instala em meu peito."

"Oh meu Pai que está no céu, meu coração está aberto, por favor, vem e se instala em meu peito."

"Oh Alá, meu coração está aberto, por favor, vem e se instala no meu peito."

"Oh Grande Espírito, meu coração está aberto, por favor, vem e se instala em meu peito."

"Oh Krishna, meu coração está aberto, por favor, vem e se instala em meu peito."

"Oh Buda, meu coração está aberto, por favor, vem e se instala em meu peito."

Se você já possui uma conexão espiritual aberta, use então esse processo para enriquecê-la, colocando no começo da frase o nome da energia ou presença com a qual deseja se ligar.

Depois de aproximadamente 15 minutos, você estará fluindo na consciência de seu verdadeiro eu enquanto ele se conecta com Deus. Essa é a hora ideal para pedir ajuda ao Todo-Poderoso, estabelecendo suas intenções e ordenando seu dia. Isso não leva muito tempo, pois você já estará conectado. A partir de agora, está pronto para sentir o que deseja e trazer isso para sua vida.

Estabelecendo as suas intenções

Quando seu coração e sua mente estão abertos e ligados à corrente de energia, essa é a hora ideal para pedir o que deseja, e depois experimentar o poder que conseguir para criar seu dia. Se você não fizer nenhum pedido quando for ao restaurante, não receberá a comida. Da mesma forma, para colocar essa energia em funcionamento, é necessário sentir seus desejos e intenções interiores.

No final da meditação, quando iniciar o processo que visa a estabelecer suas intenções, mude sua frase para "Oh futuro glorioso, meu coração está aberto para você, por favor, entre em minha vida".

Repita dez vezes essa frase, calmamente e em silêncio, com uma pequena percepção adicional de cada dedo, como fez no começo da meditação. Sinta sua abertura para que o que há de bom aconteça e depois comece a refletir sobre como quer sentir determinado dia. Se, nesse instante, suas mãos estiverem pousadas sobre o seu colo, levante-as novamente para essa última parte. Tanto faz erguê-las até a altura máxima ou até o meio do caminho.

Com as mãos para cima e os olhos ainda fechados, reflita sobre como você quer que seu dia se desenrole. Perceba como seria o melhor cenário. Imagine-se atravessando o dia, sentindo-se feliz, amoroso, tranqüilo e confiante. Pegue cerca de um minuto para explorar cada um desses sentimentos positivos. Quanto mais você estiver apto a sentir essas emoções positivas, mais força isso acrescentará a seu dia. À medida que imagina seu dia se desdobrando, faça-se as seguintes perguntas, e depois afirme as respostas como se tudo estivesse realmente acontecendo.

- Como é que você quer que seu dia se desenrole?
- O que você quer que aconteça?
- O que mais?
 Imagine que tudo esteja acontecendo com muitos detalhes.

• Com o que você está feliz?
"*Estou feliz com...*"
• O que você ama?
"*Eu amo...*"
• Com o que você está confiante?
"*Tenho confiança de que...*"
• Com o que você está grato?
"*Estou grato com...*"

Sentindo essa gratidão, traga sua consciência de volta para o presente, e conte lentamente até três, com a intenção de abrir os olhos, parecendo revigorado, tranquilo e concentrado. Depois, abra-os e diga "obrigado, meu Deus".

A prática torna tudo fácil

No começo, estabelecer as suas intenções pode ser um pouco estranho. Você pode ter de ficar abrindo os olhos para ler a próxima pergunta a fim de se concentrar. Com um pouco de prática, esse processo de estabelecer intenções se tornará fácil e automático. Assim como pode aprender a jogar uma bola com prática, você pode acabar aprendendo a criar sentimentos positivos. Estes, então, irão atrair aquilo que deseja para sua vida, e também o ajudarão a permanecer conectado com seu verdadeiro eu.

O desafio legítimo é lembrar de definir intenções. Na meditação interativa, isso é tão importante quanto repetir a frase. Para fazer um ovo cozido, é necessário, em primeiro lugar, ferver a água, mas ainda é fundamental colocar o ovo dentro dela. Só leva alguns minutos até que ela comece a ferver. A meditação é como a água fervente, pois estabelecer suas intenções é como colocar um ovo para ser cozido.

Estamos tão acostumados com o jeito com que começamos o nosso dia, que esquecemos de planejar como queremos nos sentir e o que queremos que aconteça com muitos detalhes. Comumente, as pessoas atravessam seus dias com passividade, aceitando ou resistindo ao que acontece. Ao estabelecer suas intenções, automaticamente as coisas começam a vir em sua direção. De uma hora para a outra, você acaba percebendo o poder criativo dos pensamentos. Ao definir suas intenções, está criando seu dia.

Pequenos milagres

Vamos examinar alguns exemplos do que acontece quando você estabelece suas intenções. Tenho várias opções, por isso vou contar o que aconteceu hoje. De manhã, peguei um avião que me levou de volta para San Francisco, lugar onde moro, depois de uma palestra que dei na noite anterior em Illinois. Enquanto estava distante, percebi que minha agenda andava tão cheia de compromissos que, durante as duas últimas semanas, eu e minha esposa Bonnie não saímos juntos nem uma vez sequer. Queria fazer algo especial e me questionava sobre o que poderia ser. Enquanto definia minhas intenções, pedi para que a informação viesse.

Mais tarde, já no avião, a pessoa sentada a meu lado era, por acaso, o diretor assistente de uma peça que Bonnie queria ver há alguns meses atrás em Nova York. Agora, para minha alegria, descobri que poderia vê-la em San Francisco. Percebi que essa era a resposta a meu pedido, e esse bom homem até nos ofereceu ótimas poltronas.

Esses tipos de pequenos milagres ocorrem diariamente quando começamos a estabelecer deliberadamente nossas intenções. Passamos a ver como a vida está sempre os providenciando. No exemplo acima, havia imaginado a princípio que faria um programa maravilhoso com minha mulher. Depois, automaticamente, meu pedido foi atendido naquele mesmo dia. Obtive a informação para criar uma situação fantástica.

Ao estabelecer suas intenções no fim da meditação, verá que vai atrair o que precisa para criar o que deseja. À medida que cresce sua confiança baseada na experiência, os milagres simplesmente aumentam cada vez mais de tamanho.

No começo, basta dizer "me vejo feliz trabalhando". Depois, quando se sente realmente bem no ambiente de trabalho, você nota e reconhece, encantado: "Tudo bem, está dando certo. Obrigado."

Ontem, antes de viajar para o Illinois, imaginei a princípio que tudo iria correr tranqüilamente, e que me sentiria calmo, confiante, feliz e amoroso. Com isso em mente, tudo em minha viagem foi maravilhoso. Fui pego no aeroporto e levado de limusine para um belo hotel.

Meu anfitrião garantiu que todas as providências já haviam sido tomadas. Quando fiz o *check-in*, o hotel não conseguia achar a minha reserva. Pacientemente, peguei meu número de confirmação, mas mesmo assim eles não conseguiam encontrá-la. Parecia uma comédia de erros. Levou vinte minutos para que eles conseguissem dar de cara com ela. Ao longo de toda essa experiência, fiquei surpreso ao perceber como fiquei tranqüilo e sem pretensões.

Em vez de ficar magoado ou incomodado, simplesmente relaxei e esperei. Tranqüilizei meu acompanhante, que se sentia terrivelmente desconcertado, dizendo que estava tudo bem. Deixei-o à vontade, dizendo: "Graças a Deus que não estou com pressa. Ainda temos bastante tempo para chegar na conferência." Embora tivesse havido um contratempo, a viagem ainda assim foi muito tranqüila. Quando refleti mais tarde sobre o que havia acontecido, pensei: "Obrigado, meu Deus, por me dar sua graça e paciência."

Quando você estabelece sua intenção deliberadamente, as coisas simplesmente acontecem e surge uma oportunidade maravilhosa para agradecer a Deus. Isso basicamente fortalece a sua capacidade de criar seu dia ao lado do Todo-Poderoso e mantém seus tanques de amor cheios. Essa percepção agregada de apoio e sucesso pessoal conserva o coração aberto para atrair tudo o que deseja.

CAPÍTULO 10

Como descarregar o estresse

À medida que os canais em seus dedos se abrem mais, e você começa a atrair energia conscientemente, é possível aprender como se livrar do estresse de forma mais eficiente. Da mesma forma que pode atrair energia positiva, você também pode enviar energia negativa. Quando um indivíduo acumula muito estresse durante o dia, acaba mandando energia negativa de dentro para fora de seu corpo. A isso se dá o nome de descarrego. E isso é tão importante e fácil quanto meditar e definir suas intenções. Ao descarregar o estresse, você não apenas vai se sentir melhor, como estará mais livre para criar o seu dia.

Entendendo a energia negativa

É difícil explicar a energia negativa em termos científicos, mas todo mundo certamente já a experimentou. Quando as pessoas estão presas em qualquer um dos bloqueios do sucesso pessoal (reprovação, depressão, ansiedade, indiferença, julgamento, indecisão, procrastinação, perfeccionismo, ressentimento, autopiedade, confusão, e culpa), elas estão produzindo algum grau de energia negativa. Isso não significa que sejam más ou negativas, mas quer dizer que estão desconectadas de sua fonte interior de energia positiva. Na ausência desta, acabam colocando para fora a negativa. Caso sejam atraídas por você, normalmente é porque a seu lado se sentem melhor. Elas colhem sua energia positiva.

Você provavelmente já teve a experiência de ir a algum lugar ou de estar com algumas pessoas que fazem com que se sinta pior. Seu pescoço pode começar a doer ou seu corpo pode começar a se sentir cansado. Embora seja difícil apontar uma causa de desconforto em especial, ainda assim o sente.

Da mesma forma, você pode estar com outras pessoas e começar automaticamente a se sentir cada vez melhor. Pequenas dores e machucados começam a desaparecer espontaneamente. Por estar em presença destas, seu espírito simplesmente se sente bem. Naturalmente, a energia positiva faz com que os outros fiquem mais felizes, mais carinhosos, mais tranqüilos e mais confiantes.

Essas experiências não acontecem por acaso. Elas são resultado de uma troca definitiva de energia. Quando uma pessoa está com um nível energético baixo, só o fato de estar perto de alguém que está altamente carregado ajuda. Contudo, o sujeito mais energizado acabará perdendo um pouco de sua carga. A energia flui de uma pessoa para a outra a fim de encontrar um equilíbrio.

Visualize dois tanques d'água que estejam ligados, no fundo, por um tubo controlado por uma válvula. Esta permite que os fluidos passem de um contêiner para o outro. Em primeiro lugar, feche a válvula e depois encha um dos tanques com água azul. Agora um deles está cheio e o outro vazio. O que acontece quando você abre a válvula e abre o canal entre os dois tanques? Automaticamente, o tanque vazio enche até a metade, e o outro esvazia na mesma medida. Da mesma forma, quando você possui mais energia, ela flui para aqueles que têm menos.

Embora esse exemplo explique o fluxo de energia, ele não deixa claro como funciona a troca de carga. Descreve o fluxo de energia em quantidade, mas não em qualidade. Quando a energia positiva se esvai ela não fica simplesmente menor, pois haverá uma atração e uma absorção de energia negativa.

Para entender essa troca automática, visualize dois tanques

conectados com um tubo e uma válvula. Primeiro feche esta e encha o tanque número um com um líquido azul e frio, para depois encher o outro com uma substância vermelha e quente. O que vai acontecer quando a válvula for aberta? Automaticamente, a temperatura da água começará a encontrar um equilíbrio e uma estabilidade. O líquido vermelho e quente se misturará com o azul e frio e, no fim das contas, ambos os tanques terão a mesma temperatura e a cor vai mudar para violeta.

Da mesma forma, se você estiver se sentindo bem, e se ligar a alguém que está num astral pior, depois de um tempo a outra pessoa vai começar a se sentir melhor, e você passará a ficar mal. Pode não ficar desse jeito imediatamente, mas em algumas poucas horas ou dias vai passar a notar a ausência de seus bons sentimentos. Compreender essa analogia ajuda a explicar a troca de energia positiva e negativa que ocorre o tempo todo.

Quando uma pessoa está com uma bruta carga negativa, só o fato de estar perto de alguém com energia positiva fará com que ela fique melhor. Aos poucos essa pessoa positiva vai se sentir um pouco menos positiva. Alguém que tenha uma carga pessoal semelhante vai demorar um pouco antes de notar que alguma energia negativa foi absorvida. Um indivíduo cujo nível energético seja baixo vai notar e será influenciado imediatamente pela energia negativa.

Graus diferentes de sensibilidade

Quanto mais sensível você é, mais vai notar os fluxos diferentes de energia e será influenciado por eles. Se não for sensível, também não será muito influenciado. Sua válvula, em diferentes graus, está fechada. Você está bem protegido, mas também não está apto a atrair graus de energia maiores.

Algumas pessoas são, simplesmente, menos sensíveis. Elas

não notam esse fluxo de energia e não são influenciadas por ele. Obtêm sua energia da comida, dos exercícios, do ar, do sexo, e é isso mesmo. São mais estáveis, resolvem os problemas e podem se sair muito bem em suas atividades. Elas fazem o que outras pessoas antes delas já fizeram e experimentam graus diferentes de sucesso ou fracasso, que dependem largamente de oportunidades, esforço, genes, criação, educação, atitudes tomadas no passado, e o talento natural com o qual nasceram. Embora essas pessoas menos sensíveis experimentem todos os graus do sucesso, grande ou não, elas ainda não colocaram para fora todo seu potencial criativo interior. São capazes de repetir o que aprenderam, mas não podem criar mais. Dão amor de acordo com o amor que receberam. Porém, acham mais difícil perdoar e amar novamente um indivíduo depois que este as feriu. Governam seu destino, que às vezes é bom e outras nem tanto. Para mudá-lo, descobrir seu potencial criativo e mudar sua direção na vida, elas precisam se tornar mais sensíveis. Ao se abrirem para seus sentimentos e praticarem meditação interativa, podem encontrar essa força.

Por que não curamos

Por outro lado, muitas pessoas sofrem tremendamente porque simplesmente não aprenderam como liberar a energia negativa que absorvem dos outros. Elas a acumulam e a carregam por aí. Ou a mandam de volta para aqueles de quem a absorveram, ou tentam ser realmente carinhosas e bondosas, o que faz com que essa carga fique presa em seus corpos, provocando doenças e náuseas. Essa energia negativa enfraquece aos poucos o organismo e bloqueia a energia curativa natural que faz com que os outros melhorem.

Um estudo sobre o câncer investigou o perfil psicológico daqueles pacientes que melhoram e dos que pioram. O único elo encontrado pelo estudo foi que aqueles que ficavam melhores reclamavam muito mais da comida, das acomodações e do serviço.

Aqueles que não faziam nenhum esforço para serem educados e carinhosos eram de fato os que ficavam em melhor situação. Isso não quer dizer que ser educado e carinhoso vai facilitar a proliferação de alguma doença. Ser positivo só faz com que você fique doente e infeliz quando absorve a negatividade das outras pessoas e não as descarrega de alguma maneira. Quando pessoas sensíveis aprendem a descarregar sua negatividade, elas experimentam, de uma hora para outra, tremendos benefícios.

Não apenas seus bloqueios desaparecem, como elas começam a experimentar seu potencial para criar mais. Mesmo tendo passado anos meditando e feito tudo de que eram capazes para obter o amor de que necessitavam, e a não ser que tenham aprendido como descarregar a negatividade, elas continuarão a sofrer com a carga negativa dos outros.

O que acontece quando absorvemos negatividade

No mesmo grau que absorvemos negatividade e não temos uma maneira de liberá-la, vamos continuar a nos sentir bloqueados. Não importa o quanto sejamos amorosos e bondosos, vamos continuar afundados em sentimentos negativos. Esses são quatro sintomas comuns daqueles que absorvem negatividade e não sabem como descarregá-la.

1. Amor bloqueado: quando absorvemos negatividade, queremos até ser mais amorosos, mas sentimos ondas periódicas de culpa e ressentimento. Nosso amor é restrito ou coibido. Queremos amar mais, porém não conseguimos.

Isso é muito diferente para pessoas menos sensíveis que

podem não ser tão amorosas assim. Elas estão desconectadas do desejo que poderiam ter, no fundo da alma, de ser mais carinhosas. Como resultado, elas não sentem uma vontade interior de amar mais, ou um vazio por dentro devido ao fato de o amor estar ausente em suas vidas.

2. Confiança bloqueada: quando absorvemos negatividade, podemos tentar ser confiantes e ter fé, mas ainda sentimos aumentos súbitos de ansiedade e confusão quando corremos riscos. Nossa confiança é bloqueada. Sentimos que o desejo de nossa alma é ser mais e fazer mais, mas acabamos emperrados.

Isso é muito diferente de pessoas menos sensíveis que não se importam em correr riscos, mas ficam bastante contentes de viver em sua zona de confiança, onde repetem o que é familiar.

3. Alegria bloqueada: quando absorvemos negatividade, podemos tentar ser felizes, mas nos sentimos abatidos pela depressão e pela autopiedade. Nossa alegria é diluída e insípida. Sentimos a ânsia que nossa alma tem para ser feliz, embora ela esteja ausente.

Isso é muito diferente de pessoas menos sensíveis que não sabem o que estão perdendo. De algum modo são felizes, mas não é nada parecido com a alegria que sentíamos quando éramos crianças. Há muito tempo elas se esqueceram de como é a verdadeira alegria.

4. Paz bloqueada: quando absorvemos negatividade, podemos ficar bem conosco, mas ainda sentimos o controle ocasional da culpa e da indignidade. Somos incapazes de sentir a pureza de nossa bondade e inocência inatas e a paz de espírito que ela proporciona. Nós nos sentimos contaminados ou desonrados por nossos erros do passado e somos incapazes de nos perdoarmos. Como resultado, experimentamos ser demasiadamente responsáveis pelos outros. Se, quando pequenos, fomos punidos por nossos erros, vamos continuar a nos castigar.

Isso é muito diferente de pessoas menos sensíveis que podem nem mesmo saber que cometem erros. Quando não somos suscetíveis aos sentimentos e necessidades dos outros, somos incapazes de reconhecer os erros que cometemos. Até mesmo uma pessoa realmente boa será como um touro numa loja chinesa sem um certo grau de sensibilidade.

Almas sensíveis, pelo fato de serem bastante abertas, acabam atraindo a negatividade dos outros. A negatividade que elas sentem é uma mistura daquela que têm por dentro com a dos outros. Como uma esponja, absorvem negatividade de todo lugar aonde vão.

Você suprime aquilo que os outros expressam

O que permite que outros sejam menos sensíveis é a capacidade de suprimir sentimentos. Se algumas pessoas ficam magoadas, não têm que processar seus sentimentos para se sentir melhor. Só precisam ignorar ou rejeitar suas emoções, que acabarão desaparecendo. Essa técnica funciona para aqueles que são menos sensíveis, mas não dá certo para os que possuem mais sensibilidade. Quando você é um sensitivo, não pode ignorar o que está em sua alma.

As pessoas mais sensíveis são normalmente consideradas o problema da família ou a "ovelha negra". Como são mais conectadas com sua alma, tendem a ser mais suscetíveis. Se forem muito mais sensíveis do que os outros membros da família, vão absorver a negatividade de todos seus integrantes. Aquilo que os familiares suprimem será sentido e expressado pela criança sensível.

Toda mãe já passou por aqueles dias bastante estressantes nos quais, embora seja muito difícil, faz todo o possível para segurar a onda. Nessas horas, ela luta para se sentir melhor, suprimindo seus medos, preocupações, ansiedades, frustrações e decepções.

Nesses momentos, seus filhos se tornam mais necessitados, nervosos, exigentes e incontroláveis. Os pais normalmente se perguntam por que seus rebentos escolhem as piores horas para fazer baderna ou perder o controle. A resposta é clara. Quando um pai suprime os sentimentos negativos, a criança sensível irá sentir o que o pai está omitindo e perderá o controle. A emoção negativa que o pai está suprimindo será absorvida por um ou mais de seus filhos.

Imagine dois tanques ligados por um tubo e uma válvula. Faça com que esses dois tanques representem pai e filho. Encha o tanque do pai com um líquido azul que representa a energia negativa, e encha o da criança com uma substância vermelha que representa a carga positiva. Agora abra a válvula. Os líquidos começam a se misturar muito lentamente.

Depois, coloque uma tampa em cima do tanque do pai e a empurre para baixo. Enquanto faz pressão, o que acontece com a solução azul? Ela é empurrada muito rapidamente para o tanque da criança. Este exemplo ilustra o que acontece quando os pais suprimem suas emoções. O que quer que eles omitam a criança vai sentir e expressar. Um filho se torna a ovelha negra da família só quando absorve a negatividade que todo mundo está suprimindo.

Quando as pessoas omitem sua negatividade, elas não só a enviam para os outros que são mais sensíveis, como absorvem menos negatividade do mundo. É como se tivessem uma válvula de mão única ligando seu tanque aos sentimentos dos outros. Elas desprendem negatividade, mas não a atraem.

Da mesma forma, algumas pessoas muito amorosas e positivas ficam doentes, pois absorvem negatividade e não a eliminam. Se você for sensível, a não ser que encontre uma maneira de descarregar a negatividade que absorve, vai continuar a sofrer desnecessariamente.

Sentir ou não sentir

Há de fato certas terapias que ajudam os outros a não sentir suas emoções. Elas, de fato, tiram a sensibilidade das pessoas quando estas experimentam seus sentimentos. Quando aprendem a desligar o canal emocional, elas encontram um alívio imediato. Param de absorver energia negativa, e todos os sintomas se vão.

Se você aprendesse como suprimir suas emoções, muitas de suas doenças e bloqueios poderiam começar a desaparecer, mas seu coração se fecharia lentamente. À medida que se tornasse menos sensível, sua essência iria parar de absorver negatividade, mas perderia a conexão com sua alma. Embora sua mente se tornasse muito clara, acabaria perdendo a compaixão e todos os outros benefícios que advêm da ligação com seu verdadeiro eu. Enquanto aprendesse a suprimir seus sentimentos negativos, iria inconscientemente ser atraído e criar situações dramáticas que iriam expressar o que você estava omitindo.

Algumas dessas terapias se baseiam na lembrança constante de eventos dolorosos, com a intenção de fazer com que o paciente não sinta nada. Se você tivesse sido ferido por alguém, acabaria se lembrando do fato, e o descreveria várias vezes para uma outra pessoa, até não sentir mais nada. Em vez de ficar lembrando do passado para sentir a dor e curá-la com amor e um maior discernimento, a meta é atenuar seus sentimentos negativos. Embora fosse aprender a não sentir, ainda assim obteria alguns resultados bastante impressionantes.

Outras terapias se apóiam na análise de suas emoções e em invalidá-las. Esse processo fortalece a mente à custa dessas mesmas emoções. Os pacientes aprendem a anular seus sentimentos negativos e a se convencer de que não devem ficar contrariados. Embora conversas interiores sejam importantes para se dar um sentido ao mundo, uma pessoa não deve usar a cabeça para suprimir os sentimentos.

Felizmente, há outras maneiras de eliminar a negatividade sem perder a sensibilidade. Você não precisa desistir dessa última para se sentir melhor. Com as habilidades para processar emoções que exploraremos nos capítulos seguintes, e por meio de descarregos regulares, é possível aprender a transformar emoções negativas sem ter de eliminá-las ou ficar menos suscetível de alguma maneira. A sensibilidade é um presente valioso que recebemos para tornar todos nossos sonhos realidade. Absorver energia negativa só se torna um problema porque não aprendemos a descarregá-la. Fazendo isso, você vai obter os mesmos benefícios imediatos sem ter de ficar insensível. É como se curar de uma dor de cabeça sem precisar tomar um comprimido.

Se você for sensível, uma vida inteira de negatividade vai começar a extenuá-lo enquanto pratica o descarrego. Ao mesmo tempo em que medita e estabelece suas intenções, um determinado indivíduo acabará livre para atrair uma energia tremendamente positiva a fim de tornar seus sonhos realidade.

O problema que há em se tornar menos suscetível é se desconectar de sua habilidade de sentir seu eu verdadeiramente amoroso, feliz, confiante e tranqüilo. Quando alguém suprime uma emoção negativa, acaba eliminando sua capacidade de vivenciar emoções positivas. Toda vez que um indivíduo anula um sentimento negativo, consegue perder a sensibilidade para sentir seus verdadeiros desejos. Se você não é capaz de sentir tristeza, então não é capaz de calcular como sente a falta de alguém e como gostaria de estar ao lado dessa pessoa. Se não pode sentir raiva, então não consegue imaginar aquilo que não quer. Se não pode sentir seus medos, então é incapaz de perceber as necessidades que tem de amor e apoio. Se não pode sentir sua dor, então não possui nenhuma compaixão, e a vida perde o sentido e o propósito. Todas as emoções negativas nos devolvem aos aspectos importantes de nossas verdadeiras essências.

> Toda vez que um indivíduo anula um sentimento negativo, consegue perder a sensibilidade para sentir seus verdadeiros desejos.

Se você suprimir suas emoções, ainda poderá ficar, de algum modo, amoroso, feliz, confiante e tranqüilo, mas não continuará a crescer. Esses sentimentos positivos perdem a sua riqueza. Ao invés de viver em cores, você passa a habitar um mundo em preto e branco e, normalmente, nem sequer imagina o que está perdendo. Ao anular seus sentimentos em pouco tempo, uma pessoa acaba encontrando um alívio imediato, mas, depois de um período mais longo, pára de crescer.

Quando não sente mais medo, você ganha uma tremenda confiança num curto prazo, especialmente se esteve emperrado por causa do medo. De repente, fica livre para fazer aquilo que sempre quis realizar. Você se sente jogado para a vida, como uma flecha que foi puxada para trás e depois foi solta. Mas, assim como uma flecha, que acaba caindo, perde-se o momento depois de pouco tempo.

Na vida, você perde o ímpeto porque aboliu a capacidade que tinha de sentir novos desejos. A paixão que alguém sente por um breve instante, quando bota um medo para fora, vem do antigo desejo que era refreado. Para se sentir o desejo que vem a seguir e a paixão que a ele está acoplada, deve-se estar ligado nos sentimentos e não anulá-los.

Quando você não sente raiva, acaba ficando muito carinhoso e grato pelo que conseguiu num prazo curto, especialmente se andou afogado em culpa e ressentimento. De repente, um indivíduo está livre para amar novamente, mas, depois de um ímpeto súbito, acaba se sentindo menos íntimo ou ligado aos outros no correr da vida. Você não experimenta o conflito, mas fica sentindo falta da paixão e dos relacionamentos.

Da mesma forma, essa repressão faz com que fiquemos satisfeitos com mais rapidez, mas com o passar do tempo vamos nos desconectando de nossos sentimentos interiores, que é o que usamos para nos ligar à fonte interna de felicidade. Nós nos tornamos cada vez mais dependentes do mundo exterior, e nossas vidas ficam desprovidas de paixão, criatividade e crescimento.

A troca de energia

Quanto mais sensíveis são as pessoas, mais energia negativa elas são capazes de atrair. Os indivíduos que estão acima do que lhes impõe a balança são muito sensíveis. Eles não podem perder peso, pois essa condição os protege de sentir a energia negativa que os circunda. A não ser que se dessensibilizem de algum modo, são bastante afetados e acabam ficando doentes ou se sentindo negativos. Comer demais é uma maneira de nos insensibilizarmos ou de deixarmos nossos sentimentos adormecidos.

Todos os comportamentos que podem ser considerados vícios são uma tentativa para suprimir e evitar que tenhamos alguma sensibilidade.

Quando as pessoas se sentem emperradas por algum dos 12 bloqueios para o sucesso pessoal, normalmente estão desconectadas de forma crônica da energia positiva que vem do que elas verdadeiramente são e, em vez disso, acabam emitindo carga negativa. É por isso que muitas pessoas nunca melhoram com a terapia. Elas se esforçam para se sentir melhor e, tão logo retornam ao mundo, acabam simplesmente colhendo mais energia negativa e ficam atoladas.

Algumas pessoas segregam energia negativa por causa de seu estilo de vida, de seus amigos e de sua maneira de pensar. Elas podem colocá-la para fora o tempo todo, ou pelo menos durante parte do tempo. Se você for sensível e poroso, acabará ficando doente de fato se ficar perto de gente assim.

Estar perto de gente negativa pode deixá-lo doente.

Outras pessoas que estão mais em contato com sua verdadeira natureza põem energia positiva automaticamente para fora. Elas podem estar fazendo isso o tempo todo ou apenas às vezes, quando estão realizando alguma atividade que dominam ou que apreciam bastante. Estar perto de gente assim vai fazer com que você se sinta realmente melhor. É por isso que nos sentimos atraídos por pessoas bem-sucedidas.

Há vários exemplos de grandes oradores em todos os campos – dramaturgia, música, dança, magistério, entretenimento – que brilham quando estão no palco, mas que são o oposto quando estão nos camarins. Isso não quer dizer que essas pessoas não sejam o que aparentam ser na ribalta. Mas o contrário também é verdadeiro. Aquilo que elas são nos bastidores não é o que são na vida real. Enquanto esses apresentadores se abrem e brilham em cima do palco, eles estão botando energia positiva para fora. Enquanto fazem isso, começam a absorver toda a energia negativa que está na platéia. As pessoas começam a se sentir melhor porque eles estão absorvendo a negatividade delas.

Um orador positivo atrai energia negativa como se fosse um ímã.

Parte das razões que levam uma platéia a amar tanto esses apresentadores está no fato de seus bloqueios para o amor terem sido temporariamente removidos. Eles estão cheios de uma energia positiva que, por sua vez, começa a fluir mais livremente. O público expressa tal alívio e alegria aplaudindo de pé. Embora os oradores gostem de receber esse amor, também acabam absorvendo negatividade, como acontecerá com qualquer pessoa que for sensível ou que estiver em contato com seus sentimentos.

Quando você tem muita energia positiva, acaba não notando quando está absorvendo energia negativa.

A solução para a absorção de energia negativa não é ficar menos sensível. Isso só iria diminuir sua habilidade de atrair e de se recarregar com mais energia. Ao aprender a se descarregar, você pode partilhar sua energia à vontade com o mundo. Basta reservar algum tempo para absorver uma nova carga por meio da meditação, e depois se livrar de qualquer negatividade que tenha sido absorvida de forma inevitável.

Como descarregar

O primeiro passo para o aprendizado do descarrego é a meditação interativa. Assim como tem a capacidade de atrair energia pela ponta dos dedos na meditação, você tem o poder de colocá-la para fora. Uma vez que aprendeu a meditar, é incrivelmente fácil se descarregar.

O segundo passo é enviar a energia negativa para onde ela não vai causar nenhum perigo. Ela é automaticamente absorvida e transformada pela natureza. É por isso que, quando você está estressado, fica automaticamente mais relaxado quando dá uma caminhada por uma floresta ou um jardim. Por esse motivo, algumas pessoas gostam de ir à praia e deitar sob o sol. Os elementos da natureza absorvem nossa negatividade e mandam energia positiva. Ao dirigirmos ou descarregarmos nossa energia negativa na natureza ela é automaticamente transformada em positiva mais uma vez.

Um bom exemplo disso, no nível mais físico e tangível, é a fotossíntese. As plantas verdes usam a energia da luz para combinar dióxido de carbono e água para produzir alimento e oxigênio. Todo o oxigênio que há em nosso planeta vem da atividade que as plantas realizam para transformar a energia. Seres humanos e animais, portanto, inalam oxigênio e exalam dióxido de carbono. As plantas absorvem o dióxido de carbono exalado para depois, mais uma vez, desprenderem oxigênio. Esse ciclo de conversão mantém o equilíbrio natural que existe entre esses gases na Terra. Da mesma forma, a natureza absorve nossa energia negativa e elimina a positiva.

Depois de meditar por dez ou 15 minutos com as mãos levantadas para cima, abra os olhos, abaixe os braços e aponte-os na direção de uma planta viva, do fogo, ou da água. Continue a repetir várias vezes a frase da meditação, com a simples intenção de se libertar de sua negatividade e colocá-la dentro de onde quer que esteja apontando. Depois de alguma prática, nem será preciso meditar antes. Você poderá começar o processo de descarrego, e realizá-lo com os olhos abertos ou fechados.

Aqui estão algumas frases de descarrego básicas:

"Oh, Deus, meu coração está aberto para você, por favor, se instala em meu coração, manda embora esse estresse, manda embora esse estresse."

"Oh, Deus, meu coração está aberto para você, por favor, se instala em meu coração, manda embora essa negatividade, manda embora essa negatividade."

"Oh, Deus, meu coração está aberto para você, por favor, se instala em meu coração, manda embora essa doença, manda embora essa doença."

O descarrego é uma experiência incrível. Você irá sentir um fluxo de energia saindo dos dedos. Para muitos, é como estar embaixo de uma ducha, com a água descendo por cima dos dedos e de suas extremidades. Pode-se sentir uma energia que deixa as mãos formigando enquanto a energia negativa abandona seu corpo e se dirige para a natureza.

Enquanto sai, a energia não parece ser negativa de jeito nenhum. Simplesmente é bom fazer com que ela circule. É como se você estivesse sendo entretido por um grande artista. Na medida em que ele absorve sua energia negativa, não parece de maneira alguma que você está eliminando negatividade. Isso apenas faz bem. A mesma coisa acontece quando a energia negativa é enviada para um objeto da natureza; ele apenas absorve toda sua negatividade e o faz se sentir melhor.

Ao se recarregar sem pressa para depois descarregar qualquer energia negativa, você continuará a aumentar, de forma mais efetiva, seu poder pessoal. Sua alma tem uma chance de crescer e prosperar quando inspira energia positiva e expira a negativa.

Quando as pessoas ouvem falar pela primeira vez sobre descarregar num objeto da natureza, elas às vezes acham que não parece certo dirigir a energia negativa para o meio ambiente. Mas isso não traz muitos prejuízos. A natureza absorve e recicla a energia que você descarrega. Ela acaba prosperando quando oferecemos nossa negatividade.

Onde descarregar

Plantas, flores, arbustos e árvores são quase sempre os melhores objetos nos quais podemos descarregar. Para a maior parte das pessoas, as flores são os mais poderosos. Agora podemos entender por que há flores no camarim dos artistas, por que as jogamos quando estamos aplaudindo e aclamando alguém de pé, por que um homem oferece lindos buquês quando quer fazer as pazes com sua amada.

Os artistas podem não saber, mas gostam de receber flores. As mulheres podem não saber por que cai tão bem recebê-las às dúzias, mas o fato é que as coisas são assim. Quando um homem traz rosas para sua companheira, estas automaticamente a ajudam a descarregar e eliminar seus sentimentos negativos. As mulheres, particularmente, apreciam as flores, pois tendem a ser mais sensíveis do que os homens.

Quando um homem traz rosas para sua companheira, estas automaticamente a ajudam a descarregar.

Pense nas tradições dos funerais. Mandamos coroas de flores para consolar aqueles que estão consternados. Com certeza, o pensamento carinhoso também conta, mas não ficamos mandando engenhocas para confortá-los. A natureza absorve nossa negatividade. Quando abrimos os canais em nossos dedos e começamos a dirigir a energia para fora, o processo se torna muito mais eficiente e eficaz.

Assim que ascendemos aos céus para receber nossa bênção, precisamos descer para a Mãe Terra a fim de exaurir nossa negatividade. À medida que nos tornamos aptos a sentir o formigamento na ponta dos dedos, nossa capacidade de descarregar aumenta dramaticamente.

Subimos para recarregar e descemos ao nível da Terra para descarregar.

Outro lugar para se fazer um descarrego é dentro de uma bacia cheia d'água, uma banheira, um banho turco, uma piscina, um tanque, um rio, um lago, ou no mar. Quanto maior for a quantidade de água, mais poderoso será o descarrego. A água irá absorver a negatividade. Esse é outra razão que explica por que é importante beber mais água. Para manter o fluxo de energia e obter os benefícios da meditação regular, é importante beber de

Como descarregar o estresse • 147

oito a dez copos d'água por dia. Se você for uma pessoa de estatura maior, precisará de mais.

A água absorve a negatividade.

O fogo é um outro aspecto poderoso da natureza que podemos usar para o descarrego. Volte atrás e pense nos bons tempos que deve ter passado contando histórias apavorantes em volta de uma fogueira de acampamento. Os relatos podiam trazer à tona o medo, mas o fogo absorvia a energia negativa que liberávamos. As lembranças que vêm de quando costumávamos sentar em volta do fogo são fortes porque estávamos descarregando.

Andar descalço na terra, na praia ou na grama também é uma forma poderosa de descarrego. Enquanto caminha, continue a dizer sua frase de meditação e aponte os dedos para baixo. Isso também pode ser feito enquanto se anda no meio de uma floresta. É divertido apontar os dedos para as árvores – como se eles fossem pequenas pistolas de raios – colocar para fora sua energia negativa e receber a bênção da natureza. Trabalhar no jardim e colocar os dedos na lama também é uma atividade que permite um descarrego automático.

Pense na tradição das árvores de Natal. No frio do inverno, as pessoas podem se reunir para decorar uma árvore. À medida que transferem seu amor e afeto para o objeto decorado, ele absorve parte da energia negativa. O que faz naturalmente com que elas se sintam melhor. Árvores perenes e arbustos vivos com folhas são necessários porque as pessoas não passam muito tempo fora de casa, em contato com a natureza. É uma época muito fria para se ficar na rua, por isso se traz a natureza para dentro. Com isso em mente, há incontáveis exemplos de tradições e rituais antigos em todas as culturas que começam a fazer sentido.

Toda cultura é rica em tradições de descarrego.

Uma vez que experimentou a energia fluindo livremente dos dedos, você pode tentar segurar algumas folhas ou uma flor para que as pontas dos dedos toquem e depois pratiquem o descarrego enquanto seus olhos estão fechados. Isso é exatamente igual à meditação, com a diferença de que há algumas folhas e flores frescas em suas mãos.

Da mesma forma que consegue sentir a energia circular enquanto aponta os dedos para cima, você também irá senti-la fluindo para fora deles. Sugiro que aprenda a fazer isso com os olhos abertos e as mãos viradas para baixo, pois muitas pessoas sentem melhor o fluxo de energia dessa maneira. Uma vez que o sinta, você poderá segurar ou tocar um objeto natural e continuar a sentir a energia. A maneira mais poderosa e eficiente de descarregar é fazê-lo com os olhos fechados e segurando uma folha fresca ou uma flor. As outras maneiras funcionam e devem ser aproveitadas, mas segurar folhas e flores mostra-se mais rapidamente eficaz.

Quando descarregar

Você pode descarregar a qualquer momento em que sentir a energia negativa. Isso sempre o ajudará a se sentir melhor. Como uma prática, é bom realizá-la algumas vezes por semana, durante cinco ou dez minutos. No começo, você pode querer demorar mais tempo. Para pessoas sensíveis, uma vida inteira de negatividade começa a se extinguir. A melhor maneira de proceder é descarregar tanto quanto for agradável. Não se pode exagerar. Nada de ruim pode acontecer.

A melhor maneira de proceder é descarregar tanto quanto for agradável.

Se você trabalhar num meio estressante ou negativo, descarregar todo dia é uma boa idéia. Uns poucos minutos de descarrego podem ser feitos enquanto se está no chuveiro. Para diminuir o estresse no trabalho e em casa, é importante estar cercado de plantas vivas e de água por todos os lados.

Muito embora o descarrego possa criar benefícios inacreditáveis, aprender a meditar é o primeiro passo. Por meio de uma meditação regular você abre os canais para receber energia positiva e com seu fluxo pode eliminar de forma mais eficaz a negatividade.

O descarrego também irá ajudá-lo a remover todos os 12 pontos de bloqueio. Em alguns casos, eles irão desaparecer automaticamente. As mulheres, por natureza, são mais vulneráveis para assumir a negatividade e experimentar um estímulo e um alívio por meio do descarrego.

Embora este processo o livre de absorver energia negativa, você ainda precisa olhar para dentro de si caso queira se livrar de seus próprios bloqueios. Ao aprender a se descarregar, um indivíduo fica livre para criar seu futuro em vez de ficar retido pelos bloqueios dos outros. Pelo menos, quando está bloqueado, você sabe que é por causa de seus próprios bloqueios e não dos do mundo.

Perdendo qualquer medo da energia negativa

Essas colocações marcantes sobre a energia podem ser facilmente mal-interpretadas. Uma pessoa pode ficar ansiosa por estar perto de pessoas negativas ou ser pega no flagra por estar culpando os outros por seus problemas. Absorver energia negativa é uma parte inevitável da vida se você possui uma carga positiva. Não se pode escapar disso. Em vez de buscar evitar a negatividade, também temos de ser responsáveis por descarregá-la.

Essa troca natural de energia é muito semelhante aos padrões de temperatura que existem na natureza. Um sistema de baixa pressão sempre atrairá um de alta. O calor sempre aumenta numa sala fria. Se sua casa for quente e aconchegante, mas se você não quiser ter uma vidraça muito espessa, então haverá correntes de frio no inverno. O calor atrai o frio que está lá fora. Se você colocar a mão para fora da janela, poderá sentir a brisa. A natureza sempre procura um equilíbrio. Da mesma forma, quando você tem muita energia positiva, vai acabar atraindo carga negativa. O segredo do sucesso pessoal é continuar a recarregar, e depois descarregar a negatividade que absorver.

Tentar evitá-la só é importante se você estiver cansado e doente, mas se estiver se recarregando todo dia por meio da meditação, o que lhe trará mais satisfação e força será compartilhar seu amor e sua luz com o mundo. Enquanto desenvolve sua habilidade de atrair energia positiva e descarregar a negativa, confrontar os desafios da negatividade só vai fortalecê-lo.

CAPÍTULO 11

Como se despir de emoções negativas

Há, basicamente, duas maneiras de encher os tanques de amor. Dando e recebendo o amor de Deus e dando e recebendo o amor ao lado de nossos pais, família, amigos, pares, você mesmo, parceiros, filhos, comunidade, e depois do mundo. Ao praticar a meditação, estabelecer suas intenções, e descarregar a negatividade e o estresse, você estará sempre fortalecendo suas bases. Para tornar os sonhos realidade, é necessário manter os tanques de amor cheios a fim de manter contato com sua verdadeira essência.

O obstáculo número um para receber amor em cada um dos tanques é a incapacidade de sentir e liberar emoções negativas. Depois de anos ajudando as pessoas a repassá-las em pouco tempo, descobri 12 de seus tipos básicos. Todo o campo emocional, aliás, é altamente incompreendido. Em nome da liberação dessas emoções, as pessoas as suprimem sem saber. Basta sentir-se culpado ou criterioso em relação aos sentimentos que isso evita seu aparecimento e sua liberação. Há uma grande diferença entre liberar as emoções negativas e não senti-las. Para pô-las à solta, temos de experimentá-las. Elas são essenciais para que possamos voltar à nossa verdadeira essência. Quando não as sentimos e liberamos com regularidade, nossos tanques de amor não podem ficar cheios.

Uma das principais razões que leva as pessoas a fazer um progresso tão rápido na meditação hoje em dia é a disposição que elas têm de sentir as coisas mais profundamente. Ao sentir e liberar emoções negativas ficamos aptos a descarregar energia negativa. A razão para um progresso material, uma criatividade e um poder extraordinário no mundo é uma maior consciência do que estamos sentindo e do que queremos. De algum modo, a emoção está sempre conectada com nossos desejos. Sentir a emoção, seja ela positiva ou negativa, é a pura energia que nos liga a Deus e ao mundo. É o combustível que abastece nossos tanques de amor. Quando as emoções são bloqueadas ou não são sentidas, ou não podemos obter a energia e o amor de que precisamos, ou somos incapazes de conseguir a força para atrair e manifestar o que desejamos. Só o fato de sentir emoções não é suficiente. Elas devem ser conduzidas cuidadosa e habilmente, para depois serem colocadas para fora. Ao exteriorizarmos os sentimentos negativos, ficamos mais fortalecidos por saber o que queremos e mais motivados para alcançar esses objetivos.

Algumas pessoas bloqueiam seu potencial ao suprimir, adormecer, ou reprimir emoções; outras as sentem, mas são incapazes de exteriorizá-las ou largá-las. Estas últimas se sentem atoladas por suas emoções negativas e atraem situações para espelhar uma negatividade em suas vidas. Esse é um dos motivos que explica por que tanta gente teme os sentimentos negativos. Quando você está sendo travado por eles, acaba atraindo para sua vida mais situações que o fazem se sentir dessa maneira.

Há outra categoria: as pessoas que sentem suas emoções seletivamente. Algumas podem se permitir sentimentos raivosos, mas não aqueles que são mais vulneráveis como a tristeza e o medo. Outras abraçam rapidamente a vergonha e a dor, mas são resistentes à raiva. Pode haver várias combinações e permutações. Independente dessa situação em particular, o resultado é o mesmo. Na medida em que prolonga suas emoções negativas, um indivíduo poderá atraí-las para sua vida. Na medida em que nega seus sentimentos, esse mesmo sujeito vai se desconectar do poder que tem para criar o que deseja.

Processe seus sentimentos

Processar os sentimentos significa identificar suas emoções negativas e liberá-las ao entrar em contato com seus desejos latentes e sensações positivas. Processar as emoções negativas é usá-las para retomar a seu verdadeiro eu.

Uma maneira de imaginar a utilidade das emoções negativas é pensar na vida como se fosse um passeio de bicicleta. Para manter o equilíbrio, estamos constantemente fazendo manobras da esquerda para a direita. Para chegar aonde queremos, precisamos mover o guidão. Entrar em contato com suas verdadeiras necessidades é como mover o guidão para se guiar. Sentir e botar para fora emoções negativas o impedem de ficar caindo. Meditar com regularidade e pedir a ajuda de Deus são atividades que fazem com que você tenha o poder para seguir adiante. É a meditação que mexe os pedais para cima e para baixo, em movimentos circulares.

A não ser que processemos nossos sentimentos negativos, ficaremos caindo o tempo todo. O equilíbrio é atingido quando saímos do centro e depois retornamos a ele. Menear de um lado para o outro é o processo de equilíbrio sustentado. No começo, essa sacudidela é bastante dramática, pois caímos com bastante freqüência e temos de começar tudo de novo. À medida que pegamos o jeito da coisa, aprendemos a fazer pequenos ajustes, elegantemente, para manter nosso equilíbrio.

Perder o equilíbrio é exatamente a mesma coisa que sentir uma emoção negativa. Você ainda permanece conectado a seu eu, mas está saindo de sintonia. Uma emoção pura está sempre ligada à sua verdadeira essência, mas esse é um sintoma de que estamos nos desconectando. É mais do que um sinal de aviso de que precisamos retomar o equilíbrio; é a experiência de se estar saindo do centro.

O único jeito de conseguirmos nos equilibrar sobre uma bicicleta é notar quando estamos saindo fora do centro, para a esquerda ou para a direita. Quando nos movemos para a esquerda, precisamos voltar à direita a fim de atingir o equilíbrio, para depois voltar à esquerda e depois à direita. Nesse processo, que nos leva de um lado para o outro, acabamos reencontrando nossa estabilidade. A mesma coisa acontece no andamento da vida. Para que a alma interaja com o mundo, é desencadeado um processo de estabilização. Quando saímos do centro para a esquerda, uma emoção negativa vem à tona. À medida que abandonamos tal movimento e voltamos para o centro, nos mexemos para o outro lado, e outro sentimento negativo emerge. Quando sentirmos a emoção negativa seguinte, percebemos que estamos indo muito para a direita, e fazemos ajustes com a intenção de retornar ao centro.

Imagine como seria difícil andar de bicicleta se só pudéssemos virar para a direita. Seria impossível atingir uma estabilidade. Quando as pessoas suprimem determinados sentimentos e só se permitem uns outros, elas não conseguem encontrar um equilíbrio. É o movimento de um lado para o outro que permite que encontrem o centro.

Depois que ficamos mais uma vez centrados, só podemos permanecer assim durante algum tempo. Afinal de contas, o processo inteiro vai ser reiniciado. Com uma bicicleta, não ficamos na expectativa de que iremos sempre nos manter numa posição estável e perfeita. Basta apenas ficar ereto e ter um passeio tranqüilo e agradável. Não esperamos ficar sempre no centro, mas sabemos como encontrá-lo. Quando falamos de sentimentos, reconhecemos equivocadamente que, para ficarmos estabilizados em nosso eixo ou em nosso verdadeiro eu, nunca devemos sentir dores ou emoções negativas. Resistimos a esse processo, pois não sabemos como lidar com estas últimas a fim de encontrar novamente o ponto de equilíbrio.

Na medida em que uma pessoa pedala melhor, torna-se praticamente automático manter o equilíbrio. Da mesma forma, ao passo que ela aprende a processar suas emoções negativas, isso se tornará uma parte tranqüila de sua vida. Para vivenciar a riqueza e a completude da existência, você precisa estar em contato com suas emoções – todas elas. Enquanto permanece em contato com os sentimentos, um indivíduo é capaz de apreciar totalmente a riqueza dos prazeres simples da vida. Ele se deleita com o vento no rosto, o calor do sol, a frescura da primavera, a serenidade do outono, a alegria de fantasiar uma criança no Halloween, o amor que é compartilhado entre amigos, o prazer e a excitação do romance, a alegria de aprender algo novo, a emoção e o orgulho de uma realização, e o êxtase de atrair e expressar o dom de Deus no mundo por meio do serviço.

Quatro maneiras de processar

Na medida em que você começa a processar suas emoções negativas, para alguns se torna difícil identificá-las, enquanto que para outros é difícil expressá-las. Quando você aprende a usar as quatro maneiras de processar sentimentos, esses desafios se tornam mais fáceis de serem superados. Um método não é melhor do que o outro. Para se valer deles, basta alterná-los até que um funcione. Os métodos para processar a emoção são os seguintes:

1. Mudar a emoção.
2. Mudar o conteúdo.
3. Atrasar ou adiantar o relógio.
4. Mudar completamente o assunto: passar a sentir sua dor em vez de sentir a dor de uma outra pessoa.

A primeira maneira de processar é sentir qualquer emoção negativa que puder, para depois mudar a sensação. Se você estiver irritado com alguma coisa, descreva os sentimentos em questão por extenso durante alguns minutos, e depois troque-os por outra emoção negativa. Isso é parecido com andar de bicicleta e encontrar o equilíbrio movendo-se na direção oposta, o que depois irá tirá-lo da estabilidade na outra direção. Mover-se de um lado para o outro, entre emoções negativas, pode remover quaisquer bloqueios e é de grande ajuda para encontrar o equilíbrio.

Embora outros tentem minimizar seus sentimentos, o melhor método é expandir ou aumentar temporariamente as sensações negativas que você experimenta. Na maior parte do tempo, quando as pessoas estão atoladas numa determinada emoção, isso se deve ao fato de estarem bloqueando uma outra. Nenhuma delas pode ser sempre tachada de culpada. Qualquer emoção negativa que não seja sentida vai bloquear o fluxo de energia e impedi-lo de abandoná-la. Quando uma emoção está bloqueada, uma pessoa tenderá a ficar emperrada com outra.

A segunda maneira de processar sentimentos é mudar seu conteúdo. Quando você vivencia uma sensação, mas ela não parece se relacionar completamente com aquilo que o magoa, basta simplesmente mudar o conteúdo. Se estiver irritado com seu patrão e não parecer estar apto a botar tudo para fora, faça uma lista de todas as coisas com as quais possa possivelmente estar chateado. Sinta sua raiva e pergunte a si mesmo com o que mais está zangado. Sempre que ficar irritado com algo que não pode ser modificado, isso geralmente será uma pista de que você está, na verdade, mais magoado com uma outra coisa.

A terceira maneira de processar sentimentos é alterar o relógio. Se você estiver transtornado com alguma coisa e não conseguir sentir ou soltar suas emoções usando os dois primeiros passos, basta lembrar de uma época em seu passado na qual pôde ter experimentado sensações parecidas. Às vezes, os sentimentos que vivenciamos hoje são intensificados pelas feridas de tempos anteriores.

Por exemplo, essas sensações ainda podem afetá-lo, se é que você se sentiu abandonado quando era pequeno. Tão logo alguém o rejeite um pouco, isso pode parecer mais doloroso por causa de seu passado. Quando este é o caso, a melhor maneira de processar é ligar o que sente agora com algo que sentiu então. Enquanto finge que está no passado, processe seus sentimentos dando-se a capacidade de sentir, identificar e expressar esses sentimentos. O passado é sempre mais fácil de ser processado. Se estivermos com medo agora, não sabemos quais serão as conseqüências. Quando olhamos para trás, podemos sempre nos tranqüilizar de que as coisas foram e serão realizadas. Mesmo não tendo podido obter o apoio de que precisávamos no passado, somos capazes de nos imaginar conseguindo. Dessa maneira, podemos sarar a ferida do passado.

A quarta maneira de processar é desviar o objeto de sua dor para outra pessoa. Às vezes não conseguimos obter uma perspectiva suficiente de nossa aflição para senti-la e abandoná-la. Sentimos que somos a dor e nada mais. Para visualizar esse panorama, precisamos encontrar alguém fora de nós mesmos e vivenciar a dor dessa pessoa. Esse é provavelmente o mais fácil de todos os métodos, a forma mais antiga de terapia conhecida pela humanidade. Ela pode ser encontrada na literatura, na comédia, no teatro, na música, no cinema, nos CDs e na TV.

Contar histórias e dividi-las com os amigos ou com um grupo de apoio formado por pessoas que pensam de maneira parecida com a sua são boas maneiras de se afastar de sua dor, mas não muito. Enquanto ouvimos a aflição dos outros e choramos, rimos e sentimos tudo com eles, nossos próprios sentimentos são vivenciados e liberados. Para as pessoas que não conseguem encontrar sua dor para processar, a quarta maneira é normalmente a mais direta para ajudá-las a olhar para dentro, sentir e se curar. Sempre que trabalho como orientador, em meus *workshops*, ajudando uma pessoa a sentir e soltar suas emoções negativas, todos vivenciam o processo automaticamente. As pessoas ficam a par de seus sentimentos e liberam aqueles que há muito tempo andavam esquecidos. Ao se preocuparem com outro alguém que está processando feridas interiores, elas também são curadas.

Método um:
mude a sua emoção

Quando estão magoadas, muitas pessoas tentam transformar suas emoções negativas novamente em positivas. Esse é um dos principais motivos que as levam a permanecer estacionadas. Elas tentam liberar sua carga negativa rápido demais.

Quando você está atolado numa emoção nada positiva e não tem muita prática para buscar o equilíbrio, fica muito difícil encontrar outra para sentir. Com um maior discernimento de cada um dos 12 sentimentos negativos, um determinado indivíduo sempre saberá aonde ir quando estiver emperrado. Entender essas 12 emoções é como aprender a andar de bicicleta com rodinhas. Isso torna muito mais fácil a experiência de busca da estabilidade. Os 12 estados emocionais que sentimos naturalmente quando buscamos o equilíbrio são os seguintes:

1. "Eu estou zangado."
2. "Eu estou triste."
3. "Eu estou com medo."
4. "Eu estou arrependido."
5. "Eu estou frustrado."
6. "Eu estou desapontado."
7. "Eu estou preocupado."
8. "Eu estou embaraçado."
9. "Eu estou com ciúmes."
10. "Eu estou ferido."
11. "Eu estou assustado."
12. "Eu estou envergonhado."

Quando você se sente atolado em raiva, guarde algum tempo para sentir e expressar aquilo com o que está irritado, e depois pergunte a si mesmo o que o leva a ficar triste. A raiva é, geralmente, uma reação ao que aconteceu; a tristeza é uma reação àquilo que ainda não transcorreu. Imediatamente, você começará a experimentar uma liberação de seus sentimentos mais irados. Enquanto passa a ter outra sensação, começará a ir mais fundo. As emoções negativas vão levá-lo de volta a um ponto de equilíbrio. À medida que começa a retornar ao centro, passará a se sentir melhor.

Se um sujeito estiver emperrado, sentindo-se mal, deve passar a sentir medo. Sempre que evidenciamos aquilo que não aconteceu, é porque, em um nível mais profundo, tememos algo que possa vir a acontecer. Normalmente, o medo é nossa reação ao que poderia ter acontecido e ao que não queremos que suceda. Em cada caso, enquanto percorre a lista, você experimentará uma mudança dramática e botará tudo para fora, olhando com um pouco mais de profundidade. Quando chegar ao número 12, volte novamente ao começo da lista. Se ficar emperrado, sentindo-se envergonhado (número 12), passe a se sentir irritado (número um) com um aspecto da situação.

Às vezes, antes de se aliviar completamente, você pode precisar descer dois ou três níveis. Tenho como hábito mudar três vezes, ao menos que sinta um alívio antes. Se estiver irritado depois de escrever sentimentos de raiva, promovo a primeira mudança para o estado de tristeza. Depois disso, faço uma segunda transformação e passo a sentir medo, para em seguida fazer a terceira e ficar arrependido. Entre cada uma dessas mudanças, é particularmente útil listar por escrito aquilo que você quer, gosta, deseja ou precisa. No final do processo, é importante anotar quais foram os sentimentos positivos que naturalmente vêm à tona depois que colocamos para fora as emoções negativas. Escreva sentimentos de amor, compreensão, confiança, apreço, ou gratidão. Esse exercício é chamado de carta de sentimentos, e escrevi sobre ele em todos meus outros livros. Para obter informações adicionais e apoio no processamento de sensações, reportem-se ao meu livro *Mars and Venus Starting Over, or What You Feel You Can Heal* [*O que você sente pode ser curado*].

Às vezes é difícil descobrir em que ponto da lista deve-se começar. Nesse caso, não tente ser tão preciso. Veja a lista de outra forma, como no exemplo a seguir:

Nível um: "Eu estou zangado, frustrado, ou com ciúmes."

Nível dois: "Eu estou triste, desapontado, ou ferido."

Nível três: "Eu estou com medo, preocupado, ou assustado."

Nível quatro: "Eu estou arrependido, embaraçado, ou envergonhado."

Enquanto examina cada uma das categorias, veja o que se encaixa melhor. Se forem vários sentimentos, comece em qualquer ponto. Se você não consegue escolher um com convicção, basta começar no nível três com "estou com medo de escolher o nível errado". Escreva durante alguns minutos sobre qualquer um dos níveis, e depois mude para o que estiver logo abaixo. Se optar por começar no quarto, depois de explorar os sentimentos de arrependimento, embaraço, ou vergonha, mude para o nível um. Dessa maneira, ao se revezar entre níveis de emoções negativas, acabará encontrando o ponto de alívio e começará a se sentir mais positivo e amoroso. Lembre-se de anotar esses sentimentos positivos e aquilo que quer, especialmente como você quer ser, como quer que as "coisas" sejam, e o que quer fazer e ter.

Às vezes, para completar o processo de escrever o que sente, é necessário que escreva uma carta de resposta. Depois de listar seus sentimentos, imagine o que alguém ouvindo poderia fazer ou dizer para fazê-lo se sentir melhor. Se você se magoou com alguém, imagine tal pessoa escrevendo uma mensagem dizendo que o ouviu e que o perdoa, para depois dizer coisas ótimas sobre você e lhe dar aquilo que deseja.

Ao escrever essa carta com calma, você terá a oportunidade de imaginar como teria se sentido e acaba voltando ao eixo novamente. Mesmo que tal pessoa jamais diga essas coisas positivas, você experimentará a liberação de suas emoções negativas e retomará sua verdadeira essência amorosa ao presumir como se sentiria obtendo esse apoio. Um indivíduo mal pode começar a supor como esse método é eficaz até experimentá-lo. Mais adiante, no capítulo 17, vamos explorar uma variedade de exercícios emocionais para vivenciar essa fantástica transformação imediata.

Método dois: mude o conteúdo

Na maior parte do tempo, quando estamos emperrados, não só estamos desconectados de nossos sentimentos negativos, como equivocadamente direcionados. Podemos achar que estamos magoados com alguém quando na verdade estamos sentidos com nós mesmos ou com medo de alguma coisa no trabalho. Na maior parte dos casos, quando não podemos dar a impressão de que estamos colocando uma emoção para fora, é porque precisamos redirecioná-la para alguma outra coisa que possa estar nos incomodando.

Se eu teimar em ficar irritado com um sócio, deveria me perguntar com quem ou com o que estou transtornado. De repente, posso começar a achar que estou chateado por me sentir alheio aos planos em relação a outro projeto completamente diferente.

Uma vez alterando o conteúdo da minha mágoa, sinto que estou no caminho certo, mas a raiva ainda não está sendo colocada para fora. Dessa forma, eu deveria simplesmente usar o método um e alterar a emoção, questionando-me sobre o que está me deixando triste ou desapontado. À medida que começo a sentir minha tristeza ou decepção, minha raiva diminui automaticamente e me torno mais compreensivo. Com isso, meu pensamento se torna mais aberto e clemente. Como agora estou voltando ao centro, minha negatividade se foi em grande parte. Minha atitude muda na medida em que sinto mais fé de que posso encontrar uma solução. Automaticamente, começo a apreciar, mais uma vez, o que está dando certo e liberar meu foco naquilo que não está.

Enquanto pratica essa técnica de soltura, você vai descobrir que, na maior parte das vezes, aquilo que parece que o está magoando é apenas a ponta do iceberg. Ao se interiorizar e explorar outras coisas que possam estar perturbando você, descobrirá que pode desistir, resistindo àquilo que não pode mudar; e que aquilo que pode realmente estar deixando você magoado pode ser modificado tanto por meio de uma pequena alteração em sua atitude como por uma mudança em seu comportamento.

Método três: altere o relógio

Quando qualquer um dos métodos anteriores não parecer estar funcionando, precisamos adiantar ou atrasar o relógio. Vamos explorar esse método olhando, a princípio, para trás. Ao ligar o que estamos sentindo agora com eventos do passado, podemos encontrar, de forma bem eficaz, um ponto de soltura.

Se você é capaz de fazer uma ponte com seu passado, é sempre mais fácil sentir e soltar suas emoções. Quando estamos irritados no tempo presente, é mais difícil se entregar e se deixar levar porque achamos que temos de ficar exasperados para fazer as coisas. Quando estamos tristes no presente e sentimos uma perda, ainda não estamos aprendendo que o futuro sempre trará mais. Quando estamos com medo no presente, não sabemos o que reserva o futuro, mas toda vez que olhamos para trás e experimentamos novamente o medo que sentimos no passado, temos a vantagem adicional de saber que as coisas não eram tão ruins quanto achávamos e que ficaram melhores. Com a vantagem da percepção tardia, é muito mais fácil liberar a negatividade.

Pense por um momento em todas as vezes que ficou realmente magoado com alguma coisa e mais tarde percebeu que não era nada de mais. Pense nos momentos em que temeu que o pior fosse acontecer e que nada acabou transcorrendo. Até quando o pior acontece conosco, as coisas acabam mudando e melhorando. Podemos nos dar essa vantagem voltando atrás, e ligando o que sentimos hoje ao que sentíamos no passado.

Depois que fazemos a ponte, precisamos fingir que estamos de volta ao presente com a capacidade adulta de processar nossos sentimentos. Uma vez que tomamos nota de alguns níveis de sensações, podemos escrever uma carta de resposta. Damos a nós mesmos a resposta amorosa que gostaríamos de receber. Se já a tivermos recebido, nos sentiremos mais centrados e conscientes de quem realmente somos, em vez de ficarmos sem forças e pouco amáveis nas horas difíceis. Reviver essas últimas horas e depois enriquecer a experiência escrevendo uma resposta vai ajudá-lo a liberar suas emoções negativas.

Quando sentimentos não resolvidos de nosso passado vêm à tona, eles não se apresentam dizendo "oi, sou seu medo de abandono que começou quando o mandaram viver com seus parentes". A cada vez que nosso passado transparece, normalmente não conseguimos dar nenhum sentido a essas emoções. Podemos ficar com medo, mas não sabemos do quê; podemos ficar tristes, mas as coisas não são tão ruins assim; podemos ficar com medo, mas não há muito perigo de fato; ou podemos nos sentir enciumados, quando já temos demais. Com muita freqüência, nossos sentimentos podem parecer que são muita coisa. Não podemos reparti-los com os outros, pois eles parecem muito negativos, por isso começamos a suprimi-los. Em vez disso, podemos ligá-los a um momento no passado em que eles poderiam ser reações apropriadas, considerando que o que pensávamos estava acontecendo, e nosso estágio específico de desenvolvimento na vida.

Partindo da perspectiva mental, que tem de dar sentido a tudo que sentimos, não é apropriado ser um adulto feliz, realizado e bem-sucedido e se sentir triste ou deprimido durante muito tempo quando sofremos uma decepção nos negócios. Ainda assim, quando eu estava começando e não sabia que acabaria tendo sucesso, ficava naturalmente mais magoado quando sofria com um determinado contratempo. Ao ligar meus sentimentos do presente a um revés do passado, minha mente dá permissão automática a meu coração para sentir as emoções de forma mais profunda. Se ainda assim muito da emoção não flui, posso recuar ainda mais no passado para senti-la mais profundamente.

Quanto mais andamos para trás, mais conseguimos obter permissão para sentir emoções negativas. Quanto mais jovens somos, menos capazes somos de dar sentido ao mundo. Naturalmente, as emoções serão fortes e, às vezes, mais negativas.

Quanto mais andamos para trás, mais conseguimos obter permissão para sentir emoções negativas.

Quando um pai deixa o filho com a babá e este chora como se fosse morrer, podemos ser solidários, pois sabemos que a cabeça da criança ainda não está desenvolvida o suficiente para perceber ou lembrar que mamãe e papai vão voltar. Essa é uma das lições mais importantes que precisamos aprender para crescer. Quando nossa fonte de amor se vai, ainda estamos seguros, e tal pessoa acaba voltando. Até que aprendamos essa lição e muitas outras na infância, temos reações emocionais muito fortes.

Ao ligarmos sentimentos fortes do presente ao passado, nós lhes damos um contexto no qual podem emergir. Às vezes, quando nossos sentimentos no presente estão bloqueados e não sentimos nada, é porque não há motivos racionais para sentir emoções fortes por dentro. Ao aprender como ligar o sentimento ao passado, o que quer que não tenha sido completamente sarado ou resolvido tem uma chance de ser sentido e liberado.

Desse modo, se a ligação do sentimento ao passado recente não realçar minha capacidade de sentir o fluxo de emoções negativas, poderei ligar meus sentimentos a um momento bem mais antigo, mais distante no tempo, de quando tinha seis anos de idade, e fui afastado de minha família durante uma semana.

Numa temporada de férias de verão, na Califórnia, meus pais perguntaram se queríamos ver alguns parentes. Alguém me disse que eles moravam do lado da Disneylândia, e por isso eu me ofereci. Pensei que iríamos para o famoso parque, que todos estariam juntos e, depois de um dia divertido, estaríamos de volta à noite. Quando cheguei à casa da minha tia, descobri que ninguém viera, e nem sequer fomos à Disneylândia. Passei uma semana por lá. Não sabia se algum dia iria voltar e fiquei triste e amedrontado.

Usando essa lembrança, posso ligar quaisquer sentimentos que tenha no presente com a tristeza e o medo que senti naquela ocasião. Na medida em que ligo minhas sensações atuais desse jeito, sou capaz de criar um contexto apropriado para minhas emoções negativas mais fortes.

Sempre que você está magoado e não sabe por quê, o que sente com certeza não tem nada a ver com o presente. Nesse caso, para sentir e soltar suas emoções, é necessário criar um contexto que possa alimentar e liberar o sentimento. Ajustar o relógio é uma habilidade muito importante para ser aprendida, pois se você não consegue encontrar uma razão para suas emoções, sua mente começa a criar uma.

Se não podemos criar um contexto seguro no qual possamos sentir e liberar as emoções, somos automaticamente atraídos para situações que validam esses sentimentos não resolvidos. O que nos impede de seguir em frente para criar a vida que queremos é a tendência de repetir o passado, pois não estamos dispostos ou não somos capazes de experimentar os sentimentos que aparecem. Se você não está disposto a olhar para seu passado e continuar a encher os seus tanques de amor anteriores, ele voltará por meio de repetições padronizadas. Se não estivermos propensos a olhar para o que precisa ser liberado, somos mais e mais atraídos para situações que irão validar nossa dor.

Fiquei a par dessa tendência pela primeira vez alguns anos atrás. Andava para frente e para trás esperando por alguém. Uma parte do meu ser estava realmente começando a ficar irritada, mas eu era doce demais para me deixar sentir tais emoções negativas. Então algo incrível aconteceu. Senti uma ânsia de ir até a pia da cozinha e lavar as mãos. Movi a torneira para a esquerda. À medida que a água quente continuava a esquentar fiquei em paz olhando pela janela, sem notar o vapor que vinha. Sem sequer perceber o que estava fazendo, coloquei as mãos para lavar na água escaldante. No mesmo instante, gritei de dor. Embora minhas mãos tivessem doído, outra parte de mim estava aliviada. Havia criado, inconscientemente, uma oportunidade de sentir minha dor emocional reprimida. A água quente e abrasadora fez com que eu sentisse dor e, embora fisicamente tivesse me queimado, emocionalmente me sentia melhor.

Daquele momento em diante, comecei a ficar mais a par de que sempre atraímos ou somos atraídos para uma variedade de experiências. Quando atraímos situações negativas que não estão nem sequer perto do que nossa mente está querendo, a alma fica colhendo situações para nos ajudar a entrar em contato e liberar nossa negatividade. A alma sabe que às vezes não há outra maneira de se reconectar com nossa verdadeira essência, a não ser que um contexto seja criado para sentir a dor que estamos reprimindo.

O processo de fortalecimento pessoal

Às vezes, em vez de olhar para trás a fim de processarmos nossos sentimentos, podemos nos virar para frente. Caso estejamos magoados e não consigamos botar para fora nossos sentimentos, uma mudança pode fazer uma grande diferença. Por alguns minutos, imagine que o que quer que esteja acontecendo continue a piorar. Olhe para tudo cuja continuidade o irrita. Veja seus maiores medos se desvanecendo de fato. Imagine-se no futuro tendo essa experiência, e depois processe seus sentimentos. Ao

Como se despir de emoções negativas • 167

promover essa simples mudança, usando a imaginação, você pode criar um contexto apropriado que permita que seus sentimentos venham à tona. Uma vez que eles estão ao alcance da mão, guarde alguns minutos para ligá-los a seu passado, e depois use o método número um para processar e liberar suas emoções negativas. Ele é chamado de processo de fortalecimento pessoal.

Jack estava se sentindo realmente nervoso por ter de fazer uma apresentação no trabalho. Dias antes do grande evento, ele já estava perdendo o sono e se sentindo ansioso e constrangido. No *workshop* de sucesso pessoal, ele praticou olhar para adiante a fim de se livrar do medo.

O inseguro palestrante escreveu todas as piores coisas que poderiam acontecer. Imaginou tudo que poderia dar errado. Uma vez que começou a escrever, a coisa começou a ficar mais fácil, apesar de dolorosa. Imaginou que nada mais teria sentido; que ninguém riria de suas piadas; que ninguém ficaria impressionado; que suas idéias não se adequariam aos padrões; e que não teria outra oportunidade, já que seria despedido.

Ao olhar diretamente para seus medos, ele se sentiu triste, ferido e desencorajado. Depois disso, Jack ligou seus sentimentos de tristeza e dor a um tempo em seu passado distante no qual deu uma conferência para um outro pessoal, estava despreparado, e *foi* rejeitado pela platéia. Ele ligou seus sentimentos de volta àquele período e começou a processar seu passado usando o método um. Como resultado, seu nervosismo se foi. Ocasionalmente esse sentimento acabaria voltando, mas ele sabia exatamente como fazer para afastá-lo.

Método quatro:
mude o assunto

A quarta maneira de se desemperrar e processar suas emoções negativas é mudar o assunto. Em vez de se concentrar em sua dor, guarde algum tempo para se concentrar na dor dos outros. Ao desviar a atenção de si próprio para as outras pessoas, ficamos livres para nos afastarmos de nossa dor e, por fim, deixarmos ela ir embora. Quando algo acontece num filme, e as lágrimas jorram dos olhos, você pode nem bem saber por que tem um motivo tão forte para tal, mas com certeza é por causa de algo de seu passado. Um nervo foi tocado. Algo ocorreu na história que fez com que algo que seu coração precisava sentir se manifestasse.

Embora *home videos* possam funcionar tão bem quanto, você obtém um benefício adicional quando está numa sala de cinema com outras pessoas que estão compartilhando aquilo que sente. A leitura de livros possui a mesma energia curativa. Ao vivenciarmos a dor e a alegria de outra pessoa, podemos ficar mais inteiramente em contato com nossa própria dor ou alegria. A razão para o drama é que os personagens representam os problemas que temos na vida. Visto que suas circunstâncias são mais trágicas ou jocosas, sentir suas emoções acaba ficando mais fácil.

Em nossas próprias vidas, normalmente suprimimos nossas emoções, pois nossas mentes as invalidam. Filmes, grandes histórias, livros e o teatro ajudam a dramatizar nossa dor. Aceitamos a dor e a tristeza dos personagens numa história. À medida que compartilhamos seu esforço e suas decisões eventuais, experimentamos uma liberação.

A música e o canto também fazem sarar o coração. A música clássica continua a fazer sentido porque os compositores normalmente capturam os movimentos dramáticos da alma com emoções tão extremas quanto a exaltação, a salvação, a esperança, a devastação, a fúria, a traição e o desespero. A mesma série de sentimentos pode ser expressada pela poesia e pelas letras de música.

Em meus *workshops*, sempre uso tipos diferentes de música para ajudar os participantes a sentirem o que precisa vir para fora. Um grande aspecto que faz com que um filme seja bem-sucedido, e que nos transporte aos mais diferentes sentimentos é a trilha sonora. Certos tipos de música sinalizam que algo trágico está prestes a acontecer, outros nos avisam do perigo, ou então uma bela melodia nos dá alívio e a certeza de que tudo vai ficar bem.

Outra maneira de mudar o assunto é recorrendo a grupos de apoio. Quando curamos a dor dos outros na medida em que somos piedosos, nossa própria dor interior ganha uma chance de vir à tona, e às vezes é automaticamente liberada. Se você tem dificuldades para se conectar com seus sentimentos passados, recomendo que entre para um grupo de apoio ou vá a um *workshop*. Minha habilidade de entrar em contato com meus sentimentos foi enormemente enriquecida por estar ao lado de outras pessoas que tinham essa capacidade mais desenvolvida.

Com uma consciência clara de cada um desses quatro métodos, você agora tem ferramentas poderosas para processar seus sentimentos, e a força para entrar em contato com quaisquer emoções negativas e liberá-las. Enquanto pratica essas habilidades, pode se levantar e andar em sua nova bicicleta, para onde quer que queira, dentro de poucos meses.

CAPÍTULO 12

Como obter o que você quer

O segredo do sucesso pessoal é ser sincero consigo mesmo e continuar a querer mais. Para atingi-lo, não basta ser feliz. Também é necessário fazer crescer seu desejo por mais. A paixão é poder. Quando você realmente quer mais, acaba conseguindo. As pessoas que não têm mais não se dão permissão para querer. Em alguns casos, elas podem até gostar da idéia de ter mais, mas não fazem todo o percurso e realmente não possuem vontade.

Para alcançar o sucesso exterior, temos de desejá-lo tanto a ponto de sentir dor quando não o conseguimos. Ao mesmo tempo, precisamos aprender como nos soltar e curar as feridas para também podermos experimentar a felicidade interior. Temos de estar consistentemente aptos a encontrar a alegria, o amor, a confiança e a paz interiores, enquanto lidamos com as ondas inevitáveis de frustração, decepção, aborrecimento e outras emoções negativas que vêm junto com o desejo pelo sucesso exterior.

Esse conceito explica por que muitas pessoas que atingiram altos níveis de sucesso pessoal tiveram origens humildes. Quando eram pequenas, elas podiam ter sido pobres, carentes, ou até mesmo órfãs. Chegaram a aprender da maneira mais difícil a ser felizes com menos, mas continuaram a querer mais.

Ao desejarem mais, porém apreciando tudo que tiveram, muitos conseguiram um sucesso ilimitado na vida.

Há histórias intermináveis sobre como algumas pessoas se enfraqueceram por se tornarem bem-sucedidas ou por conseguirem o que queriam, ficando "muito moles", e fazendo com que suas vidas e carreiras afundassem. Depois de alcançar o sucesso exterior, a chamada "boa vida", pararam de produzir, criar ou atrair sucesso, pois perderam contato com seu desejo por mais. Elas tanto podem descer lentamente ou afundar, mas nem todas permanecem embaixo.

Depois de ir até o fundo do poço e perder tudo, as pessoas muito freqüentemente promovem uma reabilitação. Elas se reerguem quando sentem plenamente a ânsia que têm por mais e todos os sentimentos que vêm com esse desejo. Ao liberar novamente sua dor e reaprender como podem ser felizes com menos, elas mais uma vez criam um solo fértil para plantar as sementes do desejo.

Ao ter a sensação de que vão perder tudo, reforçam de forma satisfatória o desejo de atrair e criar o sucesso exterior. Uma vez que perdem tudo, aceitam e apreciam o que têm. Com aceitação e desejo, sua onda de sucesso se levanta novamente. Felizmente, com sabedoria e discernimento em relação aos segredos do sucesso pessoal, você não precisa chegar a extremos para aceitar sua vida e fortalecer seus desejos. Para aprender a entrar em contato e transformar as emoções negativas, não é necessário perder tudo para sentir a paixão interior por mais.

O segredo do sucesso exterior é o desejo

O segredo do sucesso exterior é o desejo. Você precisa saber o que quer, sentir profundamente e acreditar que vai conseguir. Paixão, crença e desejo são o poder. Quando uma pessoa continua a sentir e agir naquilo que quer, o universo reage à sua vontade.

Quando você exercita o desejo com ações que irão saciá-lo, ele se tornará mais forte. Quanto mais persistir, mais acreditará e mais vai sentir. Quando alguém consegue perceber inteiramente seu desejo, o conhecimento intuitivo do que deve fazer está contido nessa sensação, sem contar com a crença de que vai se dar bem. Ao começar a agir para obter o que quer, você fortalece sua crença. O mundo não vai acreditar numa pessoa se ela não crer em si própria.

O segredo de todo o sucesso exterior é o desejo, o sentimento e a crença.

Quase toda grande história de sucesso está cheia de exemplos de rejeição, fracasso, frustração, preocupação e decepção. Sempre há contratempos, traições e atrasos. Aqueles que pensam ou desejam 'grande' atraem obstáculos ainda maiores para serem superados. Com paciência e persistência, e se continuam a exercer a vontade que têm de realizar seus desejos, eles acabam se dando bem. Roma não foi construída num só dia. Leva tempo para se criar e atrair o que se deseja, mas, o que é mais importante, requer paixão.

Isso então explica mais um dos grandes mistérios que estão ligados à criação daquilo que se quer. Não é o que você faz que conta, mas o que quer, sente e acredita. Com certeza, alguma ação é exigida, mas não precisa ser uma luta, e esta não tem que nos deixar esgotados. Contudo, a ação serve para um objetivo importante. Ela fortalece a nossa crença, que é o que atrai o sucesso.

O mundo irá acreditar em você e responder a suas vontades quando você der crédito a si próprio.

Quando assume o risco, firma um compromisso e chega ao fim sem fraquejar, e pula do abismo do desconhecido, você reforça a crença em si próprio e aumenta a possibilidade de obter o que quer. Não é necessário que uma pessoa tenha de superar limites quando ela sabe como recorrer à intuição. Uma vez que tenha aprendido a acessar sua intuição e confiança interiores, não precisa se esforçar muito e correr grandes riscos a fim de atrair o sucesso.

Fazer muita coisa é, às vezes, o resultado de não acreditar em seu poder de atrair e criar êxito. Muitas pessoas ficam exaustas porque não conseguem o que desejam. Seu espírito extremamente condescendente e trabalhador impede que elas alcancem o sucesso. Ao confiarem totalmente no "fazer" para alcançar seus objetivos, elas se desconectam da crença de que podem obter o que querem.

> **Ao confiarem totalmente no "fazer" para alcançar seus objetivos, muitas pessoas se desconectam da crença de que podem obter o que querem.**

Por outro lado, algumas pessoas alcançam o sucesso depois de ficarem completamente exaustas. Elas tentam de tudo, fazem de tudo e dão tudo o que têm. Apertam-se até não sobrar nada. Quebram. Desistem. Suplicam a Deus. Mas então, ao sentirem uma ânsia intensa e deixarem tudo rolar para aceitarem o que têm, elas criam a alquimia secreta do sucesso.

Thomas Edison definiu sua genialidade para criar milhares de invenções em 99 por cento de transpiração e um por cento de inspiração. Ele tentava de tudo e, quando sua mente desistia, largava tudo para finalmente experimentar a inspiração de uma idéia genial. Depois de tentar tudo para descobrir uma solução, tudo o que sabia, sua mente desistia e a solução acabava vindo. Ao tentar de tudo, ele demonstrava sua crença na possibilidade do sucesso. Ao persistir e não desistir, Edison permitia que o fogo da paixão se acendesse, e conseguia atrair idéias grandiosas e brilhantes.

O fogo da paixão, uma vez aceso, atrai idéias grandiosas e brilhantes.

Ao aplicar os segredos do sucesso pessoal, você aprenderá como sentir a paixão em seu coração sem ter de chegar a grandes extremos. Saberá como demonstrar que acredita em si mesmo sem ter de arriscar tudo repetidamente. Verá como fazer para sustentar seu sucesso sem ter que ir ao fundo do poço e ressurgir novamente depois de sentir um desespero profundo. Descobrirá como recorrer às suas habilidades naturais para obter o que quer.

O poder da rendição

Sempre que nos esforçamos até nosso limite, podemos senti-lo ao experimentar emoções negativas. O limite indica que não podemos mais ser positivos em relação a uma determinada situação. Quando vamos até o limite e deixamos rolar, estamos entregando tudo para Deus, para o espírito, ou para a fonte misteriosa de idéias brilhantes. Rotular uma autoridade maior depende de você. Se uma pessoa é religiosa ou espiritualista, ela pode concluir que tal poder é Deus. Se uma outra for atéia ou agnóstica, talvez sua inteligência mais elevada e intuitiva seja o bastante.

Independente de sua orientação específica, quando deixa as coisas rolarem depois de fazer tudo o que pode, você recebe o que quer. O simples fato de sentir um pequeno desejo e depois se entregar normalmente não é o suficiente. Nós realmente temos de querer algo e nos sentirmos confiantes. Quando acreditamos que temos a mesma sorte ou que os anjos de Deus nos ajudam, tornar-se bem-sucedido é muito mais fácil. Quando eu aprendi a pedir ajuda e recebê-la de uma fonte superior, os níveis de produtividade de minha vida ficaram muito mais altos e passaram a ser alcan-

çados com muito menos estresse. Sei que consigo muita ajuda em tudo o que peço.
Quando nos lembramos de que não temos de fazer isso por conta própria, podemos relaxar muito mais. Isso também explica por que a meditação regular é tão valiosa. Guardar apenas 15 minutos para nos lembrarmos de que não precisamos fazer tudo nos ajuda a estabelecer as intenções certas para um determinado dia. Em vez de nos sentirmos como se tudo fosse de nossa responsabilidade, nos lembramos de que temos ajuda.

Bastam 15 minutos de meditação para aprendermos que não precisamos fazer tudo; isso nos ajuda a determinar as intenções certas para o dia.

Sem disponibilizar um tempo para meditar a cada dia, fica muito fácil pensar que tenho de fazer tudo. A meditação regular me ajuda a exercer a liberdade adquirida depois que deixamos de assumir toda a responsabilidade. Para poder tirar algum sentido disso agora, pare e faça a seguinte experiência. Movimente um dos dedos bem rápido, para frente e para trás, durante trinta segundos. Repita a operação, mas desta vez certifique-se de que, na verdade, não está fazendo isso. Você só está dirigindo seu automóvel, por assim dizer. Está apenas dizendo a seu dedo o que fazer, enquanto seu corpo obedece. E não tem a menor idéia de como isso acontece.

É muito importante perceber que você é o comandante. Aquele que dá as cartas. Suas mãos estão no volante, mas não são elas que fazem o motor funcionar. Como motorista, você não precisa sair e empurrar. O carro faz tudo. Basta virar a chave da ignição e seguir seu rumo.

Quando dirige um automóvel, você não sai para empurrá-lo.

Quando experimentamos nossa ligação com o espírito, fica mais fácil lembrar que não estamos sozinhos e que normalmente somos ajudados. Ao pedir simplesmente para que algumas coisas aconteçam, você fica a par de tudo que acontece e que o beneficia. Ficamos tão absorvidos resistindo à vida que esquecemos que muitas coisas são feitas para nós. Ao estabelecermos nossas intenções no começo de cada dia e depois constatarmos que o mundo responde a nossos desejos, não só você se torna bem-sucedido, como também não tem de se esforçar tanto para alcançar esse objetivo. Em vez de levar três anos para atingir uma meta, isso pode levar três meses. E em vez de durar três meses, o processo pode durar três semanas.

A confiança de que podemos fazer algo acredita que nosso resultado tão almejado ocorrerá. Os pianistas não sentam e pensam em mover seus dedos, isso simplesmente acontece. Uma vez que aprendeu a digitar o teclado de um computador, você nem sequer precisa pensar nisso. Seus dedos se movimentam automaticamente e digitam o que sua mente quer dizer.

Seja o que quer que façamos, estamos de fato dizendo à mente, ao corpo e ao coração o que fazer. Isso tanto pode acontecer como não. O que faz com que isso ocorra é uma conexão com o verdadeiro eu e uma percepção clara do que queremos. A prática só ajuda porque nos dá confiança. Esta última, associada à intenção, resulta em sucesso.

Abandonando a luta

Sem a noção de como podemos optar por nos rendermos a um poder maior, teríamos sempre de lutar e nos esforçar além de nossos limites para experimentar a vasta criatividade que está a nosso alcance. Muitos dos grandes escritores, poetas, inventores, cientistas, curandeiros e líderes do mundo levaram vidas extre-

Como obter o que você quer • 177

mamente difíceis que os forçaram a se humilhar, abandonar a luta, e se render. Com essas noções valiosas de como alcançar o sucesso pessoal, você pode fazer a mesma coisa sem passar por tanta desgraça e se esforçar tanto.

Com a compreensão de que se devem encher os tanques de amor para se ligar a seu verdadeiro eu e alcançar um grande sucesso, você só precisa manter contato com aquilo que quer, e fazer o melhor possível, para que os eventos transcorram como se fossem mágica na realização de seus desejos. Quando alcançamos o sucesso exterior à maneira antiga, vamos até nossos limites, até que não possamos fazer mais nada e tenhamos que entregar para Deus.

Se você puser seu destino todo dia nas mãos de Deus, e continuar a ser objetivo, não precisa se esforçar tanto. Entregar tudo a Deus significa lembrar-se de que não é necessário se responsabilizar por todas as tarefas, da mesma forma que não precisa sair para empurrar o carro. Tudo que você tem de saber é dirigir. Ainda temos de fazer o nosso melhor, mas é muito mais fácil quando sabemos e acreditamos que aquele poder adicional já está lá.

Se você puder colocar seu destino todo dia nas mãos de Deus, então toda sua jornada vai se tornar muito mais fácil.

Alguns põem o destino nas mãos de Deus, mas não conseguem o querem no mundo exterior. Esses colocam tudo nas mãos do Senhor. Isso também não dá certo. Para alcançar o sucesso, precisamos fazer ambas as coisas. Temos de nos sentir responsáveis *e* pedir ajuda. Se dependermos muito do Todo-Poderoso, paramos de sentir nossas próprias necessidades e vontades interiores. Quando as coisas não acontecem, em vez de ficarmos desapontados, tristes ou amedrontados, simplesmente temos que confiar em Deus e termos fé.

Para atrair e criar o que queremos, temos de estar preparados para sentir e liberar as emoções negativas que brotam naturalmente quando queremos algo de fato e não conseguimos. Esse processo de sentir a negatividade e soltá-la é essencial para mantermos contato com aquilo que queremos. Quando todos nossos tanques de amor estão cheios, o que desejamos também é o que Deus anseia. Para saber a vontade do Senhor em relação a nossos destinos, temos de abrir nossos corações, para depois simplesmente nos indagarmos sobre o que queremos. Quando agimos com desejos verdadeiros que emergem, temos o poder para criar o que queremos sem muitas ações efetivas.

Quando todos nossos tanques de amor estão cheios, o que queremos também é o que Deus quer.

Deus ajuda aqueles que ajudam a si próprios e só depois pedem auxílio. Você tem de fazer isso, para que depois Deus possa mandar seu anjo ou energia divina para ajudar. Na medida em que continuar a praticar meditação regularmente, você começará a sentir a energia formigando para dentro de seus dedos. Aos poucos irá senti-la em todo o corpo.

Deus socorre aqueles que ajudam a si próprios e só depois pedem auxílio.

Sempre que precisar de um empurrão, você poderá simplesmente colocar as mãos para cima e atrair mais apoio. Essa energia divina lhe dará vitalidade, clareza, e o poder para se conectar com a sua criatividade interior. Se colocar tudo nas mãos de Deus, vai parar de sentir uma parte de seu corpo e a energia não continuará a fluir para dentro de você. A energia está sempre ali, mas você precisa atraí-la.

Por que o pensamento positivo nem sempre funciona

O pensamento positivo não funciona quando as pessoas o usam para negar seus verdadeiros sentimentos e necessidades. Quando estão sempre tentando ser positivas, elas tendem a suprimir suas emoções negativas. Não querem colocar as pessoas para baixo, nem querem se sentir negativas. Em vez de sentirem a dor de não conseguirem o que realmente querem ou da decepção provocada por isso, optam por se concentrar no lado positivo.

Elas acreditam em pensamento positivo, sentimentos positivos, fé, bondade, generosidade, amabilidade, esclarecimento, anjos, karma, destino, vontade de Deus, ou na graça do Senhor. Embora o pensamento positivo possa tornar as pessoas mais felizes, elas são incapazes de experimentar todo o poder que têm para criar, atrair e obter o que querem na vida.

Ao tentarem ser positivas, elas, sem saber, enfraquecem sua capacidade interior de direcionar suas vidas. Incapazes de sentir apaixonadamente o que querem, essas pessoas acabam evidenciando a positividade e o amor por aquilo que a vida lhes traz. Vivem baseadas, a princípio, em crenças positivas como, seguir com a maré, aceitar e perdoar, entregar-se e deixar que a vontade de Deus seja feita, desistir de seus desejos, estar a serviço, desistir de seu ego, elevar-se acima das emoções negativas; o medo é apenas uma ilusão, a doença é uma ilusão, exceto por um milagre – e assim por diante. Elas se preocupam mais em aceitar, amar e querer o que têm, e não dirigem sua atenção para o querer mais.

Evidenciar muito a realização interior pode bloquear o sucesso exterior.

Quando têm sentimentos negativos, tais pessoas se sentem culpadas e envergonhadas. Embora esses conceitos espirituais sejam inegavelmente importantes, também temos de reconhecer o significado das emoções negativas como uma porta para nossos sentimentos e desejos.

Para alcançar o sucesso pessoal, precisamos tanto da espiritualidade interior quanto do sucesso exterior. Temos de nos certificar de que nosso pensamento positivo não evitará que sintamos nossas emoções negativas e que tenhamos desejos fortes. Dessa maneira, não só precisamos praticar o pensamento positivo, como também temos de manter uma atitude mais positiva em relação às emoções negativas e aos desejos.

CAPÍTULO 13

Encontre sua estrela mágica

Lembro-me de quando minha filha Lauren aprendeu a magia que havia por trás de pedir o que queria e ter fé. Estávamos de férias no Havaí, quando ela, que tinha cinco anos de idade, encontrou uma caixa de "estrelas mágicas" numa pequena livraria. A pequena curiosa agarrou uma delas e me perguntou do que se tratava. Peguei uma e li as instruções, onde estava escrito algo parecido com isso: "Segure essa estrela mágica perto de seu coração, feche os olhos, e depois faça um pedido. Você poderá ter tudo o que quiser."

Quando ela ouviu isso, seus olhos se acenderam de excitação. Era como se minha menina tivesse feito a maior descoberta de toda sua vida, para depois perguntar "posso pedir qualquer coisa?" Respondi que sim. Lauren, então, pediu para que eu lhe comprasse uma. Enquanto andávamos pela praia, ela parecia estar radiante, com um sorriso de orelha a orelha. Estava muito feliz. Segurava sua estrela mágica perto do coração e fazia pedidos. Isso era simplesmente a coisa mais legal que sua cabecinha poderia imaginar.

Então, depois de algumas horas, minha filha perguntou: "Papai, por que não estou realizando meus desejos?" Pensei: "Oh, meu Deus, como posso responder isso?" Bem, não foi necessário me encucar. Minha esposa, Bonnie, tomou a palavra: "Enquanto você mantiver o coração aberto e continuar a fazer seus pedidos, eles vão se realizar. Mas seus desejos nem sempre viram realidade de uma hora para a outra. Leva tempo, e você precisa ter paciência." Lauren ficou satisfeita com essa resposta e continuou a sorrir esfuziantemente.

Bonnie resumiu, em tal declaração, o segredo do sucesso exterior, que provavelmente explica o porquê de ela ter obtido tantas coisas em sua vida: mantenha o coração aberto e continue a querer o que deseja. Esse segredo explica por que muitas pessoas perdem seu poder criativo. Quando não obtêm aquilo que querem, elas desistem e param de acreditar. O segredo de criar está em sustentar uma intenção forte e desejosa. A coisa funciona assim: "Vou ter aquilo, realmente quero isso e acredito que aquilo por que anseio virá." Dessa maneira, o desejo e a fé se transformam numa intenção forte e desejosa.

Sabendo o que você realmente quer

Ao entrar e manter contato com seus desejos mais profundos, você pode encontrar sua própria estrela mágica. Enquanto continua a sentir e se concentrar naquilo que realmente deseja, o poder que tem para moldar sua vida aumentará. Primeiro em sua mente e em seu coração, e depois por meio de suas atitudes, você será cada vez mais bem-sucedido na criação do que realmente quer.

Saber o que você quer de fato não é tão fácil quanto parece. Há muitas maneiras de nos distanciarmos de nossos verdadeiros desejos. Às vezes é muito doloroso sentir o que queremos de fato, pois acreditamos que nunca o teremos. O medo é uma das principais razões de não nos darmos permissão para sentir o que desejamos. Caso queiramos algo que não nos é tão importante e não consigamos, isto acaba não sendo uma experiência muito dolorosa. Se nos deixarmos sentir realmente o que nos é mais importante, uma falha poderá ser bastante desagradável.

Quando comecei a dar palestras públicas há 28 anos, senti um medo incalculável e uma ansiedade tremenda. Sentia-me mais nervoso por ter de falar, pois aquele era um de meus dons na vida; aquilo que vim a esse mundo para fazer. Se eu falhasse numa palestra, ficaria arrasado. Caso fracassasse como programador de computador, isso não seria tão chato, pois não tinha o dom para ser programador. Esse não era meu objetivo na vida. Sempre que você se arrisca a fazer aquilo que está mais afinado com suas habilidades, o pensamento de rejeição e de fracasso é maior. Uma coisa é ser rejeitado pelos outros por causa das roupas que veste; ser rejeitado por causa de suas crenças é uma história completamente diferente.

Quando você é verdadeiro consigo mesmo, acaba ficando exposto. Caso seja rejeitado ou criticado, a ferida é muito mais próxima e a dor é maior. Isso aperta nossos botões e traz à tona assuntos e sentimentos não resolvidos do passado. Quando aprendi a processar minhas sensações antigas de abandono, fracasso e impotência, livrei-me em poucos meses da ansiedade em minha vida.

A partir dessa experiência, aprendi que o medo é maior quando nos arriscamos a ser sinceros conosco. Normalmente, mal podemos sentir o desejo de nossa alma porque estamos bloqueados. É arriscado acreditarmos que podemos ter o que queremos para que possamos negar automaticamente nossas verdadeiras necessidades. Para desvendarmos nosso poder de criar o que queremos e adquirirmos uma maior confiança, precisamos nos tornar bem conscientes de como podemos estar empurrando para baixo ou repudiando nossas verdadeiras vontades.

Fé, cuidado e desejo

Quando temos um desejo não realizado, muito comumente desistimos dele de alguma forma. Paramos de ter cuidado, de querer e de ter fé. Quando um homem pára de acreditar, pára de ter cuidado. Quando uma mulher pára de acreditar, tende a parar de confiar. Em ambos os casos, a esperança será abandonada. Esta, aliás, é de importância vital para nos mantermos em contato com nossa habilidade de sentir totalmente nossos desejos.

A fé, o cuidado e uma grande vontade são os ingredientes do poder. Precisamos de todos os três. Para cultivar essas atitudes, você deve estar bem a par de como se sente e do que deseja. Quando alguém não consegue o que quer, é importante que essa pessoa se permita ficar profundamente decepcionado e triste. Por que alguns indivíduos ricos e famosos estão sempre tomando drogas e se metendo em brigas? Levam vidas intensas porque têm vontades e sentimentos fortes. Na entrega dos prêmios da Academia, há muito amor e boa vontade, mas debaixo dessa superfície há um oceano de medo, ansiedade e ciúmes. Depois da cerimônia, alguns sentem uma grande alegria, mas a maioria dos presentes volta para casa decepcionada, triste, amedrontada, ansiosa e enciumada. Às vezes é necessário pagar um preço alto para chegar ao topo, e muito mais para se manter por lá.

Ainda assim, todos esses sentimentos intensos não precisam provocar rachaduras em nossas vidas. Quando sabemos como lidar com nossas sensações e liberar emoções negativas, um sentimentalismo intenso pode ser, na maior parte das vezes, positivo. Para continuar a ter cuidado, brotam naturalmente sentimentos de dor, decepção e tristeza quando os outros conseguem o que você quer. Quando estes o impedem de conseguir o que deseja, você se sente enciumado, frustrado e até mesmo irritado. Quando uma pessoa parece que não irá obter aquilo que almeja, naturalmente se sente temerosa, preocupada e alarmada. Toda vez que alguém falha ou não vive de acordo com suas expectativas, acaba se sentindo embaraçado, arrependido ou envergonhado. Arriscar ter essas sensações e muitas outras é muito natural quando você realmente quer alguma coisa.

Sentir as emoções e deixar rolar

Entrar em contato com os sentimentos nos ajuda a ter mais cuidado, ao passo que liberar essas emoções aumenta a confiança. Na medida em que aprendemos a deixar rolar e seguir em frente, podemos nos manter abertos para as próximas oportunidades que teremos para obter o que desejamos. As mulheres normalmente conseguem sentir muitas de suas emoções, mas têm dificuldade para estabelecer confiança e deixar as coisas correrem soltas. Os homens, por outro lado, sempre tiveram mais facilidade para desistir de algumas coisas e saber o que querem, mas lhes é muito mais difícil sentir suas emoções de forma integral. Ao concentrar grande parte de sua energia no que quer, um homem monta o palco para entrar em contato com seus sentimentos. Ao estabelecer metas e ir à luta, ele pode sentir sua perda mais profundamente, caso as coisas não dêem certo. Como resultado, o poder de seu desejo e da sua crença vai aumentar. Correr riscos razoáveis e ir até os limites o ajuda a sentir suas emoções. Partilhar aos poucos seus sentimentos com os outros não é tão importante para um indivíduo do sexo masculino.

Correr riscos razoáveis e ir até os limites o ajuda a sentir suas emoções.

As mulheres podem ganhar confiança e aprender a liberar suas emoções negativas ao se preocuparem mais em reconhecer as vontades e necessidades diferentes que estão por trás de suas emoções dolorosas. À medida que uma mulher se liga mais a seus desejos, o conhecimento e a sabedoria inerentes sobre como obtê-los emerge e a abastece com uma maior confiança. Assumir riscos e ir até os limites não lhe é tão importante, mas partilhar suas emoções num contexto de proteção a ajuda imensamente a sentir suas necessidades.

> **Partilhar suas emoções num contexto de proteção ajuda uma mulher a sentir suas necessidades.**

Um grande aspecto associado à capacidade que uma pessoa do sexo feminino tem de aumentar sua fé é experimentar sua própria dignidade interior. Na medida em que sente suas emoções e deseja mais profundamente, ela começa a acreditar que "eu mereço ter mais, eu mereço ser bem-sucedida, eu mereço uma maior abundância na minha vida para já". Ao escutar e acalentar calmamente seus sentimentos interiores, essa mulher acaba ficando habilitada para encontrar sua fé e se despir de emoções negativas.

À medida que um homem é capaz de se ligar mais a seus sentimentos e vontades, fica mais apto a aumentar seu cuidado. Na mesma proporção em que é capaz de "sentir" seus desejos, o conhecimento intuitivo de que pode obter o que quer vem à tona. Sua confiança cresce, e o sujeito em questão se sente em condições de realizar a tarefa que está ao alcance. Ao rever suas metas sem pressa e reconhecer seus sentimentos na hora em que brotam, ele está capacitado a manter seus limites. E, além disso, pode continuar aumentando a vontade de ter mais e ficar motivado para conseguir isso.

> **Uma fé e um cuidado maiores aumentam o poder que se tem para criar o que se deseja.**

Quando os desejos são fortes, o conhecimento intuitivo do que é possível fica em evidência. Ele simplesmente lhe parece natural. Uma fé e um cuidado maiores criam a paixão e aumentam o poder que você tem para criar o que deseja. Depois, se fixar simplesmente sua atenção naquilo que quer, o desejo irá começar a se manifestar em sua vida. Não apenas seu pensamento será mais criativo, como as coisas seguirão o rumo que você der.

Encontre sua estrela mágica • 187

O segredo para aumentar seu poder de conseguir o que quer é sentir suas emoções negativas quando não obtém o que deseja e as libera. Na medida em que aprende a colocar para fora sensações negativas, só lhe resta ficar sentindo seus desejos verdadeiros. Enquanto se liga com sua verdadeira natureza, você mais uma vez tem o poder para criar o que quer e querer o que tem.

O processo de rejeição

Quando não sabemos como liberar nossas emoções negativas, a maneira mais fácil de deixá-las para trás é parar de querer. O processo de rejeição é fácil de ser entendido. Se o fato de não conseguir algo de que necessito me incomoda, simplesmente paro de desejá-lo ou diminuo minha vontade. Se sempre ajusto meu desejo para aceitar o que consigo, posso ficar livre das emoções negativas. Algumas pessoas ficam muito felizes fazendo isso, mas podem se questionar sobre o porquê de ficarem entediadas ou de não conseguirem mais aquilo que querem.

A rejeição é perfeitamente descrita na fábula da raposa e das uvas. A fera astuta queria de fato provar as frutas, mas quando percebeu que não poderia tê-las, sua reação foi a de negar o desejo que acalentava. Depois de descobrir que não poderia ter o que queria, ela disse a si própria: "Bem, eu não queria mesmo essas uvas."

Dessa maneira, negamos nossos sonhos mais profundos quando não percebemos nosso poder interior para torná-los realidade. Todos nós temos nossa estrela mágica dos desejos. Só precisamos continuar a sentir nossas vontades e desejos enquanto aumentamos nossa confiança na arte de obter o que desejamos.

Se você pudesse invocar um encanto com uma varinha de condão e eliminar toda a rejeição, não só seria mais feliz na vida, como conseguiria imediatamente mais do que quer. Quando acreditamos em nosso futuro, abrimos a porta para que mais coisas entrem já. Temos de acreditar e temos de pedir. Se você não pedir acaba não ganhando. Com uma crença baseada na experiência de conseguir o que quer, na percepção do que deseja, e na capacidade de sentir as coisas de forma integral, você tem os três ingredientes mais importantes para o sucesso exterior.

O que há de errado em ser gentil

Muitas pessoas que renegam suas vontades são positivas. Tendemos a acreditar que, se somos bons para os outros, acabamos recebendo as bênçãos de volta. Da mesma forma que você semeia acaba colhendo. Mas isso só é verdadeiro em parte. Como o Tio Patinhas conseguiu tanto dinheiro? Como Hitler obteve tanto poder? Por que algumas das pessoas mais gentis acabam em último lugar?

A resposta para essa pergunta está na negação. Pessoas amáveis renegam seus desejos e necessidades para o bem de todos. Os Patinhas e os Hitlers do mundo não se importam de verdade com o que os outros sentem. Eles fazem o que têm vontade e, de forma passional, querem o que querem. Não há nada errado com as pessoas boas, exceto que, pelo fato de serem assim, elas comumente repudiam a si próprias. Mas você pode ser legal e conseguir o que deseja.

Para isso, nem precisa acreditar e sentir a presença de Deus. Há várias pessoas que ganharam milhões, até mesmo bilhões de dólares, e que não acreditam em Deus. De uma certa forma, a falta de fé que têm em Deus as ajudou a desejar ainda mais. Se você não acredita no Todo-Poderoso, então sabe que tem que fazer as coisas por si próprio. Caso acredite Nele, às vezes passa a confiar demais e, ao sentir suas necessidades e pedir mais, desiste de fazer sua parte.

Se você tem um desejo forte, consegue o que quer. O universo responde a todas as vontades. O que você quer é o que você consegue. É isso que é proposto pela bênção da livre e espontânea vontade. Temos o poder para nos lançarmos ao céu ou ao inferno; não depois da morte, mas agora mesmo.

A sabedoria do que temos de fazer para conseguir o que desejamos está contida num desejo forte. Não interessa se você acredita em Deus ou não. Se uma pessoa crê que pode conseguir aquilo que deseja, então conseguirá. Com tal crença poderosa, ela se sentirá confiante, o que trará determinação, persistência e uma forte paixão.

Quando você sofre com reveses e decepções, essa fé o ajuda a eliminar os sentimentos negativos, a se reerguer e a seguir em frente. A ambição cega sempre será bem-sucedida no mundo exterior. Porém, como já discutimos, embora você possa ter um sucesso no meio externo, não estará conectado com sua essência interior.

Quando você se vende para alcançar um êxito exterior, não importa o que consiga, nada será suficiente. Se você mudar suas prioridades e começar a conseguir tipos diferentes de amor em sua vida, poderá atingir um equilíbrio. Nunca é tarde demais para alcançar o sucesso pessoal. Tendo você um êxito exterior, interior, ou nenhum dos dois, você acaba conseguindo no plano pessoal. Se seu sucesso é em âmbito mundial, não precisa desistir dele para alcançar um sucesso interior. Tudo que precisa é seguir o primeiro e o segundo passos para o êxito pessoal. Reconheça a importância do sucesso interior para depois conseguir o que precisa. Comece enchendo seus tanques de amor, que você começará a aproveitar sua abundância.

Pedir a ajuda de Deus para atingir o sucesso exterior só faz com que o processo, como um todo, seja mais gratificante e menos estressante. Tal procedimento ainda é uma aventura. Continua sendo desafiador. Depender demais de Deus só irá enfraquecê-lo. Da mesma forma que um pai sábio e carinhoso, o Todo-Poderoso só pode fazer por você aquilo que você não é capaz de fazer por conta própria. Quando as crianças são muito pequenas, os pais fazem mais por elas, e, à medida que vão ficando mais velhas, seus genitores permitem que elas façam mais coisas, para que possam ganhar confiança e independência. Deus ajuda mais quando você faz tudo o que pode. O Senhor sempre nos dá a oportunidade de fazer tudo de que somos capazes. É assim que aumenta nossa segurança, e também cresce nossa fé. Os milagres acontecem na maior parte das vezes quando fazemos, com certeza, tudo o que podemos. Você percebe que acaba recebendo aquilo que pede.

Encontros casuais

Vamos analisar um exemplo recente. Quando foi lançado o jogo de tabuleiro *Homens são de Marte*, fui a Nova York para ajudar na promoção. Durante meses, quis encontrar os cabeças da Mattel para falar de idéias que tivera para promover o jogo. Nada havia dado certo por causa de agendas lotadas de parte a parte.

Durante minha viagem até Nova York, uma das entrevistas acabou sendo adiada. Como fiquei com algum tempo livre, decidi parar na Toy Fair para ver como estava o *display*. Enquanto fiquei lá durante meros vinte minutos, o presidente da Mattel chegou e nos apresentamos. Depois foi a vez do diretor executivo e do vice-presidente. Quando os principais compradores da Toys "Я" Us se aproximaram, eu estava preparado para lhes falar pessoalmente sobre minhas idéias de marketing. Não havia como alguém arranjar todos esses encontros naquele instante. Todos aconteceram por mero acaso. Eu havia estabelecido minhas intenções, e as coisas simplesmente aconteceram.

Minha esposa, Bonnie, chama isso de "Corretivo de Deus". Sempre que acontece um revés ou uma desilusão, ela sabe que as coisas são constantemente ajustadas para que os eventos possam acontecer quando devem. Se minha entrevista publicitária não fosse transferida, o encontro com o pessoal da Mattel não teria acontecido. Este acabou se tornando muito mais importante do que a entrevista cancelada.

Algumas semanas antes disso, durante vários dias, depois da meditação, vislumbrei que teria um grande encontro com os executivos da Mattel. Naquela semana, fiquei decepcionado com o fato de não ter acontecido por causa de problemas de agenda. Sem que eu precisasse ter feito qualquer planejamento adicional, acabou acontecendo.

No mesmo dia desses encontros casuais, eu também havia estabelecido minhas intenções. Queria que toda a publicidade fosse um grande sucesso e motivasse os compradores da Toy Fair a fazer vários pedidos do novo jogo para o Natal. Imaginava que teria um *feedback* de todo mundo, dizendo que eu fizera um grande trabalho.

Naquele dia, meio que por acaso, minhas intenções anteriores, assim como as daquele dia, foram confirmadas além de minhas expectativas. Isso é o que acontece normalmente quando você determina com regularidade quais serão seus planos. Depois de um tempo, você reconhece que há poucos encontros casuais. Em vez disso, o que pode parecer um acaso é resultado direto do estabelecimento das intenções e da liberdade concedida à intuição para guiar uma pessoa até o ponto exato onde quer chegar.

Ao determinar suas intenções, a confiança de um determinado indivíduo aumenta quando as coisas acontecem. O segredo é começar com pouco. Basta fixá-las para coisas que você quer que aconteçam e que acha que devem e podem transcorrer. Use sempre alguns recursos adicionais para abrir a porta a fim de que mais deles possam entrar. Daí, quando tudo começar a acontecer, você perceberá o poder que tem para criar o dia do jeito que deseja.

A crença, a fé e a confiança também crescem quando você vivencia intenções realizadas. Ao estabelecê-las, a cada manhã, pode-se reconhecer que a vida é realmente uma série de pequenos milagres e, ocasionalmente, alguns dos grandes começam a acontecer. As coisas se organizam a tal ponto que você jamais poderia se orquestrar. As pessoas mudam da noite para o dia na maneira que lidam com você. De acordo com outro ponto de vista, todos os milagres têm, de fato, a mesma magnitude. Afinal de contas, eles se devem à graça de Deus. Só o fato de mover o dedo para cima e para baixo é um milagre. O porém é que ele acontece o tempo todo e acabamos nos acostumando com sua trivialidade. Quando você começa a estabelecer suas intenções, e as coisas passam a acontecer, brota uma grande excitação por conta do poder recém-descoberto.

Sinal verde e sinal vermelho

Na medida em que sua experiência aumenta, toda sua atitude em relação a uma determinada situação muda. Uma confiança incrível passa a ser sentida. Em vez de reparar em sinais vermelhos e placas que mandam parar, você começa a apreciar todos os sinais verdes. Em vez de pensar nas pessoas que têm restrições a você, começa a pensar nas que o amam. Em vez de evidenciar o que está faltando, você começa a notar o que está conseguindo. Em vez de alongar-se em seus erros, você pensa sobre a direção que quer tomar. Em vez de se sentir emperrado, você passa a apreciar o movimento e a liberdade que tem no dia-a-dia. Em vez de se revirar e tossir durante a noite, você dorme mais profundamente. Quando há uma abundância de sinais verdes em sua vida, um sinal vermelho ocasional passa a não ser tão importante.

Lembro-me de estar dirigindo ao lado de minha filha Juliet, que naquela época era uma adolescente. Quando fomos parados por um sinal luminoso, ela me perguntou o porquê de os sinais em nossa cidade estarem sempre vermelhos. Então eu disse: "Vamos fazer uma experiência para ver se de fato todos os sinais só ficam vermelhos."

Quando começamos a andar nos arredores da cidade, descobrimos que havia muito mais sinais que indicavam "siga" do que "pare". Simplesmente não notávamos os verdes, pois passávamos por eles rapidamente. Levamos apenas alguns poucos segundos para atravessá-los, mas perdemos muito mais tempo esperando até que um vermelho resolva abrir. Naturalmente, notamos mais os sinais vermelhos, pois enquanto estamos esperando queríamos realmente estar andando.

É mais fácil não perceber os sinais verdes do que evidenciar os vermelhos.

Esse exemplo explica claramente o jeito com que muita gente vê a existência. Elas se perguntam por que há tantos sinais vermelhos. Tanto a vida não parece justa como não se deve esperar muito dela. Com essa experiência, elas perdem a fé de que irão conseguir o que realmente desejam. Ao apreciar calmamente os sinais verdes e agradecer pelo que atrai a cada dia, você fica mais inclinado a confiar em sua capacidade de atrair o que precisa e criar o que quer. Uma atitude de gratidão aumenta sua confiança e sua fé.

Muito mais poderosa do que uma atitude de gratidão total é o reconhecimento de que uma coisa específica que você pediu foi realizada. Para não se esforçar demasiadamente durante sua vida quando você quer mais, basta pedir a Deus. As pessoas que acreditam em si próprias têm esse poder, mas também experimentam uma pressão enorme para sustentá-lo. Se você pedir ajuda a cada dia, diminuem as lágrimas e o desgaste na vida. Quando você faz um pedido, o Senhor fica feliz em ajudar, mas é necessário pedir. Mais uma vez, isso é uma questão de vontade própria. Os anjos no céu esperam por nossos pedidos para se tornarem ativos. Do contrário, eles só ficam esperando uma grande tragédia ou emergência, quando você diz "tudo bem, se é que existe um Deus, será que você poderia me ajudar?".

Os anjos no céu esperam por seu pedido.

Muitas pessoas não pedem ajuda, pois não querem incomodar o Todo-Poderoso. Se você acredita em Deus ou na energia divina que tem poder infinito, perceba então que não há limite. O poder do Senhor é ilimitado e não tem fim. Você não deve pedir demais, mas nunca está incomodando Deus. Ele quer que você faça pedidos. Todos os pais amorosos querem ajudar seus filhos. A diferença entre Deus e nossos genitores é que o primeiro é o Todo-Poderoso e sua capacidade é ilimitada. Não é possível desgastá-lo completamente e achar que o está ofendendo quando pede muito.

Tudo que Deus quer de nós é o convite e o pedido.

Você evita a ajuda de Deus e seu próprio poder interior quando suprime a sua vontade e seu desejo. À medida que cresce sua autoconsciência e sua ligação com o Senhor, a distinção entre a vontade divina e a sua vontade se torna muito tênue. Seu poder aumenta quando o coração está aberto e o amor está fluindo. Em momentos tão especiais, a vontade de Deus se torna a sua vontade, e esta se torna uma ao lado da do Senhor. Quanto mais seus desejos estiverem alinhados com os do Todo-Poderoso, mais as pontas de seus dedos demonstrarão, literalmente, que possuem um poder tremendo.

Ficando a par da sua rejeição

Quando nos sentimos abandonados e pouco apoiados, nossa reação automática muitas vezes é de suprimir nossas verdadeiras

necessidades ou emoções e negar nossas vontades. Quando não mantemos contatos com as crianças, elas começam a se virar para dentro depois de um tempo e param de implorar para conseguirem o que querem. Ficam muito contentes, pacíficas e demonstram que têm muito prazer com a vida. Torna-se muito doloroso sentir a dor de não conseguir o que se quer, por isso elas a abstraem totalmente e ficam em paz.
Quando somos pequenos, não sabemos o que queremos. Tudo de que temos notícia é que estamos sofrendo, pois não conseguimos o que desejamos. Por isso reclamamos. Se temos pais carinhosos que sabem do que precisamos e nos atendem, estamos aptos a identificar nossas verdadeiras necessidades e vontades. Quando não conseguimos o que precisamos, nunca temos uma noção exata do que queremos.

> **A não ser que consigamos primeiro aquilo de que precisamos, não podemos saber do que se trata.**

Um dia, minha filha Lauren, então com seis anos de idade, fazia um verdadeiro rebuliço para chamar a atenção. Sua irmã mais velha, Shannon, disse: "Lauren, pára de encher o saco do papai." A resposta de Lauren foi a seguinte: "Estou tendo um dia difícil, só preciso de alguém para me pôr no colo e me contar uma história." Todos ficamos surpresos com sua capacidade de articulação. Disse a ela que logo resolveria seu problema. Por isso, minha filha foi capaz de esperar pacientemente, pois tinha certeza de que eu havia entendido seu pedido. As crianças normalmente ficam magoadas porque, se você não lhes está dando o que querem, supõem que você não entende suas necessidades. E ficam muito mais tristes quando não sabem do que precisam. Essa noção só pode vir quando alguém recebe repetidamente aquilo de que carece.
Dependendo do apoio que recebemos enquanto estávamos

crescendo, ficamos aptos a sentir e articular nossas verdadeiras necessidades e vontades. Sem um suporte, vamos sentir nossa frustração e acabamos suprimindo ou renegando aquilo de que precisamos. Essa é outra razão que explica por que é tão importante sentir emoções negativas. Se nos dermos permissão para ficarmos magoados com as coisas em geral, começamos a examiná-las com um pouco mais de profundidade e descobrimos o que realmente queremos e do que precisamos.

À medida que começamos a aprender como encher os nossos tanques, ao conseguir o amor de que necessitamos, nossos verdadeiros desejos começam a vir à tona. Nossa tendência de negar o que queremos diminui, e ficamos a par de quando começamos nosso processo de rejeição. Só o fato de notar que estamos começando a negar uma emoção ou vontade é suficiente para trazer à baila aquele sentimento ou desejo para ser processado.

CAPÍTULO 14

Desistindo da resistência

Por que razão, quando não queremos alguma coisa, ela tende a nos perseguir durante toda a vida? Freqüentemente, aquilo a que oferecemos resistência persiste. Ainda assim, a não ser que criemos uma resistência à negatividade, como podemos mudar isso? Essa única crença é o que nos impede na maior parte do tempo de conseguir o que queremos. Achamos que, ao resistirmos ao que não queremos, isso acabará desaparecendo. Bem, o fato é que não desaparecerá. Em muitos casos, é desistindo de nossa resistência que ficamos livres para criar o que desejamos.

Quando não cedemos ao que não desejamos, é como se estivéssemos colocando gasolina numa fogueira. Só damos poder a alguém ou a uma situação quando resistimos de fato a ele ou ela. Quando resistimos ao que não queremos, estamos dando a isso toda nossa atenção, e estamos agindo baseados na crença de que não podemos obter o que desejamos por causa dessa situação ou circunstância que nos é externa.

Vejamos alguns exemplos. No trabalho, as pessoas às quais mais resistimos são de algum modo aquelas com as quais somos forçadas a lidar regularmente. Quando resistimos aos sentimentos de nossos filhos, eles parecem ficar mais fortes. Quando resistimos à vontade de comer sobremesa, só queremos devorá-la ainda mais. Quando resistimos a pagar contas, elas parecem que estão nos soterrando. Quando resistimos ao trânsito, continuamos a pegar a via mais lenta. De algum jeito misterioso, na maior parte do tempo, aquilo a que resistimos simplesmente ganha mais poder. Por meio da resistência, renegamos nosso poder interior de atrair e criar aquilo que queremos. Evidenciar ativamente aquilo que não desejamos enfraquece nosso poder para consegui-lo. É difícil termos confiança de que podemos tornar nossos sonhos realidade quando nos concentramos no que não estamos conseguindo. É difícil experimentar nosso estado de felicidade, amor e paz interiores quando, para encontrá-lo, estamos dando ênfase ao que está aparente.

Não é que se devam ignorar as coisas que não se quer. Mas, em vez de resistir a elas, use-as assim como as emoções negativas que elas evocam para apoiá-lo no sentir e no evidenciar aquilo que deseja. O poder que temos para criar nosso futuro está todo em nossa atitude e na maneira com que encaramos as coisas. Em vez de resistir, sinta e libere suas emoções negativas e depois se concentre naquilo que deseja.

Resistir reforça a crença de que não podemos obter o que desejamos. Automaticamente, começamos a juntar evidências de que somos impotentes e nos desconectamos de nosso potencial criativo. Aquilo em que acreditamos é o que criamos. Nosso pensamento é muito mais poderoso do que a maior parte das pessoas pode perceber. Noventa por cento do que se faz na vida é provocado pela mente, enquanto dez por cento é resultado da ação.

Se você acredita que pode ter mais e não consegue, verá que, ao examinar mais profundamente seus sentimentos, ainda há partes de seu eu que não acreditam. Ao continuar a sentir suas vontades nas horas de desespero, você fortalecerá sua crença e sua paixão. Quando uma pessoa acredita, os desafios a tornam mais forte e aumentam essa crença.

Aquilo em que acreditamos é o que criamos.

Quando a desesperança começa a vencer a nossa confiança interior, passamos a resistir desnecessariamente ao mundo. Em vez de nos mantermos abertos para o que temos e trabalharmos para alcançar nossos objetivos, gastamos toda nossa força para resistir ao que possuímos. Quando resistimos a uma pessoa ou situação, orientamos mal nosso desejo.

Em vez de desejarmos paz e orientação, queremos logo que alguém saia. Em vez de querer completar um projeto, gastamos uma energia enorme para demonstrar que não queremos realizá-lo. Em vez de querer fazer as pazes num relacionamento, desperdiçamos munição quando alimentamos a esperança de que nossos parceiros venham a parar com um determinado comportamento. Evidenciamos aquilo que não queremos e desviamos todos nossos pensamentos para os momentos em que não alcançamos aquilo que desejávamos. Em vez disso, precisamos nos concentrar mais naquilo que queremos e lembrar todos os momentos em que o conseguimos.

Resistimos ao comportamento de nossos companheiros quanto sentimos que eles nunca nos amaram. Em vez de direcionar nossa energia para o desejo de que eles sejam felizes e que mostrem algum interesse por nós, esperamos que nos maltratem e nos decepcionem novamente. De várias maneiras, quando estamos resistindo a uma situação, em lugar de conseguirmos o que realmente queremos, gastamos equivocadamente nossa energia e continuamos a receber aquilo a que resistimos. As coisas às quais oferecemos resistência persistem. Você evidencia aquilo que recebe que, pelo fato de merecer toda sua atenção na vida, simplesmente aumenta. Quando você atende alguém com emoções negativas fortes, acabará atraindo aquilo a que resiste.

Aquilo em que uma pessoa deposita toda sua atenção na vida simplesmente aumenta.

Quando você resiste a alguma coisa, continua a criá-la, pois está acreditando que ela jamais irá desaparecer. O lugar de onde uma pessoa vem quando resiste é a desesperança. Esta emerge quando um indivíduo acredita que não pode obter o que deseja.

Quando você resiste, está reforçando a crença de que não pode obter o que deseja.

Imagine que você soubesse que iria receber um cheque de US$ 1 milhão via serviço postal. Se, depois disso, recebesse um monte de contas pelo correio, você não resistiria a pagá-las. Jamais poderia temer a obrigação de preencher tantos cheques. Não desejaria que elas desaparecessem. Em vez disso, as aceitaria pacificamente e seguiria pagando-as ou adiando os prazos de pagamento. Você não resiste porque sente confiança de que tem o suficiente.

Imagine que seu parceiro estivesse doente, mas que você tivesse certeza de que ele iria se recuperar logo. Nesse caso, você não se importaria de assumir a responsabilidade e tomar conta dele, não levaria para o plano pessoal o fato de que está sendo ignorado, não resiste à doença e nem se sente muito sobrecarregado. Sua resistência se vai, pois está certo de que vai conseguir mais tarde o que precisa e deseja. Sua crença confiante do que está por vir o livra de ser pego no ponto de resistência. Com isso em mente, fica claro que, para conseguir fazer sucesso, precisamos abandonar a resistência.

Alcançar o sucesso exterior é como o rolar de uma bola de neve montanha abaixo. À medida que desce, ela fica cada vez maior. Da mesma forma, na medida em que você tem algum sucesso, acaba acreditando e conseguindo mais. Quando isso acontece, seu êxito conseqüentemente acaba aumentando. Sua confiança também cresce, e você fica mais excitado e entusiasmado; além de começar a brilhar com uma energia e uma crença positivas.

Uma vez que as pessoas já estão no embalo, elas continuam prosseguindo normalmente durante um tempo. Nada traz sucesso como o próprio sucesso. Ao entender isso, pode-se avaliar por que é tão importante estabelecer suas intenções a cada dia. Quando faz seu pedido, e as coisas acontecem, você fica alvoroçado na medida em que compreende seu poder interior para atrair resultados na vida. Se, no entanto, uma determinada pessoa não estiver aberta para apreciar os pequenos milagres, jamais poderá atrair os grandes. Em vez disso, ela será flagrada resistindo às coisas que não quer que aconteçam.

Nada traz sucesso como o sucesso.

Para vivenciar o sucesso pessoal, temos de sentir e agir sobre nossos verdadeiros desejos. Ainda assim, muitos deles, ao longo do dia, vêm da resistência ou do "não querer". Essas não são nossas verdadeiras vontades; no sentido de que são falsas. Em vez de atrair o que você realmente quer, um desejo falso desperdiça energia e reforça a crença de que somos impotentes para conseguir aquilo por que realmente ansiamos.

Concentrar-se no que não se quer apenas reforça a crença de que você não pode obter o que deseja.

Suponhamos que você esteja num engarrafamento. Se tiver pressa, pode querer que os carros se movam, mas de fato não quer ficar preso no trânsito. Ao resistir a ele, você está dirigindo sua atenção àquilo que não quer, e isso só atrai mais oportunidades para se resistir. Como resultado, acabará intuitivamente pegando a faixa mais lenta para dirigir, ao invés da mais rápida. Se você, de fato, não escolher a pior, pelo menos vai achar que o fez.

> **Quando estamos ansiosos num supermercado, tendemos a pegar a fila mais lenta.**

Quando está dirigindo no trânsito, e se estiver longe do centro, você escolherá inconsciente e "intuitivamente" a pista mais lenta ou a que estiver bloqueada por causa de um acidente. Será inevitável que, quando estivermos resistindo, atraiamos mais oportunidades para resistirmos. Quando dirigimos nossa atenção para não querer esperar acabamos esperando mais.

Por que o passado se repete

Esse é outro motivo que explica por que é importante sarar as feridas de nosso passado. Quando saímos machucados de uma transação comercial ou de um relacionamento, abordamos a vida a partir da perspectiva de que não podemos nos afligir novamente. Nossa resistência a nos ferirmos de fato atrai oportunidades para sermos novamente feridos. Por outro lado, quando ainda não nos machucamos, não pensamos muito nisso. Em vez disso, nos concentramos naturalmente no que queremos, e isso passa a ser, então, o que atraímos para nossa vida.

> **Quando não queremos nos machucar, atraímos as oportunidades para que isso aconteça novamente.**

Uma vez que algo ruim acontece conosco, é muito difícil não resistir a isso. Uma vez que aconteceu, queremos claramente evitar. Ainda assim, quando evidenciamos o que aconteceu, e não queremos que aconteça novamente, começamos, de uma certa forma, a atrair isso de volta para nossas vidas. Quanto mais cicatrizamos as feridas do passado, menos somos afetados pelos fantasmas que vêm do tempo transcorrido. A não ser que consigamos nos livrar da dor associada a um evento anterior, tendemos a nos prender a um padrão negativo de repetir certos aspectos deste evento.

Por exemplo, se passionalmente não quisermos ficar sozinhos, é isso que conseguimos. Se não desejarmos realmente ser rejeitados e ignorados, é isso que acontece. Se odiarmos a possibilidade de falhar ou perder em alguma situação, é isso que rola. Se tivermos medo de ir para um emprego infeliz, então ele continuará a ser uma fonte de dor. Se não agüentarmos trabalhar com uma determinada pessoa, então acabaremos ficando presos a ela.

Quanto mais passionalmente não quisermos alguma coisa, mais iremos atraí-la.

Ao aprendermos a curar a dor do passado, podemos deixá-la se esvair para que não fiquemos, secretamente, na esperança de que ela não venha a acontecer novamente. Quando a dor está curada, o medo e a crença de que ela volte desaparecem. Nesse ponto, estamos mais livres para nos concentrarmos naquilo que queremos. Nossos desejos positivos aumentam em força, na medida em que estamos aptos a abandonar feridas do passado.

Se você resistir a olhar para o que transcorreu ao longo de sua vida, então isso continuará a visitá-lo mais e mais. Se resistir a olhar para seus sentimentos, então acaba sendo automaticamente atraído para situações que irão evocá-los. Além de interferir na atração daquilo que realmente quer, a resistência suga sua energia. É como se você fizesse um furo em seus tanques de amor para que eles jamais pudessem ficar cheios. Seu poder está sempre vindo a público em vez de ser usado construtiva e conscientemente.

Como numa experiência, repare em todos os pensamentos negativos e nas crenças que, durante um dia, você de fato coloca nas palavras. É incrível ver como somos indisciplinados quando levamos em conta a quantidade de resistência que sentimos ao longo de um dia. E a maneira que usamos para mostrá-la é apenas a ponta do iceberg.

Nossos comentários negativos refletem, por dentro, um mundo de resistência. Embora nosso verdadeiro desafio seja o de curar aqueles sentimentos e crenças interiores, comece certificando-se do que diz e seja cuidadoso com suas palavras. Na medida em que ganha mais confiança na criação de sua vida, você começará a perceber que aquilo que diz *é* o que acontece. O poder de suas palavras é enorme, especialmente quando expressa um desejo verdadeiro.

O jogo da resistência

O jogo da resistência pode ser divertido. Às vezes, eu e minha filha de 12 anos, Lauren, o praticamos. Num dia desses, fomos fazer compras juntos e simplesmente ficamos prestando atenção em todas as expressões negativas que saíam de nossas bocas. Depois disso, tentamos expressar os pensamentos de forma diferente. Fizemos com que esse jogo se tornasse praticável para que não resistíssemos seriamente à nossa resistência. Aqui vão exemplos de alguns dos nossos comentários.

Eu disse que "provavelmente não há boas vagas, por isso vamos estacionar aqui". Mas poderia ter dito o seguinte: "Vamos ver se há alguma vaga boa?" Depois disso fomos até onde realmente queríamos estacionar e encontramos uma vaga.

Ela disse: "Espero que não precisemos esperar muito; tenho muito trabalho de casa." Depois ela mudou as palavras e disse a mesma coisa de outra maneira. "Espero que tudo role tranqüilamente, e que possamos entrar e sair logo. Quero ter bastante tempo para fazer meu dever de casa."

Quando estava perto da hora de sair da loja, eu disse: "Sua

mãe não vai gostar se chegarmos tarde." Acabamos reformulando essa frase da seguinte maneira: "Se chegarmos em casa cedo, sua mãe vai ficar muito feliz."

No carro, indo para casa, eu disse à minha filha: "Não se esqueça de trazer a sacola de compras", que alteramos para "Vamos nos certificar de que compramos tudo de que precisávamos."

Parando de resistir ao seu parceiro

Esses mesmos princípios se aplicam de fato aos relacionamentos. Em vez de se concentrar naquilo que você não quer que seu parceiro faça ou em como não quer que seu parceiro se sinta, comece a dirigir sua atenção para os comportamentos e reações que gostaria de ver. Em vez de resistir ao astral negativo do parceiro, evidencie a vontade que tem de que ele note a grande pessoa que você é. Lembre-se de uma época em que seu companheiro lhe era grato. Sinta por dentro "quero que meu parceiro me ame e ache que sou demais". Em vez de pensar que "meu cônjuge nunca mais me ajudou", lembre-se dos momentos em que ele lhe prestava auxílio temporariamente, como isso fazia com que você se sentisse, e depois estabeleça a intenção de sentir-se desse jeito para depois pensar o seguinte: "Quero que meu parceiro se ofereça para me ajudar." Dessa maneira, ao mudar sua atitude, noventa por cento do problema estará resolvido. Ao estabelecer uma intenção positiva, você está despertando a crença interior de que pode obter o que deseja. Quando se acredita nisso, as coisas começam a acontecer.

Pedir o que se quer de uma maneira positiva faz com que isso aconteça.

Em termos de comunicação, pratique o fazer declarações e solicitações positivas em vez de reclamar, criticar ou exigir. Tente evitar expressões como "não faça isso", "você não fez", "você devia", "você nunca", "você sempre", "por que você não fez", "por que você não faz". Divirta-se tentando reformular suas expressões de uma maneira mais positiva ou como um pedido direto.

Em vez de dizer "nós nunca mais saímos", diga "vamos fazer algo especial nesse fim de semana".

Em vez de dizer "você se esqueceu mais uma vez de jogar o lixo fora", diga o seguinte: "Você podia jogar o lixo fora na próxima oportunidade. Ele estava muito cheio e eu resolvi esvaziá-lo."

O segredo de pedir mais é fazer isso sem transmitir uma mensagem de culpa, vergonha ou reprovação. Dará mais certo se você usar um tom de voz mais suave, como se estivesse simplesmente pedindo para o seu companheiro passar a manteiga. Não há necessidade de exigir ou duvidar de que ele venha a escutá-la.

Se você está se comunicando tendo como pressuposto que seu parceiro nada vai ouvir, então ele nada vai ouvir.

Se você resistir a certos comportamentos ou atitudes, peça rapidamente, num momento de pensamento positivo, aquilo que quer em termos amigáveis e persista pacientemente. Continue a perguntar de novo ocasionalmente, mas a cada instante pergunte novamente como se fosse a primeira vez. Depois de alguns pedidos, seu companheiro ficará a par de que não está lhe dando aquilo que você quer e lhe agradecerá bastante por não fazê-lo passar por momentos difíceis. Essa gratidão livrará seu parceiro da resistência e o motivará a fazer mais por você. Essa mesma abordagem se aplica a qualquer tipo de relacionamento, seja no escritório, no colégio ou em casa.

O poder da memória

Da mesma forma que as experiências negativas aumentam a resistência em nossas vidas, lembrar das positivas aumentará nossa confiança. Quando eu quero que algo realmente aconteça, lembro-me de outros momentos bem-sucedidos. Quando comecei a escrever esse livro e tinha de cumprir uma agenda, disponibilizei algum tempo para me lembrar de todas as ocasiões nas quais tive que cumprir um prazo de entrega. Lembro-me da satisfação de realizar meu trabalho e fazê-lo bem. Recordo-me do apreço e dos comentários positivos que vinham de todo mundo. Isso acabou fortalecendo a minha crença de que eu poderia fazer tudo novamente. E o fiz!

Se você de fato não se lembrar das observações positivas, seus medos e dúvidas vão começar a aparecer. Muito embora este seja meu décimo livro, sempre experimento um certo medo quando começo um novo projeto. Começo a resistir ao processo de escrever. Uma parte de mim teme que meus melhores anos tenham se desvanecido. Temo que este projeto não será tão bom quanto os outros. Tenho medo de que, desta vez, nada venha a acontecer. Esses temores são muito reais e poderiam me deter se eu não soubesse como processá-los.

Todo escritor tem de encará-los, seja bem-sucedido ou não, no começo ou num determinado momento do processo. No momento da criação, você precisa estar com a mente vazia, sem saber se pode ou como vai realizá-la. E, então, tudo começa. A cada vez que isso acontece, fico espantado. Trata-se, claramente, de um dom, mas ele também foi forjado por anos de prática, persistência, frustração, decepção, angústia e ansiedade. Depois de cada sucesso, a confiança aumenta e o dom ou poder de criar aumenta. Com certeza eu não poderia fazer tudo por conta própria. Faço o melhor que posso e deixo o resto para você.

Quando você faz o melhor que pode, Deus faz o resto.

Lembrar com calma de sua experiência positiva é essencial para estabelecer a confiança e a crença. É a mesma coisa que notar os sinais verdes e não apenas os vermelhos. Se você só notar os sinais vermelhos, acabará resistindo ao fluxo da vida. Caso venha a lembrar-se dos milhares de sinais verdes que se acenderam em sua vida, sua confiança aumentará.

Se você não tem muitos sinais verdes, poderá criá-los curando seu passado. Ao ligar sentimentos negativos do presente às situações passadas, uma pessoa pode reviver seu legado e enriquecê-lo com sua perspectiva mais madura e amorosa. Quando você era pequeno, dependia de seus pais para conhecer a verdade. Já adulto, pode voltar atrás para vivenciar as emoções dos tempos de criança e fazer correções.

Quando você se sentia como um rebento abandonado, não sabia que num belo dia teria forças para obter o amor de que precisa. Com essa acepção na infância, pode ter formado crenças como "nunca serei amado", "não posso obter o amor de que preciso", "algo deve estar errado comigo", e assim por diante.

Quando somos pequenos, ainda não desenvolvemos totalmente um cérebro capaz de processar pensamentos razoáveis. Nessa fase frágil, estabelecemos crenças que eram incorretas, mas ainda assim elas continuaram a moldar nossas vidas. Embora não possamos mudar o passado, temos como mudar as crenças que estabelecemos. Podemos reavaliar o que aconteceu e como nos sentimos. Nossas crenças limitadas e incorretas podem ser corrigidas ao se voltar atrás, revisitar o passado e usar as técnicas de processamento que foram descritas no capítulo 11.

Aprendendo a amar a si próprio

Quando sentimos uma dor emocional, estamos de alguma forma experimentando uma crença negativa e imprecisa. A dor sempre é causada por se acreditar no que não é verdadeiro. Quando sentimos dor, a mente acredita em algo, e a alma está dizendo que não é verdade. Para mudar essa crença, temos de voltar a sentir a dor. Se a fonte é a crença de que nunca seremos amados, então à medida que a mente madura se conecta novamente, ela começa a corrigir a si própria. Quando éramos crianças, não sabíamos que um dia teríamos o poder para obter o amor de que necessitávamos.

> **Quando sentimos dor, a mente acredita em algo, e a alma está dizendo que não é verdade.**

Se nos sentimos desagradáveis em certos momentos e começamos a acreditar que éramos antipáticos, quando voltamos atrás e sentimos a dor, ela começa automaticamente a desaparecer. Na infância, não sabíamos que havíamos sido tão bonitos e preciosos. Quando nos ignoravam, abandonavam ou maltratavam de algum jeito, não chegávamos a perceber como éramos verdadeiramente especiais. Perdemos uma chance de nos conectarmos com nossas verdadeiras essências. Mesmo hoje em dia, em minha própria vida, às vezes esqueço da pessoa maravilhosa que sou. Felizmente, quando os sentimentos de dúvida e indignidade vêm à tona, sei como processá-los. Em poucos minutos eles se vão.

Simplesmente ligo o que estou sentindo com alguma coisa que aconteceu quando eu tinha sete anos de idade. Dou a mim mesmo a permissão para me sentir como um garotinho de sete anos que achava que jamais iria encontrar o caminho para casa e que sua família o havia esquecido. Durante alguns minutos, imagino que estou lá, sentindo os medos que tinha naquela época. Depois me dou um abraço e lembro àquele garoto que ele é amado, nunca foi esquecido e que nada está errado.

Fico tranqüilo por saber que logo serei amado. Depois de alguns poucos minutos de conexão àquela pequena parte de mim que foi ferida durante o crescimento, volto a me sentir como se merecesse ser amado por todos e, se as pessoas não me amam, quem perde, com certeza, são elas. Ao encontrar alguns pontos sensíveis do passado, você sempre pode voltar àqueles tempos para encher os quatro primeiros tanques de amor. Para continuar atraindo mais coisas em nossas vidas, temos de continuar a experimentar novos níveis de amor-próprio e confiança. Não há fim para o processo de se criar mais e mais.

CAPÍTULO 15

Honrando todos seus desejos

Reconhecer e honrar todos os desejos é a base para encontrar o verdadeiro eu. Embora o desejo de sua alma seja a base do sucesso pessoal, você também deve honrar todas suas verdadeiras vontades. Há muitos tipos de desejos: o da alma, o da sua mente, o do coração e o do corpo. Quando você não está experimentando o sucesso interior, não está em contato com o desejo de sua alma. Quando não está gozando de sucesso exterior, não está conectado com o desejo de sua mente. Quando não está atraindo o que precisa, não está realizando o desejo de seu coração. Quando não demonstra ter saúde e vibração em seu corpo, não está saciando os desejos que ele tem.

Manter contato com suas vontades e honrar todas elas lhe proporciona uma direção clara na vida e garante o sucesso pessoal. Honrar um desejo não significa que tenha de agir sobre ele. Quando você ouve e honra todos os desejos, eles começam a ficar mais harmoniosos. Quando um desejo que é sentido num nível qualquer está em harmonia com os outros níveis, trata-se então de um desejo verdadeiro.

Quando um desejo, num nível qualquer, está em harmonia com os demais níveis, trata-se então de um desejo verdadeiro.

Há muitas maneiras que usamos para nos desconectar, sem saber, de nossos verdadeiros desejos. Como temos tipos diferentes de desejos, às vezes eles também entram em conflito. A mente quer coisas que a tornem mais poderosa, enquanto a alma quer que sejamos amorosos e felizes. Quando não podemos enxergar toda a situação, a mente pode querer dinheiro imediatamente e não se importar se vai ser feliz ou amorosa no processo. Essa tendência de suprimir o desejo da alma de ser feliz e amorosa cria um conflito interior.

Nesse exemplo, a mente ganhou a batalha que travou com a alma. Falando em termos gerais, nos círculos materialistas ocidentais, a mente domina a alma e ganha a batalha. A mente diz "hoje não me importo se vou ficar alegre ou amorosa. Prefiro ter dinheiro para depois ser feliz".

De acordo com as tradições orientais, a alma tende a vencer o embate. A mente quer ficar satisfeita, rende-se à sabedoria da alma, para depois acreditar que a felicidade só pode vir de dentro. A mente honra o desejo da alma, mas suprime seus próprios desejos passionais por sucesso exterior. O desejo da alma de ser feliz e amorosa é realizado, mas a mente não alcança o que quer no mundo exterior.

As boas notícias são de não haver mais a necessidade de se travar uma batalha. De acordo com o que já examinamos, somos agora mais capazes de ter os pensamentos abstratos necessários para dar o chamado salto e saber quando algo não é necessariamente melhor ou pior, muito embora seja diferente. Do mesmo modo, um tipo de desejo não é melhor do que o outro. Os desejos da alma não são melhores que os da mente, do coração ou do corpo. São diferentes, mas todos podem coexistir e trabalhar juntos.

Podemos vencer a batalha honrando cada um dos quatro níveis de desejo: corpo, coração, mente e alma. Quando estamos em contato com todos nossos desejos, temos a oportunidade de sentir o verdadeiro. Há 12 maneiras de interferir no processo de ouvir todos os desejos para sentir um que seja real. Ficando a par dessas tendências, podemos começar a reconhecer a diferença entre o que podemos saber, pensar, sentir ou perceber que queremos, e aquilo que de fato desejamos.

Um desejo verdadeiro está sempre em harmonia com cada um dos quatro níveis: corpo, coração, mente e alma.

Há, em geral, 12 maneiras de nos desconectarmos do sentir das nossas verdadeiras vontades: a vingança, a fixação, a dúvida, a racionalização, a provocação, a submissão, a desculpa, a justificação, a rejeição, a retenção, a reação e o sacrifício. Vamos explorar cada uma delas nos mínimos detalhes.

1. Fico louco mas não me vingo

Se você está irritado e não sabe como descarregar a raiva, uma das maneiras que tende a usar para afastar sua ira é se vingar. Quando queremos ferir alguém ou fazer tal pessoa sofrer, não estamos em harmonia com o desejo que nossa alma tem de ser amorosa. Quando uma parte de nós quer ser amável e a outra quer ferir um semelhante, nosso poder fica neutralizado.

O velho provérbio que diz "não fique louco, vingue-se" com certeza o afasta da vontade de sua alma. Como você tem muita paixão e sentimentos fortes, pode se sair bem na empreitada, mas não vai ficar feliz com o resultado. Acabará simplesmente gastando tempo e energia, que poderiam estar sendo dirigidos àquilo que realmente quer.

Seu tempo, energia e atenção são limitados. Se o que você realmente quer na vida é ser amoroso e feliz, vingar-se é um desperdício total de tempo e energia. Mesmo que nutra esperanças de que algo ruim venha a acontecer com alguém que o feriu, perturbou, ou traiu, de algum modo sua força vai arrefecer. Sempre que você é pego culpando os outros, acaba sendo desviado da crença de que pode ter o que quer.

Em vez de acreditar em si mesmo e em Deus, você perde direito a seu poder interior. E começa a acreditar no seguinte: "Não posso ser feliz, devido ao que aquela pessoa fez. Não posso obter o que quero, devido ao que aquela pessoa fez. Não posso ser amoroso até que aquela pessoa mude, se vá, ou sofra do mesmo jeito que eu." Mesmo quando você consegue se vingar, a satisfação dura pouco tempo. A vingança traz alívio, mas não cura nada. Uma pessoa pode até se sentir saciada, mas terá sempre de justificar sua vingança, acreditando que por causa de um outro alguém não pode obter o que deseja. Quando ela busca se vingar, não está apenas negando o desejo de que sua alma seja amorosa, como também o poder de criar o que quer.

Ao aprender a liberar a culpa com perdão, você ficará livre dessa tendência de gastar sua energia e seu poder tentando se vingar. Enquanto se agarrar à vontade de punir, vingar-se, ou ensinar uma lição para um determinado indivíduo, só estará lhe dando um espaço gratuito em seu cérebro. A energia que possui para tornar seus sonhos realidade é desperdiçada com gente assim. Quando você deixa a vingança para lá, acaba reabsorvendo o poder para ficar feliz e satisfeito por dentro, sem depender do que está por fora.

2. Desista de fixações e continue a desejar

Freqüentemente, quando perdemos algo ou alguém, sentimos uma série de emoções tão negativas quanto a tristeza, o medo, a dor e a frustração. Senti-las tem um poder curativo e é parte necessária do abandono de alguma coisa. Se você não sabe como processar e se livrar dos sentimentos negativos, curando o coração, continuará a desejar o que não pode mais ter. Quando nossos corações não estão sarados, nos agarramos ao que não está mais à disposição. Quando nos apegamos a nosso passado, afastamos sem saber nosso futuro glorioso. Ultimamente não há nada errado com a fixação. A tendência de se agarrar a algo é considerada linda. Pode até ser uma expressão pura de amor. Quando amamos alguém, queremos nos prender. O segredo por trás da continuação do amor está em abandonar alguns conceitos nos momentos de mudança. Quando ela chega, temos de estar dispostos a deixar rolar.

Agarrar-se a alguma coisa se torna uma doença quando nos recusamos a deixar para lá o que não está mais a nosso alcance. Quando aprendemos a nos libertar, aceitar e confiar nas mudanças, podemos ver claramente que cada uma delas, não importa quão trágica seja, sempre abre a porta para algo mais.

Cada mudança, não importa quão trágica seja, sempre abre a porta para algo mais.

Quando sofremos uma perda ou um revés na vida, a causa do sofrimento é a fixação. Para nos livrarmos desta, precisamos encontrar novamente amor em nossos corações. Acreditamos equivocadamente que precisamos de alguém específico ou de algo em especial, quando o que realmente queremos é o que aquela coisa ou pessoa nos trouxe. Uma pessoa especial pode ter esse status, mas ela de fato só nos supriu de amor, e isso pode ser encontrado em qualquer parte. Ao deixarmos as coisas rolarem, abrimos caminho para algo novo em nossas vidas. A mudança só é dolorosa quando não conseguimos desistir de nada.

A única tragédia verdadeira e duradoura relacionada a uma perda ou revés ocorre quando não abrimos nosso coração para encontrar novamente o amor.

Para desistir, é bom entender, a princípio, por que você se fixa. Quando estamos acostumados a obter amor e apoio de alguém, e perdemos o acesso a esse apoio, nos desconectamos de nossas essências interiores. Para nos sentirmos amorosos, achamos que precisamos dessa pessoa e ainda não percebemos que realmente precisamos do amor e do suporte que ela nos forneceu. O apoio para que possamos nos conectar novamente conosco pode ser encontrado em outro lugar. Ninguém jamais poderia substituir tal pessoa, mas há sempre outras maneiras de encher nossos tanques de amor. Até estarmos aptos a enchê-los novamente, vamos sofrer temporariamente com nossa vacuidade.

Também podemos ficar fixados a nosso desejo por mais. Quando estamos atados ao querer mais, nós "temos de ter" algo para sermos felizes. Acreditar que "temos de ter" algo nega a verdade de que já somos felizes por dentro. Achamos que mais dinheiro e uma televisão nova com tela grande vão fazer com que fiquemos mais alegres. Como achamos que ter uma TV vai nos deixar assim, nos fixamos à idéia de tê-la. Acreditamos temporariamente que precisamos possuí-la para ser feliz. Esse tipo de fixação apegada vem à tona quando ainda não aprendemos como fazer para nos conectarmos com nossas verdadeiras essências, ao recebermos o amor de que precisamos.

Quando você tenta desistir mentalmente da fixação, acaba correndo um sério risco de negar seu desejo e sua paixão interior. Parar de sonhar significa que não se pode conseguir o poder para tornar os sonhos realidade. Deve-se sentir a paixão interior. Para desistir de uma fixação, algumas pessoas cometem o erro de desistir de suas vontades. Elas dizem "eu não devia estar tão ligado" e se livram de sua fixação ao suprimir ou negar a importância de seus desejos reais. Ao desistir de uma fixação temos de tomar cuidado para não minimizar ou suprimir nossos desejos.

Na medida em que aprender a encher o primeiro tanque de amor por meio de orações e meditação, você experimentará uma elevação de espírito. Quando uma pessoa pode sentir diretamente o gosto da felicidade que achava que apenas uma nova TV poderia trazer, é sinal de que não está mais fixada. Ela ainda pode querer a TV, mas não porque tem de possuí-la para ser feliz. Ela a quer, mas não está fixada nessa idéia. Esse tipo de desejo descomprometido também é passional e detém bastante poder.

3. Duvide de suas dúvidas

Para acessar seu poder criativo de resolver problemas e criar o que quer é necessário partir da incerteza. Para atrair mais conhecimento e discernimento, você precisa, a princípio, sentir um certo grau de desconhecimento e incerteza. Há uma grande diferença entre a dúvida, que significa não acreditar, e simplesmente o não saber. De um ponto onde nada se sabe, ainda se pode acreditar que algo é possível.

Quando está com medo, você pode dizer o seguinte: "Eu realmente não sei. Talvez possa acontecer ou não. Mas, definitivamente, pode acontecer." Ao trocar a dúvida pela incerteza, fica-se novamente livre para acreditar nas possibilidades positivas que existem por aí. Quando se está entrevado na descrença, quando de fato se está apenas incerto, deve-se duvidar das dúvidas e olhar para o que pode acontecer.

**Ao trocar a dúvida pela incerteza,
você está livre para começar a acreditar
novamente nas possibilidades que existem.**

Ao vivenciar a incerteza sem dúvida, você se abre para a sua essência mais criativa. Se já sabe alguma coisa, não está aberto para mais. Mas quando há uma questão, a resposta virá. Quando existe uma necessidade, a solução está sempre por perto. O desafio que traz mais incerteza é continuar a fazer perguntas em busca de respostas. Uma de minhas orações favoritas é a que diz "mostre-me o caminho". Sempre peço quando não sei o que fazer em seguida. O conhecimento acaba vindo, e consigo o que quero. Sempre que sinto uma ansiedade, posso liberá-la lembrando a mim mesmo que comecei a duvidar, em vez de aceitar que simplesmente não sei. Aprendi a reconhecer que a incerteza sempre precede a obtenção de uma nova resposta, uma percepção mais clara, ou algo maravilhoso.

Para deixar a ansiedade ir embora, sigo esse simples procedimento. Pergunto a mim mesmo do que tenho medo. E depois me faço o seguinte questionamento: "Será que eu tenho certeza de que essas coisas vão acontecer?" Isso me livra de ver que, quando estou incerto, também não tenho a menor certeza de que algo ruim vá acontecer. Grande parte da ansiedade está em acreditarmos em nosso medo em vez de nos lembrarmos de que realmente nada sabemos. Ao abrir sua mente para todas as possibilidades, você pode começar a alimentar seu senso de direção interior e sentir confiança novamente.

Quando você está incerto, então não tem certeza de que coisas ruins irão acontecer.

Quando duvidamos de que algo que queremos seja possível, paramos automaticamente de desejar. A dúvida mata a paixão e interrompe o fluxo de sentimento. Uma maneira fácil de liberar a dúvida é reconhecer que simplesmente não estamos certos, mas abertos para todas as possibilidades.

Às vezes, quando realizo uma cura por meio do posicionamento das mãos, não sinto uma corrente forte de energia fluindo para dentro de uma determinada pessoa. A energia de cura natural fica bloqueada porque uma parte dessa pessoa carece de fé e está cheia de dúvidas. Quando eu lhe peço para expressar em voz alta o que quer, a energia começa imediatamente a fluir. Quando as pessoas dizem e sentem o que desejam, estão se conectando automaticamente com uma parte delas que sabe ou acredita que pode ter o que necessita. Abandonar a dúvida permite que você se concentre no que quer em vez de gastar a força que tem resistindo ao que não deseja.

4. Reconheça suas racionalizações

Outra maneira de bloquearmos o sentimento de nossas verdadeiras vontades é pensar com distanciamento sobre o nosso verdadeiro desejo. Mesmo quando nosso coração diz que não queremos fazer algo, a mente domina explicando por que tal coisa deve ser feita. Podemos dizer "esse é o meu trabalho", ou "estas foram as minhas ordens". Quando perguntaram aos criminosos nazistas de guerra como eles podiam tratar seus prisioneiros de forma tão desumana, sua resposta foi: "Eu só estava cumprindo ordens." Embora as pessoas comuns não sejam assassinas impiedosas, há quem faça coisas sem pensar e que vão de encontro ao que se pensa, pela racionalização de seus sentimentos.

Outro exemplo de racionalização ocorre quando não acreditamos que podemos fazer algo ou achamos que isso não nos é possível. Em vez de continuar a querer o que ansiamos, racionalizamos nosso desejo. Se eu ficar decepcionado por não ter atingido uma meta, posso começar a me desviar desse sentimento. Devo dizer coisas a mim mesmo como "não fique magoado", "você não pode ganhar todas", "simplesmente não é seu negócio", "suas metas estavam fora da realidade", "ainda não é possível", ou "não é a hora certa".

Conversar interiormente ajuda bastante, contanto que tenhamos a princípio uma chance de sentir e liberar nossas emoções. Concluímos equivocadamente que, para nos livrarmos das emoções negativas, temos de nos afastar delas. No fim das contas, isso não funciona. Pode tanto aumentá-las quanto suprimi-las, junto com nossa habilidade de sentir o que desejamos. Muitas pessoas, depois de anos de sentimentos abafados, não sabem o que querem. De uma maneira muito verdadeira, elas são impotentes para realizar suas necessidades e desejos.

Em muitos casos, basta um tempo adequado para ficar a par e depois sentir as emoções negativas para liberá-las. Todas as crianças pequenas têm essa capacidade. Elas vão retornar automaticamente aos sentimentos positivos se tiverem condições de senti-los livremente e repartir os negativos com um ouvinte carinhoso e compreensivo.

Por sermos adultos, não somos tão dependentes dos outros para liberar nossas emoções negativas. Depois dos 21 anos, podemos começar a exercitar nosso potencial de ouvir a nós mesmos com amor e compreensão. Isso é bom, visto que os adultos geralmente não querem ouvir falar de sentimentos negativos. Enquanto pessoas maduras, se reservarmos algum tempo para discernir nossos pensamentos, sentimentos e desejos, poderemos perceber o que se passa conosco. Se aprendermos a ouvir sem julgamento e resistência, as emoções negativas vão nos levar direto de volta à nossa essência positiva verdadeira.

Se racionalizarmos ou tentarmos desconversar sobre nossa negatividade, vamos provocar repressão e desconexão a partir de nossa verdadeira natureza. A racionalização pode funcionar temporariamente para dar alívio, mas de várias maneiras é contraproducente. Além de nos desconectar de nossas verdadeiras essências, suga a nossa força vital e gera doenças, enfado e inércia. Emoções suprimidas consomem energia.

Muito mais importante do que isso, a racionalização pode encobrir completamente nossos sentimentos de remorso que permitem que nos corrijamos. Podemos fazer algo que fira os outros, mas ao racionalizarmos negamos o direito que nossa alma tem de ser compassiva. Dizemos a nós mesmos que "não havia outra maneira de conseguir o que eu precisava", ou "não devia me sentir mal, não fui responsável".

Com essa negativa, nos desconectamos de nosso eu piedoso.

Mesmo quando não somos responsáveis por uma perda ou uma tragédia, é natural que nos arrependamos e desejemos que as coisas tivessem sido diferentes. Esses tipos de racionalizações frias endurecem o coração e nos impedem de estabelecer uma ligação com o mundo.

A racionalização pode encobrir completamente os sentimentos de remorso que permitem que nos corrijamos.

Muito freqüentemente faremos coisas, embora nossos corações digam não. Nossas mentes vêm e criam razões para que não sigamos o que dizem nossos corações. Vivenciei um conflito pela primeira vez quando tinha 16 anos. Dirigia meu carro enquanto entregava jornais. De repente ouvi um baque surdo. Parei o automóvel, saí e vi um cachorro machucado. A princípio fiquei muito triste e pensei "o que eu posso fazer?" Temia que alguém fosse me culpar por ter ferido o cachorro e que eu entrasse em apuros. Afastei o cão para perto do acostamento, voltei para o carro e segui em frente.

Mais tarde reconheci que havia cometido um erro. Escutei a minha mente em vez de prestar atenção ao que dizia o coração, que queria ajudar o cachorro. Meu erro foi não ter feito nada para ajudar o bicho. Eu poderia pelo menos ter batido em algumas portas para falar do acidente e ajudar de alguma maneira. Mas não fiz nada.

Muitos anos depois eu percebi por que fizera isso. Naquele momento, vi o que havia acontecido e pensei: "Não estava correndo, não vi o cachorro e certamente não tinha a intenção de machucá-lo." Depois que me concentrei nessas racionalizações, deixei de ficar triste. Senti como se a culpa não tivesse sido minha, voltei para o carro e continuei dirigindo. Depois acabei me perdoando, mas não esqueci a lição. Tenho tomado cuidado para não racionalizar e me distanciar de meus sentimentos naturais de pesar, que são a porta de entrada da consciência. Uma das maiores fontes de energia e motivação é sentir compaixão pelos outros. Isso desperta a verdadeira vontade de se colocar a serviço e fazer a diferença.

5. Desafie o seu desafio

Às vezes, quando alguém realmente nos perturba, queremos desafiar tal pessoa ou nos rebelarmos contra o que ela quer que façamos. Normalmente é alguma figura de autoridade que está tentando nos controlar, e buscamos o sentimento de liberdade para desafiarmos e nos rebelarmos contra fazer qualquer coisa que aquela pessoa pede. Nós nos recusamos a fazer algo, não só porque não queremos mas porque essa pessoa quer que o façamos. Agimos não porque desejamos de verdade, mas porque queremos desafiar. Isso não é uma vontade real.

Se você é incomodado por alguém e tal pessoa não quer que façamos determinada coisa, vamos fazê-la só para desafiá-la. Podemos obter uma grande satisfação fazendo o oposto do que ela quer, mas já teremos deixado escoar nossa força. Achamos que estamos "lhes mostrando", mas tudo que estamos deixando claro é que aquela pessoa ainda nos domina. Somos os que perdem quando não fazemos o que queremos.

Todo poder vem do fazer aquilo que se quer. Quando nos alteramos por causa dos maus costumes de alguém, somos os que perdem. Achamos que estamos provando que somos livres, mas ainda estamos sendo controlados por um outro alguém, e presos à necessidade de fazer o oposto do que tal sujeito deseja.

Quando desafiamos, achamos que estamos provando que somos livres, mas ainda estamos sendo controlados.

Lembro-me de um sujeito que detestava seu pai. Este lhe dizia que ele jamais iria conseguir ganhar nada, por isso o filho foi à luta para desafiá-lo e provar que ele estava errado. Acabou tendo sucesso e ficou milionário, pois tinha um desejo e uma paixão muito fortes. Seu desafio passional lhe deu a força necessária para criar e atrair sucesso, mas infelizmente seu coração estava fechado, e por isso não pôde aproveitar seu dinheiro.

Às vezes queremos fazer coisas apenas para desafiar alguém ou provar que esta pessoa está errada. Que perda de tempo e energia é permitir que um indivíduo, que nem mesmo amamos, afete tanto nosso comportamento. Na verdade, essa tendência é até violenta em nossa sociedade. Muita energia é gasta em ações judiciais. Embora um processo seja às vezes válido, muitos não são importantes. Em vez de gastar dinheiro, tempo, energia e concentração numa ação, siga em frente e crie o que você deseja. Processos são outra maneira de afirmarmos que não podemos ter o que queremos até que um outro alguém nos dê o poder para tal.

Quando sinto a ânsia de desafiar alguém e fazer algo que não queria fazer até aquela pessoa vir a mim e me incomodar, resisto ao estímulo para desafiar. Desafio meu desafio. E digo a mim mesmo: "É realmente isso que eu quero fazer com o meu tempo? Como eu estaria me sentindo se essa pessoa se aproximasse de mim de uma maneira legal? Como iria reagir então?"

6. Renda-se à sua submissão

Quando estamos desapontados, em vez de nos rendermos à aceitação do que aconteceu, às vezes desistimos e nos submetemos. Paramos de acreditar em nós mesmos e em Deus, e desistimos de nosso desejo. Há uma diferença sutil entre rendição e submissão. Quando nos rendemos, estamos desistindo de nossa resistência para o que existe. Abraçamos o que temos e aceitamos o que não podemos mudar. Isso não significa que estejamos desistindo de querer o que desejamos.

Render-se é desistir de nossa resistência para o que existe de fato.

Quando nos rendemos, só estamos fazendo um ajuste em nossas expectativas de quão cedo vamos conseguir o que queremos. Render-se nos livra de demandar o que necessitamos num determinado contexto. Render-se nutre a paciência, mas não torna impossíveis a persistência e a energia.

No processo de curar nosso passado, poderemos ter de nos render à esperança de que nossos pais sempre nos amarão do jeito que queremos, mas não teremos de deixar de desejar um amor puro e incondicional. A rendição nos liberta e nos abre para receber o que queremos numa variedade de maneiras diferentes. No fim das contas, quem se importa com quem nos dá o que precisamos, contanto que recebamos? Depois podemos voltar para nossas verdadeiras essências e sentir nossos desejos reais.

Pela rendição, na medida em que recebemos um *feedback* do mundo, às vezes descobrimos que nossas exigências imediatas são irreais e devemos nos adaptar. Esse ajuste não implica termos que parar de querer. Em vez disso, aceitamos o que temos e continuamos a pensar naquilo que realmente queremos e como consegui-lo.

Outra oração que descreve de forma adequada a diferença é a oração da serenidade: "Deus, me conceda a serenidade para aceitar as coisas que não posso mudar, a coragem para mudar as coisas que posso e a sabedoria para conhecer a diferença."

7. Evite o evitar

Uma vez que reconhecemos a futilidade da desculpa, somos motivados a parar de fazer coisas que na verdade são tentativas de evitar a realização do que realmente queremos. Muitas vezes, o que achamos que desejamos é o oposto do que realmente queremos. Quando nossos desejos se opõem, eles se anulam, e perdemos o poder de criar e atrair.

Normalmente, quando nos sentimos indefesos para obter o que precisamos e queremos, acabamos substituindo nossas vontades por outras de ordem secundária. Por exemplo, às vezes, quando estou trabalhando num livro, uma parte de mim não quer escrever naquele dia. Nesses momentos, é incrível como eu encontro tantas outras coisas para fazer. De repente, fico com uma grande vontade de esvaziar o meu guarda-roupa, ler meus fax, ver o saldo no talão de cheques, fazer compras, ou fazer qualquer coisa que me impeça de escrever. Embora eu "queira" fazer essas coisas, elas não são o que realmente quero. São desejos substitutos.

Na maior parte do tempo, quando achamos e sentimos que queremos realmente fazer alguma coisa, estamos de fato buscando evitar o que queremos fazer na verdade. Freqüentemente, tememos o fracasso, e por isso protelamos os compromissos. A menos que tenhamos clareza sobre o que de fato desejamos, não podemos utilizar nossos poderes interiores. Poderíamos passar grande parte de nossas vidas seguindo na direção errada quando só precisamos fazer alguns poucos ajustes e darmos alguns passos na direção certa, que tudo vai começar a andar. A direção certa é aquela que você mais anseia por seguir.

Quando você faz alguns poucos ajustes para honrar seus verdadeiros desejos, tudo se resolve.

Muito freqüentemente, quando estamos procurando um parceiro, na verdade buscamos evitar nossos sentimentos de solidão. Quando desejamos ardentemente o sucesso, às vezes nos afastamos de sensações de fracasso e impropriedade que ainda precisam ser curadas. Quando ficamos cansados ou queremos tirar uma soneca, estamos às vezes fugindo da responsabilidade por alguma coisa. De uma infinidade de maneiras, nossos desejos por mais podem ser uma tentativa de evitar nossos sentimentos interiores. Quando este é o caso, temos menos poder para criar o que queremos.

Sempre que nossos desejos buscam um evitar, eles não são puros, fortes e positivos. As pessoas podem se sentir estressadas no trabalho e sonhar com outro emprego. O que elas realmente querem é ser felizes no trabalho, ter um emprego do qual gostem e que se sintam por ele desafiadas, e fazer algo de valor a cada dia. Sem essa clareza, perdem poder. Quando nos afastamos de nossos problemas, eles nos esperarão em todos os lugares para onde resolvermos seguir. Quando prolongamos a validade de um desejo substituto, enfraquecemos nossas vontades verdadeiras, que têm muito mais força.

Quando nos afastamos de nossos problemas, eles nos esperarão em todos os lugares para onde resolvermos seguir.

O poder da alma se adianta de forma mais poderosa quando nossos desejos conscientes estão alinhados com o que realmente queremos. Quando buscamos evitar situações em vez de nos concentramos na atração do que desejamos de fato, perdemos a oportunidade de realizar o desejo de nossa alma.

Muita energia é desperdiçada quando adiamos. Uma técnica usada para superar isso é continuar a se ver fazendo aquilo que se deseja adiar para outro dia. Imagine como você irá se sentir quando finalmente se dedicar a tal atividade. Veja a si próprio dedicando-se a tal tarefa de forma tranqüila e sem fazer esforço. Observe-se começando o trabalho e completando-o, sentindo-se bem e feliz em ambas as situações. Enquanto continua a fazer isso e pede a ajuda de Deus, você se verá começando a realizar esses empreendimentos. Sempre que uma pessoa deixa de sentir o que não quer, passa a ficar sensível ao que quer, acaba se descobrindo com uma tremenda força criativa.

8. Defenda-se contra suas defesas

Algumas pessoas perdem contato com o que realmente desejam ao justificar ou defender exageradamente sua posição. Em vez de inventar muito depois de uma discussão, examinando como isso pode ter contribuído para o problema, elas se recusam a reconhecer sua cota até que uma outra pessoa se desculpe antes. Ao fazer com que seus sentimentos de desapontamento e responsabilidade dependam da possibilidade ou não de receber um pedido de desculpas, elas se desconectam de seu desejo interior de aprender com tudo e crescer. E justificam o que fizeram em vez de sentir remorso e piedade de verdade.

Quando cometo um erro, é sempre possível explicar por que eu o cometi. Há sempre bons motivos, e com certeza eu não tinha a intenção de fazê-lo. Todos esses são dons que demonstramos ter quando cometemos uma falha, mas um erro ainda é um erro. Se não reconhecemos nossas falhas, não podemos nos conectar totalmente a nossos sentimentos interiores de desapontamento, pesar e remorso. Sem eles, é quase impossível que possamos corrigir nossas atitudes e comportamentos. Perdemos contato com nosso desejo natural de aprender e crescer. Ao ficar a par de suas tendências de defesa e de como elas o ferem, você pode se defender apropriadamente de suas defesas.

Vamos supor que na segunda-feira eu tivesse, afetuosamente, lhe dado um tapinha nas costas. Foi um gesto amigável. Depois eu o vi novamente na sexta-feira. Não percebi que você machucou as costas, pois o ferimento está coberto. Novamente digo "oi" e lhe dou um tapa nas costas, com a mesma afeição e exatamente no mesmo lugar onde o toquei da última vez. Desta vez dói, e você grita de dor.

A pergunta é a seguinte: "Será que cometi um erro?" Fico espantado com o fato de pessoas muito defensivas dizerem não. Elas justificam seu comportamento e negam que cometeram um engano com declarações parecidas com essas:

"Lamento se fiz alguma coisa errada."

"Lamento se o machuquei."

"Não sabia que você tinha machucado suas costas."

"Como é que eu poderia saber?"

"Você deveria ter me dito que estava machucado."

"Não foi minha culpa, qualquer um teria feito isso."

"Só estava tentando ser amigável."

"Ei, não há nada errado em dar um tapinha nas costas de um amigo."

"Bem, lamento o fato de você estar machucado, mas como eu poderia saber?"

Cada uma dessas declarações limita nossa capacidade de corrigir a nós mesmos. Há exemplos de como a mente nega nossos sentimentos interiores de pesar e os impede de sentir os desejos da alma, para corrigir suas atitudes e aprender com cada erro. Essas tendências defensivas vêm à tona porque temos medo de sermos punidos por nossos erros. Todo sucesso depende de nossa capacidade de corrigir nossos enganos e de não continuar a repetir comportamentos e atitudes que não funcionam.

Vamos explorar profundamente algumas dessas justificativas e defesas. Alguém que diz "lamento se fiz algo errado" parece estar se eximindo da responsabilidade pelo erro, mas na verdade não está. Se eximir da responsabilidade soaria mais como "lamento ter cometido um erro", e não como "lamento *se* eu cometi um erro". Da mesma maneira, a declaração "lamento *se* o machuquei" ignora completamente a realidade de que você acabou de ferir uma pessoa e quer fazer algo para compensar.

Quando reconhecemos que cometemos um erro, nosso coração sempre deseja encontrar uma maneira apropriada de compensar. Queremos confortar a pessoa ou fazer algum tipo de reparação. Querer compensar faz uma importante ligação com nossos sentimentos interiores de consciência, que nos motivam a fazer o que é bom e íntegro.

Quando sentimos e dizemos "bem, eu não sabia que isso era um machucado", e damos as outras desculpas, não só negamos nosso remorso e tristeza naturais, como suprimimos nosso desejo de sermos mais atenciosos e cuidadosos. Há sempre uma lição a se aprender quando reconhecemos que cometemos um erro. Quando nos desculpamos dizendo que não sabíamos dos detalhes, estamos dizendo a nós mesmos que não cometemos um erro, quando na realidade o fizemos. Em vez de nos desculparmos, precisamos nos perdoar e acreditar que os outros também vão fazer a mesma coisa.

9. Rejeite a rejeição

Quando as crianças são privadas do toque, normalmente o resultado é que, mais tarde, na vida, elas não se sentirão à vontade ao serem tocadas. Se formos privados de uma necessidade importante enquanto crescemos, em vez de sentirmos a enorme dor da privação, paramos de perceber nossa necessidade. Depois, mais adiante na vida, se alguém tenta nos dar o que precisamos, acabamos sentindo uma certa rejeição. Quando já negamos nossas necessidades interiores, e nossa alma continua a atrair o amor e o apoio de que precisamos em nossa vida, continuamos a rejeitá-las em nossas mentes. As pessoas nos oferecem seu apoio, mas não estamos interessados.

Para quebrar essa tendência de rejeitar o que realmente queremos e precisamos, temos de pedir a alguém em quem confiamos para nos dar aquilo que sabemos de que necessitamos, mas que nos sentimos pouco à vontade para receber. Na medida em que essa pessoa persiste gentilmente, nós nos damos permissão de resistir, explorar e processar todos os sentimentos que aparecem. Quando você está apto a experimentar e liberar as emoções negativas ligadas à sua rejeição, acabará começando a gostar de receber aquilo de que necessita. Tal apreciação se torna um ímã para atrair mais.

Um dos sintomas da rejeição ao que se necessita é a formação de um novo desejo oposto. Se você está rejeitando o amor que precisa, pode querer o contrário. Irá querer que outros que não podem lhe dar aquilo de que necessita lhe dêem tal coisa. Se você acaba se saindo bem-sucedido no recebimento do que carece, acabará rejeitando.

**Se você rejeita aquilo de que precisa,
tende a querer aquilo de que não carece
ou que não pode ter.**

Muito freqüentemente, rejeitamos as pessoas que têm o que precisam. Ansiamos por ser amados ou trabalhar com pessoas que não têm aquilo de que necessitam. Ao rejeitarmos o que nos é realmente necessário, atraímos ou criamos situações que espelham condições não resolvidas de nossa infância.

Quando nos sentimos privados de uma necessidade, naturalmente temos inveja quando vemos alguém obtendo o que precisa.

A inveja é uma emoção muito importante para nos fazer sentir novamente o que realmente queremos e precisamos. Normalmente temos inveja daqueles que têm algo parecido com o que realmente queremos. Se não sentimos, e depois liberamos nossos sentimentos de inveja, podemos acabar rejeitando aquilo que merecemos na vida. Muitas pessoas têm inveja dos muito ricos. Se você às vezes sente isso, não se trata de um mau sinal. É um indício de que uma parte sua quer realmente ficar rica. Trata-se de um desejo secreto. Ao se deixar sentir a inveja e o seu desejo, você aumenta o poder que tem para obter o que quer. A menos que sinta seu desejo mais sincero, é incapaz de criar a abundância que realmente deseja.

Uma vez, quando comprei um belo carro novo, alguém o viu num estacionamento e fechou sua lateral. Ao rejeitar o carro (e a mim, o dono), tal pessoa não estava apenas me rejeitando, mas também repelindo seu desejo interior por abundância.

Quando rejeitamos alguma expressão de abundância exterior que representa o que desejamos de fato, podemos dizer coisas do tipo: "Quem quer isso afinal? Eles provavelmente são infelizes e seus filhos os detestam. Quem precisa de tanto dinheiro?" Em vez disso, se quisermos liberar nossa inveja, podemos dizer com o coração aberto: "Isso é para mim, então qual é o problema se eles ficarem infelizes? Quero isso e também ser feliz."

Sempre que ficar com inveja, diga que "isso é para mim". Um sinal positivo de que você está no caminho de obter o que deseja é ficar feliz com o sucesso dos outros e também desejar isso.

10. Reter só o retém

Um dos maiores bloqueios para se entrar em contato com o verdadeiro desejo de amar e ser amado é reter amor. Quando as pessoas nos magoam, normalmente nossa reação é reter o amor que temos por dentro. Nossa motivação tanto é para punir quanto para nos proteger de sermos feridos novamente. De qualquer maneira, somos aqueles que sofrem. A maior dor que podemos experimentar é a de reter o amor que sentimos em nossos corações. Quando contemos nosso amor, suprimos e negamos o desejo de nosso coração. Nós nos desconectamos de nossas verdadeiras essências.

Não podemos prosperar totalmente na vida até aprendermos a perdoar e amar novamente quando nossos corações estão fechados ou quando retemos o amor que sentimos.

**A maior dor que podemos experimentar
é a de reter o amor que sentimos
em nossos corações.**

Se fomos feridos por alguém, certamente precisamos fazer um ajuste para que não venhamos a nos ferir novamente. Para nos protegermos no futuro, não temos de parar de ser amorosos. Amar alguém não significa termos de agradar tal pessoa ou fazer o que ela quer. Não quer dizer que temos de fazer qualquer coisa. Simplesmente significa que nossos corações estão abertos para aquela pessoa. Podemos ver o lado bom que há nela e querer o seu bem.

Se amar significa ter de se sacrificar pelos outros ou permitir que estes o magoem novamente, a retenção poderia ser uma boa idéia, porém não é. Quando a tendência de retenção existe, precisamos estar a par dela e então começar a liberá-la. Geralmente, nesses momentos, não queremos ser carinhosos. Às vezes, a melhor maneira de liberar essa tendência é lhe dar vazão.

Para fazer isso, escreva num papel todos seus sentimentos em relação à pessoa ou à situação. Depois de cada frase, escreva o seguinte: "Não quero amá-lo novamente." A cada vez que fizer isso, comece a reconhecer que a única pessoa a quem está magoando é a você mesmo. Ao fazer esse exercício, alguns podem ficar com medo de estarem se concentrando muito no aspecto negativo. É melhor fazer isso durante dez minutos do que reter durante dez anos.

Ao colocar no papel, você retornará à consciência de que, no fim das contas, quer que aquela pessoa seja feliz, deseja perdoar ou compensar, ou pelo menos quer o bem dela. Às vezes, compensar não é possível nem prático, pois envolve gastar muita energia com alguém que não está disposto a compensar você. Pelo menos você pode perdoar e desejar uma boa vida àquela pessoa.

11. Responda em vez de reagir

Às vezes estamos dispostos a fazer alguma coisa para alguém, mas o jeito que tal pessoa usa para pedir ou exigir mais é tão desanimador que acabamos "re-agindo" e mudando de idéia. Pensamos com justiça: "Se ele tivesse pedido com educação, eu teria dito sim." Embora nos sintamos corretos nessa posição, ela é muito limitante, e acabamos sofrendo mais.

Quando reagimos sem pensar, deixamos os outros determinarem o que estamos dispostos a fazer. Ser generoso é um dos desejos da alma. Caso estejamos realmente disponíveis para acomodar e ajudar alguém, não podemos deixar os modos dessa pessoa nos impedirem de sermos sinceros conosco.

Quando comecei a dar *workshops*, algumas pessoas reclamavam depois. Algumas diziam que eu falava muito, enquanto outras reclamavam que eu não falava o suficiente. Minha reação interior, então, era de reflexão. Por dentro, eu reagia e me sentia da seguinte maneira: "Se você não gosta de mim, então eu também não gosto de você. Se você não quer considerar meus seminários, então eu não vou lhe ensinar mais nada." Felizmente eu estava apto a reconhecer minhas reações e não agir baseado nelas.

Já encontrara muitas pessoas sinceras, que estavam tentando ajudar o mundo ou tentando fazer o melhor possível no trabalho, ficando embotadas por causa de críticas. Elas pararam de querer ajudar, pois seus esforços não estavam sendo apreciados. Como resultado, começaram aos poucos a perder sua força. Para sermos poderosos, temos de estar habilitados para superarmos esses desafios e não deixar que eles nos impeçam de sentir e fazer o que realmente queremos.

Para transformar minhas reações em respostas, penso o seguinte: "se eles tivessem me pedido com mais educação, o que eu teria feito?" E então faço. Para manter o seu poder, não deixe que os outros e sua falta de modos ou respeito façam com que você desça ao nível baixo que eles ocupam. Você sustenta sua força, poder e posição ao não igualar sua energia à de outras pessoas e ao mandá-la de volta. E também continua sendo sincero consigo próprio ao não reagir às suas atitudes. Em vez de simplesmente reagir, você está escolhendo como quer tratá-los. A alma sempre quer ser amorosa, respeitosa e compassiva, mas também deseja ser forte.

> **Você sustenta sua força, poder e posição ao não igualar sua energia à de outros e ao mandá-la de volta.**

Quando alguém se zanga conosco, devolvemos essa raiva automaticamente. Isso é uma reação. Só estamos igualando a emoção e a enviando de volta. Essa tendência reativa é outra razão que nos leva a ficar tomado pela negatividade sem conseguir achar a saída. Quando você manda essa raiva de volta, os outros reagem com mais irritação e, novamente, com negatividade. Desse jeito, a coisa tende a continuar.

Se quiser que sua vida seja diferente, é necessário parar com o ciclo interminável de reações. Se alguém o fere, você reage e quer ferir de volta. Isso faz com que essa pessoa e outras queiram machucá-lo, o que o torna mais reativo. Vivemos na ilusão de que **reagir dá certo.**

Muitas pessoas possuem um senso de justiça mal-orientado, que é exemplificado pelo velho ditado que diz "olho por olho, dente por dente". Se você me machuca, então merece ser machucado. Um melhor conceito de justiça é o seguinte: "Se você me fere, então eu mereço mais. E tenho o poder para atrair mais." Essa atitude expressa uma confiança em sua capacidade de atrair o que quer em vez de fazer com que sua felicidade dependa de ter de ferir alguém ou reagir. O desejo de nossa alma é nunca ter de machucar ninguém. À medida que as pessoas começam a experimentar seu poder interior para criar a vida que desejam, elas não ficam tomadas pela reatividade.

É fácil ser pego. É por isso que as pessoas ficam atoladas em negatividade e discutem. Quando o sr. White compartilha sua decepção com o sr. Green, este, em contrapartida, começa a evidenciar suas decepções com o sr. White. Esse foco na negatividade só os impede de chegar a quaisquer decisões.

Na maior parte do tempo, quando estamos vivenciando emoções negativas, é melhor guardá-las para nós. Fique a par delas, aprenda com elas, e depois as libere, voltando a nutrir um desejo positivo, para depois agir em prol de comunicar tal vontade. Compartilhar nossas emoções negativas pode funcionar de vez em quando, se o ouvinte não for a pessoa que estejamos culpando, atacando ou acusando de alguma maneira.

Para comunicar um problema a alguém com o objetivo de encontrar uma solução prática, você deve a princípio sentir e liberar suas emoções negativas com calma. Alguns podem ler isso e dizer que "isso não é possível". Bem, não é possível até que se aprenda como proceder. Na medida em que começamos a abraçar nossos sentimentos negativos, eles rapidamente perdem a força que têm para nos controlar. Nossa tendência para reagir em vez de responder diminui automaticamente.

12. Fazendo o sacrifício do amor

Quando amamos muito alguém, ficamos felizes ao fazer sacrifícios esporádicos por essa pessoa. Faz bem mostrar nosso amor dessa maneira. Fazer sacrifícios, no entanto, só é um ato de amor quando nossos tanques estão cheios. Se não estivermos transbordando, não tem sentido fazer sacrifícios em nome do amor.

> Se nossos tanques não estiverem transbordando, não tem sentido fazer sacrifícios em nome do amor.

Como o sacrifício está associado à paixão, muitas pessoas amorosas vão continuar sacrificando suas próprias necessidades até ficarem completamente vazias ou doentes. Elas estão tão acostumadas a tornar os outros felizes e a se dar a estes de corpo e alma que nem mesmo sabem o que querem. Quando perguntadas, elas até acham que o que querem é fazer as pessoas felizes.

Isso é bom e saudável, mas é apenas uma parte do que se quer. Para descobrir outros desejos, guarde algum tempo para se perguntar repetidamente o que quer para ser feliz. Uma das maneiras de começar a entrar em contato com o que você deseja, quando é um doador compulsivo, é fingir ser egoísta e se dar permissão para se tornar, temporariamente, um sujeito irritado e exigente. Faça uma lista das coisas que o irritam. Entrar em contato com a raiva, a frustração e a inveja vai levá-lo de volta a uma maior percepção do que quer.

Obtendo tudo o que quer

Ao aprender a reconhecer as diferentes maneiras de se desconectar de seus verdadeiros desejos, você pode fazer então os ajustes

Honrando todos seus desejos • 237

pequenos e necessários para começar a sentir o que quer. Ao sentir totalmente seus desejos positivos, você começa a atrair e criar tudo o que deseja. A base integral do sucesso exterior é a intenção clara e positiva. Quando você deseja passionalmente, acredita que pode alcançar e dirige toda sua atenção para isso, acabará encontrando a força para tornar os seus sonhos realidade e viver a vida pela qual anseia.

CAPÍTULO 16

Removendo os
12 bloqueios

Quando não estamos conseguindo o que precisamos, ou não estamos em contato com nossos verdadeiros desejos, ficamos emperrados, incapazes de captar os sentimentos positivos de nosso verdadeiro eu. Nos é bloqueada a possibilidade de nos ligarmos às nossas essências reais. Em tais momentos, temos de reconhecer a princípio o nosso bloqueio e depois usá-lo para apontar o caminho, no sentido de conseguirmos aquilo de que precisamos, usando uma variedade de ferramentas e processos para superá-lo. Não basta sentir o que sentimos e explorar o que queremos.

Quando estamos vivenciando um dos 12 bloqueios para o sucesso pessoal, não importa o quanto sentimos, eles não se vão. O fato de experimentar os nossos bloqueios só faz com que eles fiquem mais fortes. Os 12 a que nos referimos são a reprovação, a depressão, a ansiedade, a indiferença, o julgamento, a indecisão, o adiantamento, o perfeccionismo, o ressentimento, a autopiedade, a confusão e a culpa. Para removê-los, temos de usar uma estratégia diferente.

Sentir bloqueios é diferente de sentir uma emoção negativa. Há 12 entre elas que são basicamente puras (raiva, tristeza, medo, dor, frustração, decepção, preocupação, embaraço, inveja, mágoa, pânico e vergonha). Todas as outras emoções se originam dessas 12 básicas. Mergulhar em alguns desses sentimentos negativos permite que retomemos nossas verdadeiras essências.

Diferentemente deles, sentir os bloqueios simplesmente fará com que fiquemos emperrados. O motivo principal de permanecermos assim é que não sentimos totalmente e nem liberamos nossas emoções negativas.

Embora sentir emoções negativas seja eficaz, isso não nos ajuda a sentir tais bloqueios.

Para remover um bloqueio, precisamos fazer mais do que simplesmente senti-lo. Por exemplo, ficar sentado e sentir-se reprovado só vai fazer com que você se sinta mais como uma vítima, incapaz de obter o que precisa. Ou então, afundar na depressão só reafirmará que não tem nenhum bom motivo para ser feliz. Sentir um bloqueio não faz nada para nos levar de volta a nós mesmos. Essa consciência das 12 maneiras que usamos para nos bloquear é crucial.

Com uma percepção clara de como somos responsáveis e do que podemos fazer, somos motivados a fazer o que é necessário para remover o bloqueio. Podemos reconhecê-lo e desviar nossa atenção de um jeito que funcione para nos trazer de volta a nossas verdadeiras essências.

Prolongar e sentir a negatividade só dá certo quando nos damos conta de nossas emoções negativas. As puras nos ajudam a encontrar nosso caminho de volta para o equilíbrio na medida em que nos afastamos de nosso verdadeiro eu. Bloqueios são diferentes das emoções negativas. Conhecer essa distinção faz diferença.

Não compreendê-la dá aos sentimentos uma má reputação. As pessoas sentem seus bloqueios e só ficam piores. Como resultado, muitas pessoas têm medo de olhar para seus sentimentos, ou não vêem nenhum valor neles. Quando guardaram algum tempo para sentir seus bloqueios, elas pioraram em vez de melhorar.

> **Não compreender a distinção entre bloqueios e emoções dá aos sentimentos uma má reputação.**

As emoções negativas nos permitem saber quando estamos fora do eixo. Elas nos ajudam a lembrar o que realmente queremos e nos colocam de novo nos trilhos. Sentir uma emoção pura sempre nos remete ao que queremos. Então, na medida em que retornamos ao ponto de equilíbrio e nos conectamos com nossas verdadeiras essências, a emoção negativa simplesmente se vai e ficamos com a positiva. As negativas nos permitem saber quando estamos em desequilíbrio, mas os bloqueios revelam que fizemos o máximo que era possível.

> **As emoções negativas nos permitem saber quando estamos em desequilíbrio, mas os bloqueios revelam que fizemos o máximo que era possível.**

Uma vez que demos tudo de nós, temos de nos recobrar e começar tudo de novo. O valor de se reconhecer um bloqueio é perceber que nos esforçamos além da conta e que precisamos fazer algo a mais se quisermos nos reerguer.

> **Quando sentimos nossos bloqueios, simplesmente ficamos mais bloqueados.**

Estar a par de nossos bloqueios nos ajuda a reconhecer como estamos nos refreando e pode, então, nos apontar a direção certa se soubermos onde olhar. Com um novo discernimento e uma nova prática, você pode começar imediatamente a remover os bloqueios. Imediatamente começará a se sentir mais amoroso, feliz, confiante e calmo. Embora a maior parte das pessoas possua mais de um bloqueio do que do outro, todo mundo tem um pouco de cada um. Às vezes, depois de remover um deles, você descobre que tem os outros.

Vamos explorar cada um dos 12 bloqueios e *insights* para que possamos liberá-los. Antes que possamos nos livrar emocionalmente de um bloqueio, temos de entendê-lo intelectualmente. Este capítulo irá expandir nossa compreensão de cada um desses bloqueios. No capítulo seguinte, vamos explorar vários exercícios emocionais para nos livrarmos deles.

1. Livrando-se da reprovação

Quando você reprova os outros por causa da sua ausência de felicidade, acaba desistindo da habilidade que tem para curar a si mesmo da doença e da infelicidade. A reprovação o impede de assumir responsabilidade por sua vida e ressalta a sua impotência. Quando você faz com que os outros e as circunstâncias que estão além de seu controle sejam responsáveis por como se sente em relação a seu passado, presente e futuro, brota uma incapacidade de se criarem as mudanças que você gostaria de promover. Na medida em que outra pessoa é responsável por sua maneira de sentir, o poder que tem para mudar a sua vida é confiscado. Você perde a capacidade que tem de confiar em si mesmo e no mundo à sua volta.

**Quando você se agarra à reprovação,
o poder que tem para mudar
sua vida é confiscado.**

Não é errado reprovar. Precisamos fazer isso para determinar a causa externa de nossa dor e identificar o que podemos fazer para conseguirmos aquilo que queremos. Uma vez que determinamos quem e o que causou nossa dor, precisamos liberar esse sentimento de reprovação. Enquanto estiver me apegando à idéia de que você faz com que eu me sinta de uma determinada maneira, não posso encontrar a força interior que irá curar ou me livrar de minha dor.

Se você machucar meu braço, será apropriado responsabilizá-lo pelo ferimento. Você me bateu e me arrumou um machucado. Mas tenho de me livrar dessa insistência de lhe imputar responsabilidade. Preciso reconhecer que foi sua pessoa que me machucou, mas agora tenho o poder para corrigir o que está errado. Tenho o poder para cicatrizar o ferimento. Tenho o poder para tornar as coisas melhores. Já que espero que você faça as pazes comigo, sou impotente para melhorar até que nos reconciliemos. O ferimento não sara.

> **Uma vez que dependemos dos outros, não temos força para melhorar.**

Se você me roubou dinheiro e isso afetou meus negócios, a reprovação ajuda a reconhecer o que aconteceu para me colocar na situação de poder corrigir e evitar que isso aconteça novamente. Se eu continuar a responsabilizá-lo por minha falta de sucesso, acabo me agarrando à crença de que, por sua causa, não posso criar o que quero. Essa crença limitada faz com que eu seja incapaz de criar meu futuro. Uma vez que me agarro a essa necessidade de reprovação, não posso me conectar totalmente com a capacidade de determinar meu destino. Tenho de encarregá-lo disso.

> **Quando você se agarra à necessidade de reprovação, não pode determinar seu destino. Pelo contrário, acaba encarregando alguém disso.**

Quando adotamos essa mentalidade de ficar reprovando, tal fato fica difícil de ser compreendido. É mais fácil quando deixamos de pensar assim durante um tempo. Imagine que você alcançou um sucesso pessoal completo. Por conta disso, tem a confiança total de que sempre terá tudo de que precisa ao alcance e percebe sua capacidade para obter o que quer. Você sabe por experiência própria que aquilo que pensa e no que acredita é aquilo que consegue. Acredita que está no meio do processo de conseguir tudo o que quer. Sabe que noventa por cento do que faz algo acontecer é ser fiel à sua essência amorosa verdadeira e desejar passionalmente aquilo que quer.

Com essa atitude positiva de sucesso pessoal, não há motivo ou necessidade de se agarrar a essa história de ficar responsabilizando os outros. Vamos examinar um outro exemplo. Se você ganha US$100 mil por ano e alguém rouba US$5, não deveria desperdiçar a sua energia reprovando tal pessoa. Não valeria a pena ir atrás dela ou buscar algum tipo de retribuição. Com muita facilidade, acabaria deixando para lá, dizendo "e daí? Quem se importa? Há coisas mais importantes para desviar minha atenção."

Se tudo que você tivesse fosse US$5, acabaria nutrindo um grande sentimento de reprovação, pois tal pessoa teria lhe tomado tudo. Sentir-se-ia capturado pela falsa crença de que a pessoa que levou seu dinheiro era responsável pelo seu bem-estar. Da mesma forma, quando imerso em culpa, você esquece o valor de sua rede e o poder que tem para obter o que quer. Está acreditando que o valor de sua rede é de US$5 e não de US$100 mil. Quando alguém o rouba ou o deixa lesado por causa de cinco dólares, com certeza faz sentido sentir e liberar suas emoções negativas, mas não é saudável se agarrar a essa necessidade de reprovação. Precisamos seguir adiante e abençoar tal pessoa.

O perdão está em se libertar da tendência de tomar os outros como responsáveis pelas situações difíceis por que passamos nesse mundo. Na medida em que transformamos alguém ou qualquer circunstância no motivo de não estarmos sendo bem-sucedidos, bloqueamos nossa capacidade de criar tal sucesso. Sempre que você está apontando o dedo da culpa, três dedos lhe apontam de volta. Esses três dedos lhe lembram que você sempre tem o poder para corrigir as coisas novamente. Ao perdoar, você mais uma vez se recupera para conseguir o que precisa e deseja.

> **O perdão está em nos libertarmos de nossa tendência de tomar os outros como responsáveis pelas situações difíceis por que passamos nesse mundo.**

Quando as pessoas se sentem impotentes para conseguir o que precisam, elas permanecem afundadas em culpa. É como se dissessem: "Se eu lhe perdoar, você simplesmente vai fazer isso comigo novamente." Elas temem que o perdão vá fazer com que percam direito ao poder que têm. Esse tipo de força, aquela que serve para manipular ou punir as pessoas, é um falso poder. Ele depende de outras pessoas em vez de nós mesmos. À medida que experimenta o poder cada vez maior que tem para criar, você ficará apto a perdoar com mais rapidez. E o que é mais importante: à medida que perdoar, seu poder para criar aumentará.

> **Na medida em que você aprende a perdoar com mais rapidez, seu poder para criar aumenta.**

Quando são feridas, algumas pessoas querem punir ou se vingar retendo seu amor. Como já exploramos anteriormente, isso nunca é um desejo verdadeiro da alma. Só nos afasta de nosso poder de criar. A única pessoa que realmente se fere com a vingança é você.

Libertar-se da culpa e encontrar o perdão não significa que vá tratar as pessoas da mesma forma. Se alguém o machucar, o perdão não significa livrar-se dos ferimentos, nem voltar atrás para se ferir novamente. Amar alguém não quer dizer que devamos, de qualquer maneira, permitir que tal pessoa nos fira outra vez. Temos de ser práticos ao tomar qualquer decisão futura que diga respeito ou que funcione com ela.

Encontrar o perdão não significa que você vá tratar as pessoas da mesma forma.

Em alguns casos, você pode perdoar alguém e querer continuar a ter um relacionamento ou fazer negócios com tal pessoa, mas em outros casos a evitará de forma sensata. Se esse evitar é feito com o cuidado e a sabedoria de um coração aberto, você encontrou o perdão. Em grande parte dos casos, quando nos magoamos e optamos por não nos abrirmos, é bom nos mantermos indiferentes, nos libertarmos da culpa e reavaliarmos o relacionamento depois de sentirmos amor novamente.

Jerry e Jack foram bons amigos durante muitos anos. Um dia, porém, Jerry cometeu um grande erro. Revelou publicamente algumas coisas sobre Jack que muito magoaram seu amigo. A primeira reação de Jack foi acabar com a amizade. Depois que Jack trabalhou para encontrar perdão, ele se lembrou mais uma vez do amor e da amizade que sentia em seu coração. Ao se libertar do peso do incidente, estava mais uma vez apto a sentir o amor no fundo de seu peito.

Uma atitude de perdão abre sua mente e seu coração para o reconhecimento de que todas as pessoas cometem erros, mas ainda assim fazem jus ao amor. Um comportamento inaceitável não faz com que uma pessoa deixe de ser merecedora de amor. Quando você perdoa, acaba liberando sua tendência de reter amor ou de punir. O perdão permite que se retorne a uma natureza amorosa, mas alerta para a possibilidade de se optar sobre como quer se relacionar com uma determinada pessoa no futuro. Perdoar não o obriga de maneira alguma a fazer alguma coisa por um indivíduo, nem este se sente obrigado a fazer o mesmo por você.

> **Quando você perdoa, acaba liberando sua tendência de reter amor ou de punir.**

Uma das maneiras de liberar a reprovação é lembrar-se de que, sempre que não estiver conseguindo o que precisa, está olhando na direção errada. Se reprovar seu parceiro, dê meia-volta e tente encher outro tanque de amor. Se você se concentrar para obter o que precisa em outro lugar, estará apto para retomar sua essência amorosa e perdoar seu companheiro. Quando está conseguindo o que precisa e enchendo um tanque de amor, livrar-se desse sentimento de reprovação é um processo quase automático.

A crença negativa associada à reprovação é a seguinte: "Devido ao que aconteceu, não posso obter o que necessito ou desejo." Ao perceber que isso não é verdade, estamos livres para nos libertarmos da culpa e perdoar tanto nossos erros como os dos outros. Em vez de acreditar que nosso passado nos retém, reconhecemos que ele pode nos servir para encontrarmos nosso caminho de forma mais clara e fortalecer nossa capacidade de amar por meio do perdão.

2. Livrando-se da depressão

Você fica deprimido quando se desconecta de sua habilidade inata de reconhecer, apreciar e aproveitar as muitas bênçãos que recebeu em sua vida. Quando seu coração não está aberto para o que recebeu, não se pode antecipar um futuro glorioso. Com a depressão, deixa de ter direito à sua habilidade de sentir o que realmente deseja e perde seu poder magnético de atrair o que quer na vida. Perde, portanto, sua habilidade natural de aproveitar as pequenas coisas da vida.

A principal causa da depressão nas mulheres é a sensação de isolamento. Quando uma mulher sente que não pode conseguir o que precisa, ela se torna cada vez mais deprimida. Se outros tanques estiverem vazios, ela sentirá uma depressão advinda de não ter conseguido atender a suas outras necessidades. Um dos maiores sintomas da depressão é um sentimento de vazio e impotência. Ao desviar seu foco de atenção para outro tanque de amor, ela começará a obter o que precisa, e a depressão irá se dissipar. Para muitas pessoas do sexo feminino, a prática da meditação dispersará imediatamente a depressão.

A principal causa da depressão nas mulheres é a sensação de isolamento.

A principal causa da depressão nos homens é a sensação de não serem necessários. Quando um homem não está trabalhando, ou sendo elogiado no trabalho ou no relacionamento, acaba deprimido. Experimentará uma queda imediata no nível de energia e começará a sentir que sua vida é monótona. Alguns homens, por estarem desconectados de suas essências sensíveis, nem mesmo sabem que estão deprimidos. Um dos sintomas-chave da depressão é a falta de motivação e uma sensação geral de que nada fará diferença, não importa o que se faça.

A principal causa da depressão nos homens é a sensação de não serem necessários.

Para superar a depressão, precisamos olhar em outra direção para conseguirmos o que precisamos ou fazer algo que não dê no mesmo. O que temos feito não deu certo porque procurávamos amor, apoio, sucesso, ou felicidade no lugar errado. Podemos ficar desemperrados na medida em que começamos a ter uma necessidade diferente saciada. O que nos impede é o fato de rejeitarmos as coisas das quais mais precisamos.

Se você está deprimido porque se sente sozinho num relacionamento, então procure amor em outro lugar. Não fique empacado na crença limitada de que só há uma única pessoa que pode fazê-lo feliz. Isso não quer dizer necessariamente que você tenha de deixar o companheiro; significa ter de buscar apoio em outro tanque de amor.

Se você está deprimido no trabalho porque o que achava que iria acontecer não se deu, perceba que há muitas outras maneiras de atingir sua meta. Normalmente ficamos deprimidos quando achamos que só existe uma única maneira de obter o que precisamos ou de alcançar o que queremos. Para chegarmos a qualquer lugar, há sempre uma centena de outras opções. Ao encontrar um tanque de amor que possa encher, na medida em que consegue o que precisa, você retomará seu verdadeiro eu; aquele que tem a confiança e a sabedoria necessária para reconhecer outra maneira de obter o que deseja.

A crença negativa associada à depressão é que o amor e o apoio de que você necessita não lhe estão disponíveis. Quando uma pessoa entende os dez tanques de amor, percebe que há muitas opções para se encontrar o que é necessário. A nova acepção é a de que, sempre que sentir que não pode obter o que precisa, ela está olhando na direção errada. O que você necessita quase sempre lhe está imediatamente disponível. O desafio da depressão está em entender que você é atraído para encontrar amor de uma maneira e rejeitar outras oportunidades para obter o que necessita.

Bill e Susan

Bill estava deprimido porque sua esposa, Susan, não era a pessoa que ele queria que fosse. Ele tinha um determinado quadro em sua cabeça, e ela nunca vivera de acordo com tal figura. No começo, aquilo não importava, mas ele acabou ficando deprimido, achando que nunca teria a mulher dos seus sonhos. A depressão de Bill se dissipou quando ele passou a encher o tanque de amor S (amor-próprio).

Em vez de ficar deprimido em relação a seu casamento, ele se ocupou exclusivamente em fazer coisas das quais gostava. Depois de um tempo, passou a se sentir melhor e estava pronto para voltar a amar sua esposa. Quando estava se amando, não tinha mais que fazer com que sua esposa assumisse uma determinada aparência para se sentir realizado.

Quando estamos deprimidos, estamos sempre esperando que a vida fique de um certo jeito, e não é assim que as coisas são. Estar ligado à forma evita que experimentemos o sucesso que temos para obter aquilo de que precisamos. Quando deixamos de ligar para como algo deve parecer, ficamos então livres para atrair tudo de que necessitamos e que queremos.

Estar ligado à forma cria depressão e evita que obtenhamos aquilo de que precisamos.

Uma maneira fácil de se livrar da fixação é, em primeiro lugar, imaginar que estamos conseguindo aquilo de que precisamos ou que desejamos. Imagine então como isso iria fazer com que você se sentisse. Aprecie tais sentimentos. Perceba que o que você realmente quer é se sentir desse jeito. Suponha então que há outras maneiras de ter essa sensação. Essa atitude irá abrir sua mente e seu coração para atrair o que é possível.

As fixações de Carol

Carol, 26 anos, veio obter aconselhamento porque estava deprimida. Usando as técnicas que estão no capítulo seguinte, fizemos bastante progresso, e ela estava se sentindo muito melhor. Depois dos festejos de Ano-Novo, ela voltou para ouvir mais conselhos porque estava deprimida de novo. Perguntei o que havia acontecido durante as férias.

Ela disse: "Fiquei muito magoada. Minha própria mãe nem sequer me convidou para passar a manhã de Natal com a família. Ela ligou para a minha irmã, mas nem chegou a me chamar."

Perguntei o que ela fez no Natal. Carol explicou que sua tia Ruth ligara para ela e a convidara para uma celebração. Ela descreveu como a ocasião foi maravilhosa, mas acabou optando por se sentir mais magoada ainda pelo fato de sua mãe não ter lhe dado o mesmo que sua tia. Salientei o fato de ela ter feito bastante progresso. Embora sua mãe a tivesse rejeitado, ela cicatrizara as feridas de seu coração para receber o mesmo tipo de amor vindo de outra fonte, sua tia. Esse momento de reconhecimento representou uma grande virada para Carol. E ela percebeu que isso era verdade.

Minha cliente passara sua vida tentando fazer com que sua mãe a amasse, coisa que esta não estava apta a fazer. Ao se livrar do sentimento de reprovação e da necessidade que tinha pelo amor da mãe, Carol atraíra uma substituta perfeita para sua genitora, que não apenas a amava como entendia muito profundamente os desafios que sua sobrinha enfrentou crescendo com sua mãe.

Quando Carol percebeu que estava obtendo aquilo de que precisava de uma forma diferente, acabou ficando apta a se livrar mais uma vez da depressão. Quando encarava seus desafios na vida, sua reação era normalmente a de ficar deprimida. Ao lembrar-se da experiência direta de seu poder para conseguir aquilo de que necessitava, estava pronta para enfrentar desafios com mais força e sem ficar angustiada. Para ela, o sucesso pessoal era uma realidade experimentada. Ela agora podia reconhecer que, quando começava a caminhar no sentido da depressão, não estava olhando na direção certa daquilo de que precisava.

3. Livrando-se da ansiedade

Você experimenta ansiedade quando se desconecta da habilidade inata de acreditar que tudo vai dar certo e que sempre dá. Quando não nos refizemos de certos acontecimentos em nosso passado, vivenciamos uma grande ansiedade no presente. Esta ansiedade está quase sempre relacionada à dor em nosso passado ainda não resolvida. Na maior parte dos casos, bloqueamos a energia criativa que quer fluir em nós quando estamos ansiosos. Um dia, as situações que o deixam nervoso ou ansioso irão, por outro lado, fazer com que você se sinta entusiasmado, tranqüilo e confiante.

Com a ansiedade, ou você perde a habilidade que tem de aproveitar sua vida ou opta por evitar o desconforto do nervosismo e viver numa zona confortável. Se não correr riscos, não tem como crescer e sua vida se torna monótona. Além de negar seus desejos interiores por mais, acaba limitando seu poder. Por outro lado, se correr riscos por causa da ansiedade, termina sofrendo. Mas há outra opção. Corra riscos, deixe os sentimentos de nervosismo virem à tona, e depois processe suas emoções negativas.

Com a ansiedade, perdemos a capacidade de correr riscos e aproveitar a vida.

Em minha própria vida, sofri uma grande ansiedade por causa das oportunidades em que tive de falar em público. No começo da primeira palestra que dei, há 28 anos, minhas pernas começaram a tremer e eu desmaiei. Todos os presentes acharam que eu tinha morrido, bem defronte aos seus olhos. Minha palestra se intitulava "Desenvolva todo o potencial de sua mente por meio da meditação". Quando me recobrei, continuei a falar.

Durante anos, sentia-me ansioso e nervoso antes de qualquer apresentação. Estava começando a achar que talvez essa não fosse a coisa certa para eu fazer, mas depois li uma entrevista com John Lennon, do The Beatles. Ele disse que parara de excursionar porque achava que, de tão nervoso que ficava, acabaria vomitando antes de cada concerto do grupo. Naquela altura, eu percebi que se ele sofria de ansiedade, então esse não era um mau sinal para mim.

A experiência de John Lennon me libertou da falsa crença de que, se eu ficava nervoso, não devia ser tão bom assim. Aos poucos, como conselheiro, aprendi que há milhões de profissionais muito competentes e preparados, que ainda sofrem de nervosismo ou ansiedade. A ansiedade não é, de maneira alguma, um reflexo de uma competência efetiva ou de eventos que virão.

> **A ansiedade não é, de maneira alguma, um reflexo de uma competência efetiva ou de eventos que virão.**

Continuei dando palestras e sentindo uma ansiedade extrema durante 16 anos até que descobri como lidar com as emoções não resolvidas de meu passado. Naquela altura, 95 por cento da minha ansiedade desapareceram para sempre. Os cinco por cento restantes vêm e rapidamente vão quando eu faço coisas completamente novas e há muita pressão. Depois de passar vinte minutos processando meus sentimentos, estou apto a abrir os canais para sentir a alegria que advém de um poder imenso. Onde havia ansiedade, há agora uma calma maior aliada a uma confiança total.

4. Livrando-se da Indiferença

Quando você fica indiferente, não é mais capaz de sentir o desejo de sua alma. Acaba se desconectando da habilidade inata de saber o que é possível e o que quer. Pára de confiar na possibilidade de obter o que deseja ou pára de se preocupar com o que realmente quer. Quando a confiança e o cuidado estão bloqueados, você continua a negar ou a suprimir seus verdadeiros desejos.

Quando a indiferença se instala, você perde a motivação natural e o poder para mudar as circunstâncias e obter o que deseja. A vida perde muito de seu significado e propósito e torna-se desprovida de amor. A insensibilidade aos poucos se instala, e você nem sequer sabe o que está perdendo. O fato de uma pessoa se sentir impotente para conseguir o que quer faz com que ela negue seus verdadeiros sentimentos e vontades, e com isso perca acesso ao conhecimento intuitivo que tem sobre como obter o que quer.

Quando a indiferença se instala, você perde a motivação natural e o poder para mudar as circunstâncias.

A indiferença é uma reação automática à impotência de se conseguir o que se quer. Acreditamos que aquilo que queremos simplesmente não é possível. Freqüentemente a primeira reação de um homem será a de parar e deixar de ter cuidado. Sem paixão, ele não tem nenhuma força ou direção. Para evitar a dor, ele se sente preso na indiferença e na falta de cuidado. Com o coração fechado, a vida se transforma numa série de obrigações e deveres.

Quando os homens se sentem indiferentes, eles se fecham e param de ter cuidado.

Quando uma mulher começa a acreditar que não pode obter o que precisa, sua primeira reação tende a ser de desconfiança. Ela se machucou ao depender dos outros ou de determinadas circunstâncias, e não vai se ferir novamente. Também não se deixa abrir para evitar novas feridas. Ao se proteger, permanece segura, mas não aumenta seu amor e compaixão por si mesma e pelos outros. Torna-se fria, desconfiada e desprendida. Sem saber, ela fechou a porta para receber aquilo de que precisa.

Quando uma mulher se sente indiferente, ela pára de confiar.

O maior problema com a indiferença é que normalmente não percebemos que existem mais coisas na vida. Sentindo-nos impotentes para mudar as coisas ou torná-las melhores, acabamos nos acomodando. Racionalizamos nossos comportamentos, nossas vontades ou nossa falta de vontade. Dizemos a nós mesmos: "Isso não é o que eu quero, mas é tudo que posso conseguir, então por que devo me preocupar com isso?" Dessa maneira, ficamos insensíveis a nossos sentimentos e desejos de verdade.

O maior problema com a indiferença é que normalmente não percebemos que existem mais coisas na vida.

Mesmo quando parece que não há nada mais para se fazer, você sempre pode processar como se posiciona em relação a uma situação e se sentir melhor. Não se devem negar as vontades e os sentimentos. Quando as pessoas não sabem como liberar seus sentimentos negativos, acreditam que se não podem resolver o problema as emoções devem ser afastadas. Não sabem, portanto, que podem curar as sensações.

Não importa o quanto as coisas fiquem ruins, podemos sempre processar nossas emoções negativas e retornar a um estado de espírito muito melhor. Mesmo que a situação externa não possa mudar, podemos nos sentir melhor. Depois que damos esse passo a fim de liberar os sentimentos negativos e retomamos o estado de espírito desejado, as circunstâncias exteriores sempre mudam para melhor. Esse é um milagre que sempre acontecerá. As coisas vão dar uma reviravolta num sentido que você jamais poderia ter antecipado, mas só depois de se livrar da necessidade daquela mudança com o objetivo de encontrar novamente seus sentimentos positivos.

Depois que se liberta da indiferença, você sempre experimentará, pelo menos, um pequeno milagre no mundo exterior.

Seu maior poder é aquele de liberar emoções negativas e sentir as positivas junto com um forte desejo. À medida que pequenos milagres começam a acontecer, sua crença vai ficar maior. Em vez de ficar às vezes indiferente quando se sente incapaz de conseguir o que quer e precisa, você terá a confiança de que, de algum modo, algo vai acontecer e as coisas serão ainda melhores do que poderia ter imaginado.

A indiferença se vai à medida que aumenta a nossa confiança.

Quando você vivencia a indiferença, trata-se de um sinal claro e definitivo de que logo abaixo de seu nariz há um pequeno milagre esperando para acontecer. Ao não ceder à indiferença, mas em vez disso dispensar algum tempo para processar suas emoções e estabelecer suas intenções depois de meditar, ficará alegremente surpreso ao descobrir que pode ter mais e mais.

Casais normalmente terminam um relacionamento sentindo-se indiferentes. Eles se decepcionaram e se desentenderam tantas vezes que depois de um tempo resolveram terminar tudo. Sem esperança, o amor que eles partilharam fica bloqueado e não pode ser sentido. Neste caso, o primeiro passo, assim como com todos os bloqueios, é olhar noutra direção para se encher outro tanque de amor. Depois de nos sentirmos melhor podemos, então, retomar nosso relacionamento e nos concentrar na liberação de qualquer culpa.

Geralmente quando nos apegamos à necessidade de reprovar nossos parceiros nos sentimos impotentes para obter aquilo de que precisamos. Ao processar as emoções negativas, ligadas à reprovação e à busca do perdão, descobriremos que os blocos de gelo da indiferença começarão a derreter. Num relacionamento, a indiferença é sempre um sinal de que temos de olhar primeiro para outro tanque de amor.

5. Livrando-se do julgamento

Você se torna criterioso quando se desconecta da capacidade de ver o lado bom nos outros e nas circunstâncias. Descobrir defeitos nos outros e nas situações é uma habilidade importante para que se possam promover mudanças positivas, mas ajuda muito pouco quando isso o impede de reconhecer o lado bom de uma situação. Quando você empaca e fica muito criterioso, acaba se sentindo irritado e perturbado com situações que não pode mudar e dominar, e perde o aspecto positivo da coisa. Toda nuvem tem um bojo prateado, mas você é incapaz de encontrá-lo.

Tendemos a julgar e resistir aos outros quando não estamos olhando para nossos sentimentos interiores em busca de algo mais. Para processar as emoções associadas ao julgamento, precisamos mudar seu conteúdo. Sempre um aspecto adicional é que nos perturba. Ao mesmo tempo em que podemos estar frustrados com a pessoa que está ao nosso lado, estamos realmente preocupados e até mesmo desconcertados com outra coisa.

> Quando frustrados com a pessoa que está ao nosso lado, estamos realmente preocupados com outra coisa.

Se você está preocupado com seu cabelo, normalmente trata-se de um sentimento deslocado. Isso significa que você está realmente preocupado com outra coisa. Caso esteja aflito por causa de um determinado investimento ou decisão empresarial, pode, em vez disso, sentir tal preocupação em relação a outra situação e começar a ficar criterioso no que diz respeito a seu peso ou ao de seu parceiro. Tudo que você nota é a gordura. Sempre que nos fixamos em algo que não podemos mudar, há sempre outra coisa que está nos perturbando.

> **Uma preocupação com seu cabelo pode significar que algo a mais o está perturbando.**

Quando desalojamos nossos sentimentos, tendemos a resistir a situações que não podemos alterar. Se tivermos como olhar para nossos sentimentos mais profundos, por trás de nossos julgamentos ou reações imputadas sempre veremos que outras coisas estão nos perturbando. Ao olhar para essas emoções, podemos liberá-las e começar a corrigir a situação.

Olhando para dentro do Espelho dos Julgamentos

Muitas vezes, quando julgamos os outros, estamos julgando a nós mesmos em um plano mais profundo. Estamos olhando para um espelho e não gostando do que vemos. Essa percepção não é imediatamente notável. Isso requer prática. Costumava julgar os outros por serem arrogantes. Odiava pessoas que eram cheias de si mesmas. Mais tarde descobri que me sentia desse jeito porque, bem lá no fundo, preocupava-me com o fato de os outros poderem me ver como uma pessoa arrogante e me rejeitar. Como não estava encarando esses medos interiores, continha-me para não parecer arrogante de jeito nenhum.

Depois que me apercebi de minhas emoções latentes para então processá-las, duas coisas aconteceram. Primeiro, parei de ficar magoado quando notava que alguém estava sendo arrogante. Percebia que meus julgamentos só me desgraçavam mais e não tinham qualquer outro objetivo prático. Eu ainda podia não gostar de alguém e discordar de tal pessoa, mas não tinha de retirar meu amor e minha aceitação. Ao liberar meus julgamentos, não me sentia como se tivesse que criticá-los, nem tinha de apreciá-los.

> **Nossos julgamentos só fazem nos desgraçar ainda mais.**

O segundo resultado que obtive foi me sentir livre para reconhecer meu próprio sucesso e minhas capacidades. Para fazer um marketing próprio, você tem de deixar as pessoas saberem quem você é e o que pode fazer. Precisa ter confiança e se expor sem ostentar uma atitude de "eu sou melhor que você". Em vez disso, a atitude tem que ser esta: "Veja o que eu fiz, você pode confiar em mim." Ao liberar meus julgamentos em relação à arrogância, estou apto a me jogar no mundo de maneira positiva.

No processo de marketing pessoal e de auto-exposição, cometi muitos erros e às vezes me comportei de maneira arrogante. Como já havia relacionado meus julgamentos a outros indivíduos arrogantes, eu poderia me perdoar e fazer um ajuste necessário em minha atitude e em meu comportamento.

Quando ficamos nos contendo e depois decidimos dar as caras, estamos destinados a cometer erros. Se não pudermos nos amar, não estaremos aptos a aprender com esses equívocos. Ou os justificamos, ou os rejeitamos desistindo de tentar.

> **Quando ficamos nos contendo e depois decidimos dar as caras, estamos destinados a cometer erros.**

Com essa acepção, torna-se claro que se apegar a julgamentos só faz refreá-lo. Há uma linha tênue entre a arrogância e a auto-estima. Se você for criterioso com os outros, sua auto-estima é contaminada pela arrogância. Para não atravessar tal limite é necessária muita prática. Ao nos livrarmos dos julgamentos, ficamos livres para experimentar, cometer erros, aprender uma lição, e depois nos levantarmos.

Muitas pessoas que não têm muito capital julgam as pessoas que possuem dinheiro. Algumas até mesmo julgam o próprio dinheiro. Qualquer uma dessas atitudes simplesmente as afasta da possibilidade de receber dinheiro em suas vidas. Para abrir o seu coração e a sua mente para receber em abundância, é importante desenraizar quaisquer julgamentos. Ao ficar a par dessas apreciações e crenças negativas e limitantes, pode começar aos poucos a liberá-las. O constrangimento secreto de que não temos mais está sempre por trás de nossos julgamentos em relação ao dinheiro. Ao colocar para fora tal sentimento, ficamos livres para querer mais e conseguir.

O constrangimento secreto de que não temos mais está sempre por trás de nossos julgamentos em relação ao dinheiro.

Quando julgamos os outros estamos negando nosso amor por eles. Retemos amor porque acreditamos que, se fôssemos desse jeito, seríamos desgraçados. Ao examinarmos o julgamento que fazemos dos outros, damos uma olhada dentro da caixa em cujo interior nos mantemos. A maior parte das pessoas muito criteriosas está trancada numa caixa do que é certo ou errado e é incapaz de se soltar e de ser tudo que pode ser. Elas têm medo de cometer erros, porque também temem ser julgadas.

Ao examinarmos o julgamento que fazemos dos outros, damos uma olhada dentro da caixa em cujo interior nos mantemos.

Julgar os outros simplesmente reforça o medo de que, se não atingir certos padrões, você não é merecedor de amor. Estava num concerto musical e notei que ficava sempre incomodado e rigoroso com algumas pessoas que eram muito ariscas, mas que se divertiam um bocado. À medida que me via tão judicioso, olhei um pouco mais profundamente para uma parte de mim que desejava que eu pudesse simplesmente me soltar e ser rebelde.

Pensei muito nisso ao longo do concerto, mas não conseguia me liberar e ficar à vontade. Depois de levar algum tempo para processar meus sentimentos, descobri que em meus anos mais tenros não me sentia seguro sendo selvagem e desinibido. Uma parte de mim tinha medo de ser julgada, ridicularizada e até mesmo castigada. Conjeturei estar voltando no tempo, senti meu medo, e depois imaginei outras pessoas dando-me o apoio que eu queria e de que precisava. Ao encher meu tanque de amor para amigos e diversão, fiquei apto a liberar meus julgamentos em relação a outras pessoas que estavam se divertindo.

Depois de fazer isso, encontrei muitas oportunidades seguras de me expressar livremente. Meu lado selvagem e espontâneo acabou vindo à tona, e não fui julgado. Depois dessa experiência, fiquei muito menos sério em relação à minha vida, e mais brincalhão. Tornei-me muito mais confiante e até mesmo ultrajante. Muitas vezes no passado eu me contive com medo do que os outros iriam pensar. Agora posso dizer livremente "E daí? Quem se importa com o que eles pensam?" Isso não quer dizer que eu não me importe com os outros. Significa que não deixo seus julgamentos negativos me refrearem ou fazerem com que eu me sinta, de algum modo, mal ou pior.

**Quando alguém o julgar, diga a si mesmo:
"E daí? Quem se importa com o que eles pensam?"**

Ao desistirmos de julgar os outros, nos libertamos. Perdemos uma quantidade tremenda da nossa força julgando outras pessoas. Não há nada errado com o fato de ficarmos insatisfeitos com nossos semelhantes, mas, quando julgamos as pessoas, nos desligamos do amor que está em nosso coração. Normalmente julgamos alguns indivíduos porque eles não pensam, sentem ou reagem do mesmo jeito que nós. Como resultado, ficamos impacientes e frustrados. Nossa habilidade de amar e de ter compaixão é jogada direto pela janela. O julgamento que fazemos dos outros nos afasta da paciência de nosso verdadeiro eu. Essa desconexão faz com que soframos, e por isso julgamos muito mais o próximo.

Quando estamos insatisfeitos, também julgamos os outros por seu comportamento. Embora seja importante reconhecer que o que queremos e aquilo que pensamos é correto, não é certo impor isso às outras pessoas. As pessoas não podem ser todas iguais. Quando elas são diferentes, isso não as torna erradas ou menores do que nós.

O que é melhor para uma pessoa não é melhor para todas.

Quando somos criteriosos, em vez de descobrirmos maneiras de conseguir aquilo de que precisamos, começamos a nos concentrar nas diferenças como causa de nosso sofrimento. Quando não conhecemos nosso poder interior para criar, reconhecemos erroneamente que isso é uma falha das diferenças. Nós nos concentramos em julgá-las como se o nosso jeito fosse o certo e o delas fosse errado e ruim. Nós nos tornamos extremamente sérios e negativistas.

É incrível e maravilhoso ao mesmo tempo como algumas pessoas amadurecem com a idade. Elas passaram pela vida e descobriram quem são. Não são tão ameaçadas pela natureza dos outros. Você não precisa esperar pela sabedoria de uma vida. Na medida em que aprende a obter o que precisa do poder que está dentro de você, se habilita a desistir de seus julgamentos.

6. Livrando-se da indecisão

Você fica emperrado pela indecisão quando se desconecta de sua habilidade e de sua força interiores para encontrar sua direção e persistir. Quando está atolada na indecisão, uma pessoa perde a capacidade de encontrar seu caminho na vida ou de se comprometer totalmente com alguma tarefa. Perde contato com sua direção interior e se sente perdida. Torna-se muito dependente dos outros para fazer sua cabeça ou saber o que quer. Sua vontade é fraca demais para fazê-la tomar uma decisão. Você perde o poder de sua alma para chegar ao fim sem pestanejar. Não desenvolve sua força interior para fazer as coisas acontecerem pelo poder de dar sua palavra ou fazer uma promessa.

As causas principais da indecisão são o desânimo e as decepções. Quando estamos enfrentando alguns dos desafios mais difíceis da vida, é difícil tomar uma decisão ou seguir em frente. Isso normalmente ocorre porque não fomos bem-sucedidos ao enfrentar e lidar com os contratempos de nosso passado. Ainda sentimos uma dor prolongada ligada a erros e traições que se deram em tempos anteriores. Caso tenhamos tomado uma decisão e as conseqüências forem negativas, naturalmente teremos dificuldades para tomar decisões no futuro.

A indecisão é um sinal de que sentimos uma dor prolongada ligada a erros e traições que se deram em tempos passados.

Caso tenhamos confiado em outras pessoas e elas tenham nos decepcionado, torna-se difícil decidir por confiar nelas. Se por acaso confiamos em nós mesmos e nos queimamos, quando sentirmos que algo está realmente certo e quisermos estabelecer um forte compromisso, iremos subitamente dar para trás e duvidar de nossa decisão.

Essa tendência sabota enormemente o sucesso. Sempre que nos sentimos seguros, recuamos e não conseguimos fazer nossas cabeças. Se não estamos certos, também é difícil para os outros dependerem de nós. Para evitar a possibilidade do fracasso, optamos por nos contermos.

Em minha própria vida, decidi numa certa altura que seria melhor vivenciar o fracasso em demasia do que sequer tentar. Enquanto me contivesse, me sentiria mal de qualquer maneira. Em vez de me sentir mal passivamente, iria simplesmente ficar ativo. Tomaria uma decisão não porque estivesse certo, mas porque uma decisão era necessária para que eu pudesse fazer algo. Em vez de me assegurar de que fazia o que era certo, investigaria a fundo para depois saber melhor o que iria querer fazer.

É melhor ter falhado do que não ter tentado.

Para lidar com uma platéia negativa, os comediantes vão se lembrar de que qualquer espetáculo é um ensaio até você aparecer no "Tonight Show". Você não vai saber se algo dará certo até tentar. Aos poucos saberá o que funciona, e depois receberá uma ligação do "Tonight Show". Isso fez uma grande diferença quando foi ouvido por mim, por volta dos trinta anos de idade. Decidi que não me importava com o fato de alguém gostar de mim ou com o que tinha para dizer. Segui o impulso do meu coração e aprendi, com o *feedback*, o que funcionava e o que não.

Enquanto desenvolvia e ensinava os conceitos que estavam em *Homens são de Marte* na década de 1980, muitas pessoas ficaram magoadas comigo. Às vezes, eu começava a duvidar de mim mesmo, mas minha persistência voltava e me dava a força necessária para me comprometer com o trabalho que achava que devia fazer.

Durante seis anos, as pessoas obtiveram tremendas vantagens com minhas idéias, mas uma quantidade relativamente pequena de gente estava aparecendo nos seminários. Outros queriam que eu voltasse a transmitir o que estava ensinando antes e não as novas idéias contidas em *Homens são de Marte*.

Para superar o abatimento, eu tinha de acreditar ainda mais em minhas idéias. Aprendi aos poucos que, antes de os outros acreditarem em mim, precisava ter isso como obrigação. Quando ficamos emperrados por causa da indecisão, nos tornamos fracos e os outros não podem contar conosco ou confiar totalmente em nós.

Antes de os outros acreditarem em você, você precisa acreditar em si mesmo.

Na medida em que eu aprendia que os conceitos em *Homens são de Marte* podiam de fato salvar casamentos, as idéias lá expostas se tornaram aceitas por milhões de pessoas. Isso é um exemplo de como a persistência e a crença são fundamentais para o sucesso. Há outras infindáveis histórias do gênero que resultaram de anos de persistência e de superação do desânimo.

Sem uma direção interior, eu nunca teria me tornado capaz de persistir. Sentia a agonia de não saber e rezava a Deus para me mostrar o caminho. Aos poucos isso se tornou cada vez mais claro. A cada novo *insight* eu agradecia a Deus.

Tomando decisões

Para ser bem-sucedido no mundo exterior é necessário tomar muitas decisões. A não ser que você possa se sentir confortável cometendo enganos, isso é muito difícil. Além de aceitar seus erros, o próximo passo é perceber não ser necessário fazer uma idéia de tudo. Em minha empresa, tenho de tomar decisões toda semana. Minha maneira simples de lidar com elas consiste, a princípio, em examiná-las, pensar no que quero fazer, e depois esquecê-las durante alguns dias. De alguma maneira elas entram no computador cósmico ou na intuição, e a resposta vem à tona.

Aprendera a simplesmente deixar rolar e, quando elas voltassem, seria algo bem-sucedido. Mesmo assim havia erros, mas a não ser que tomássemos decisões e fôssemos atrás delas, não poderíamos crescer e aprender. Os erros que cometo hoje podem por fim levar a uma solução no fim das contas. É inútil achar que podemos supor o que devemos fazer o tempo todo. A vida é cheia de surpresas. Precisamos fazer o pedido e ver como nos sentimos alguns dias depois.

> **É inútil achar que podemos sempre prever o futuro com precisão.**

Se, no entanto, você claramente não sabe o que fazer, a melhor idéia é não fazer nada. Enquanto isso, é importante processar todos nossos sentimentos. À medida que faz isso e alivia o estresse em relação a uma decisão difícil, a resposta lhe soa óbvia. Saber o que fazer não significa que você esteja absolutamente certo das conseqüências. Algumas pessoas cometem o erro de esperar até ficarem absolutamente garantidas. Isso irá freá-las tremendamente. Tomar uma decisão significa que você sabe que sua resolução é a melhor que pode sugerir, e está preparado para lidar com as conseqüências.

> **Saber o que fazer não significa que você esteja absolutamente certo das conseqüências.**

Tomo muito cuidado ao tomar decisões quando é questão de me comprometer a fazer alguma coisa. Na maior parte dos casos, quando digo que vou fazer algo, certifico-me de que isso irá acontecer. Isso, então, reforça o poder de minha palavra. Um dos motivos que levou meu livro a ser tão útil para os outros é que minha palavra tem poder. Cada linha impressa nos livros é baseada em minha experiência pessoal. As acepções em meus trabalhos funcionaram para mim e continuam funcionando. Não há nada que eu escrevi que não me ajudou e deixou de ser útil.

Uma vez uma mulher se aproximou de Gandhi com uma solicitação. Ela lhe pediu para dizer a seu jovem filho que não comesse tanto açúcar. Acreditava que o açúcar era responsável por sua hiperatividade e não lhe fazia bem. Gandhi disse que precisava de três meses para preparar uma fundamentação.

Em três meses, a mulher retornou com seu filho. Gandhi disse a ele, em termos muito simples, que comer muito açúcar não era bom para sua saúde, e que se pudesse parar ficaria mais forte e se sentiria melhor. O garoto concordou.

Depois, em uma conversa particular, a mulher perguntou a Gandhi por que ele precisou de três meses para preparar uma resposta tão simples. Gandhi disse que antes a sugestão não teria nenhuma força, ele precisava experimentá-la e acreditar nela. Ao desistir de usar açúcar durante três meses, o Mahatma teve como transferir para o garoto a força e a confiança de que ele também poderia fazer isso.

Quando você vive baseado em sua palavra, ela se torna mais forte. Quando você sempre mantém suas promessas, basta simplesmente dar sua palavra que ela atrairá o poder necessário para se manifestar. Quando chego mais perto do fim de um prazo, a claridade e a força para cumpri-lo acabam vindo.

Quando você vive por sua palavra, ela se torna mais forte.

Isso não significa que estejamos nos enfraquecendo quando não cumprimos aquilo que prometemos. Às vezes não podemos, e então fazemos outra tentativa. Não é que você "perca tudo" por não cumprir uma promessa. Significa simplesmente que seu poder não cresceu. Toda vez que você se sai bem ao manter uma promessa, acaba aumentando sua capacidade de manter a palavra.

É melhor fazer uma promessa e não cumpri-la do que nunca ter prometido nada. Algumas pessoas são indecisas porque têm medo de decepcionar os outros. Isso normalmente vem de uma experiência passada, quando não se foi capaz de agradar a um parente, ou do medo de cometer um erro e perder a aprovação uma vez que ela foi conferida. Sua alma tem uma chance de crescer quando faz o melhor possível para manter uma promessa. Às vezes você não é capaz de atingir sua meta. É melhor ter tentado e feito o melhor possível.

> **É melhor fazer uma promessa e não cumpri-la
> do que nunca ter prometido nada.**

Se você toma uma decisão e comete um erro, ainda pode processar seus sentimentos e voltar a seu eu. Ao processar os de abatimento e decepção, acabará ganhando poder. Se permanecer na cerca, e não se comprometer ou tomar uma decisão, acabará se desconectando de sua verdadeira essência. Dessa forma, você não apenas deixa de ganhar poder, como de fato se torna mais fraco. A melhor hora para mudar a sua palavra é enquanto você está no meio do processo de tentar mantê-la. Em vez de se segurar, dê o salto. E então, se não puder fazer isso, mude o meio do fluxo. Pelo menos, quando estiver se movendo na direção do que acha que é certo, estará conectado com seu eu interior, que é forte, persistente, direcionado e determinado.

7. Livrando-se do adiamento

Você procrastina quando se desconecta de sua habilidade inata de executar o que decidiu fazer. É incapaz de começar até o momento em que não tem nenhuma escolha. Acaba protelando ou adiando uma ação, pois acredita que não está pronto ou preparado. Com a procrastinação, você perde o direito à habilidade de superar os desafios da vida. A procrastinação ocorre quando a coragem é fraca.

> **Protelamos ou adiamos uma ação porque
> equivocadamente acreditamos
> que não estamos prontos.**

A coragem é como um músculo. Ele não pode crescer a não ser que você enfrente um desafio e depois o leve a cabo. Se fizer o melhor que puder, começará a constatar que os anjos de Deus sempre virão ajudar. Essa é a regra: Deus ajuda aqueles que ajudam a si próprios. Se você não se mover, a energia que pode ajudá-lo a fazer o que precisa não pode começar a fluir.

Nada pode ser feito se você não der o primeiro passo. Quando colocamos vontade na ação, o poder pode começar a fluir e mais uma vez damos conta de nossos sumos criativos. É impossível perceber seus poderes interiores se não os exercitar. A coragem aumenta quando corremos riscos. Quando se protela a ação, não apenas são suprimidos seus poderes interiores, dons e talentos, como se sofre.

Quando colocamos vontade na ação, o poder pode começar a fluir e mais uma vez nos damos conta de nossos sumos criativos.

As duas maiores causas de sofrimento na vida são o não amar e o não fazer o que se quer. Quando uma pessoa não se esforça para fazer o que seu coração deseja, é como se ela pegasse uma faca e ficasse se apunhalando repetidas vezes. A dor do fracasso que você tenta evitar é sempre muito menor do que a dor de não ser verdadeiro consigo próprio.

Delongamos quando estamos preocupados com alguma coisa. Geralmente nos sentimos indefesos para fazer o que dissemos que iríamos fazer. Seja lá o que for, parecemos não ter capacidade para tal. Para romper esse bloqueio, precisamos perceber que a resposta está na mudança de nossos sentimentos.

Ao se virar para dentro e explorar seus sentimentos interiores, você terá criado condições para liberar as emoções negativas e sentir o que quer.

Quando pode sentir inteiramente sua paixão interior, a procrastinação se vai. Ao sair de sua mente e vir de sua paixão, você poderá abrir caminho. Uma boa frase para se lembrar é a seguinte: "Não pense, simplesmente faça. Faça agora." À medida que disser isso para si próprio, ponha-se em ação.

"Não pense, simplesmente faça. Faça agora."

Outra ferramenta que me ajudou foi estabelecer minhas intenções. Em vez de forçar a barra, depois de cada meditação, basta ficar imaginando fazer aquilo que deseja. Suponha que tem sentimentos de alívio e realização. Por meio deste processo, experimentará o incrível poder organizado do estabelecimento de suas intenções. Em alguns poucos dias, você perceberá que está fazendo exatamente aquilo que quer.

Outro motivo que leva as pessoas a protelarem a busca por aquilo que consideram importante é acreditar que não estão prontas. Elas crêem que, se estivessem preparadas, não teriam medos, preocupações e ansiedades. Isso não é verdade. Não importa quão pronto esteja, você sempre terá medos. Eles diminuem e se vão na medida em que começam a aparecer. Caso resolva esperar até eles debandarem, nunca dará a partida.

8. Livrando-se do perfeccionismo

Quando você se desconecta de sua habilidade inata de aceitar que a vida não é e nunca poderá ser perfeita, acaba ficando atolado no desejo de ser perfeito. Como resultado, passa a esperar muito de si próprio ou dos outros. Tudo deve ser perfeito, e nunca é. Quando você espera pela perfeição, nunca fica feliz ou satisfeito. Torna-se muito exigente e acaba vendo qualquer graça em sua vida ser confiscada. Tudo é medido e comparado. Quando nada é bom o suficiente, você não pode dar e receber amor livremente.

> **Quando se coloca que as coisas devem ser perfeitas, você não pode descansar e aproveitar o que tem ou a pessoa que é.**

A necessidade de ser perfeito é falsa. Ela começa durante a infância, quando tentamos ser perfeitos para nossos pais. Cometemos o erro de acreditar que devemos ser perfeitos para fazer com que nossos pais fiquem felizes. Toda criança nasce com o desejo saudável e com a ânsia de agradar a seus superiores diretos.

> **A necessidade de agradar aos outros é saudável, mas pode facilmente se tornar deturpada e doentia.**

Quando as crianças são incapazes de serem bem-sucedidas na tarefa de agradar a seus pais, essa necessidade se transforma na obrigação de ser perfeito. Quando somos pequenos, ficamos muito satisfeitos quando nossos genitores ficam felizes conosco, e ficamos tristes quando os decepcionamos. Para agradar-lhes, começamos a tentar nos ajustar e nos corrigir de maneiras que negam quem somos. Quanto mais temos de desistir de nossas verdadeiras essências para agradar a eles, mais sentimos que temos de ser perfeitos.

> **Quando as crianças são incapazes de se sair bem na tarefa de agradar a seus pais, essa necessidade se transforma na obrigação de ser perfeito.**

Quando somos crianças, vivenciamos transtornos constantes nas horas mais inconvenientes. Como resultado, não recebemos a mensagem positiva de que está tudo bem com nossos sentimentos. Uma criança precisa da liberdade para sentir e experimentar todos os níveis diferentes de emoções e, depois, aprender aos poucos como lidar com elas. Se um pai não aprova uma determinada emoção, então, com certeza, a criança se sentirá, de algum modo, inadequada para senti-la. Para obter a aprovação dos pais, elas buscam suprimir seus sentimentos.

Quando somos pequenos, precisamos receber a mensagem de que está tudo bem com nossos sentimentos.

Nos primeiros anos de vida, presume-se que tenhamos de cometer muitos erros para aprender nossas lições, mas freqüentemente recebemos a mensagem de que, se cometermos erros, algo está errado conosco. Quando sentimos que não podemos vacilar, estamos bem no caminho de sentir que temos de ser perfeitos.

Nos primeiros anos de vida, precisamos receber a mensagem de que não há problema em cometer erros.

Se acontecer de sermos dotados ou talentosos de alguma maneira especial, isso também pode levar ao perfeccionismo. Como somos talentosos, obtemos uma atenção especial por nos destacarmos. Nós nos acostumamos a sentir esse louvor especial por sermos tão bons. Isso faz com que seja mais difícil arriscarmo-nos a fazer coisas nas quais não somos tão bons.

Acostumamo-nos a agradar nossos pais aos sermos os melhores, por isso não podemos suportar o peso de decepcioná-los tentando fazer outras coisas e não sendo o melhor entre todos. A não ser que passemos pelo processo de lutar para atingir algo e cometer erros, não vivemos a importante experiência de falhar e ainda assim sermos amados.

É essencial que uma criança viva a experiência do fracasso para aprender que não há problema em cometer erros.

O resultado de não ser capaz de agradar a nossos pais é um sentimento duradouro de impropriedade. Embora os perfeccionistas possam ser os mais perfeitos em suas áreas, eles raramente são bons o suficiente para si próprios. Em vez de amar o que criaram, eles às vezes não gostam nem um pouco do trabalho que realizaram.

Embora os perfeccionistas possam ser os mais perfeitos em suas áreas, eles raramente são bons o suficiente para si próprios.

Para se ter uma idéia do sentimento latente de impropriedade que determina muitos de nossos sentimentos e desejos superficiais, faça uma gravação da sua voz durante uma conversa. Depois que ouvem suas vozes, muitas pessoas ficam muito embaraçadas e não gostam do tom delas. Às vezes, elas mal podem acreditar que é assim que soam.

O motivo que explica o porquê de esta ser uma experiência poderosa é possuirmos tremendas defesas internas para compensar sentimentos de impropriedade da infância. Construímos uma imagem de quem somos para resistir às mensagens negativas que possamos ter recebido em diferentes estágios da vida.

Ouvir a nós mesmos porque soamos diferente traz à tona nossos medos mais antigos de não sermos bons o suficiente e de que seremos rejeitados. Como resultado, nos sentimos tremendamente desconcertados. É muito difícil nos aceitarmos, muito embora outros que estejam nos escutando achem que nossa voz soa maravilhosamente bem.

Ouvir a nós mesmos porque soamos diferente traz à tona nossos medos mais antigos de que não somos bons o suficiente e de que seremos rejeitados.

Se há sentimentos negativos escondidos por dentro, ouvir a fita fará com que eles venham à tona imediatamente. Ouvir a si próprio dessa maneira pode ser um grande gatilho para trazer à baila essas emoções, e depois você tem a oportunidade de voltar no tempo para processá-las.

Buscando a perfeição

Na maior parte dos casos, buscamos e exigimos perfeição porque temos uma deficiência de vitamina D1. Precisamos encher nosso tanque de amor espiritual. Quando não estamos sentindo a perfeição em nossas vidas por não estarmos espiritualmente conectados a procuramos no mundo exterior.

Este nunca será perfeito, mas podemos saciar essa necessidade de perfeição ao sentirmos nossa ligação com Deus ou com um poder maior. Quando estamos nos conectando mais, não sentimos que temos de ser mais, fazer mais, ou ter mais para ficarmos satisfeitos. Quando queremos o que temos, podemos sentir o desejo saudável de ser, fazer e ter mais sem precisarmos ser perfeitos.

É saudável querer mais, mas não é saudável esperar pela perfeição.

O desejo de perfeição só não é saudável quando olhamos para nós mesmos com a intenção de sermos perfeitos no mundo exterior. Quando olhamos para dentro em busca de perfeição, tentamos descobrir mais coisas sobre nosso potencial, e isso é saudável. Embora nada seja sempre ideal, podemos sentir o gosto da perfeição enquanto aperfeiçoamos o que temos. Na medida em que olhamos para dentro e atraímos um poder maior, sentimos que nossas vidas, embora não sejam impecáveis, estão se desdobrando perfeitamente.

9. Livrando-se do ressentimento

Você se ressente quando se desconecta da habilidade de dar seu amor e seu apoio. Na maior parte dos casos, sente que deu mais e não recebeu o que merecia de volta. Acaba, portanto, retendo o seu amor porque aconteceu algo que não foi justo. Fechando seu coração dessa maneira, você perde o poder que tem para criar o que deseja e se desconecta de seus sentimentos de amor e generosidade.

Quando o ressentimento se instala, não ficamos livres para dar nosso amor.

Embora reclamemos de sermos privados, quando deixamos de mostrar disposição para dar nosso amor, fechamos o nosso coração para receber mais. Só podemos receber mais amor quando nosso coração estiver aberto. Às vezes ficamos tão ressentidos que, em segredo, não deixamos que os outros nos dêem alguma coisa. Nossa mensagem secreta para o mundo é a seguinte: "Você está muito atrasado. Nada mais pode me fazer feliz."

Como tendemos a nos concentrar naquilo que não recebemos com ressentimento, perdemos outras oportunidades de dar e receber. Ao não perdoar, você continua a viver no passado e quebra o fluxo natural de dar e receber quando seu amor se torna muito condicional. Embora possa buscar uma punição para os outros, é você que é punido. Ao erguer um muro de ressentimento em volta de seu coração, pode até reter seu amor, mas não pode fazer com que ele penetre em você.

Por ressentimento, tendemos a nos concentrar naquilo que é negativo, e perdemos outras oportunidades de dar e receber.

O ressentimento faz com que nos sintamos como se não tivéssemos nada sobrando para dar, e nos impede de dar mais. Contudo, se não nos damos, não podemos receber. A única maneira de resolver esse dilema é se concentrar em outro tanque de amor. No momento em que resolve encher esse outro tanque, você descobre que pode receber e dar amor novamente.

Roseanne continuava a ressentir-se pelo fato de seu ex-marido tê-la deixado. Ela lhe dera os melhores anos de sua vida, e ele a abandonou para se casar com uma mulher mais jovem. Sentia-se privada de amor e apoio ao longo do casamento, mas quando pensava no fato de ele estar feliz em seu novo relacionamento, ficava ressentida.

Para curar seu bloqueio, deu um tempo para si própria: começou a encher o tanque de amor com a vitamina S (amor-próprio). Em vez de se deter naquilo que vivenciava, Roseanne se concentrou naquilo que desejava. Além disso, ela se juntou a um grupo de apoio de pais sem parceiros. Só o fato de estar junto de gente que fazia parte do mesmo universo que o seu bastou para encher seu tanque de amor com vitamina P2 (apoio dos pares). Depois disso, planejou umas férias com um grupo de amigos, só para se divertir. Dessa maneira, começou a encher seu tanque de amor de vitamina F (família, amigos e diversão).

E partiu para fazer um cruzeiro. Num belo dia, Roseanne ficou doente. Quando seus amigos foram acudi-la, disse que estava bem e só precisava de algum descanso. Durante o resto do dia, enquanto seus amigos se divertiam nos arredores, ela subitamente se sentiu sozinha e doída. Tudo estava melhorando, mas acabou rolando um contratempo.

Ao usar a técnica da carta de sentimentos, Roseanne ligou seus sentimentos de mágoa e de privação ao passado, ao tempo em que se relacionava mais diretamente com sua mãe. Enquanto crescia, era a filha mais velha e esperava-se que ela tomasse conta de suas cinco irmãs mais novas. Ela se sentia como se também tivesse de tomar conta de sua mãe. Esta tinha dificuldade para respirar e ficava a maior parte do tempo de cama, doente, enquanto seu pai ia para o trabalho.

Seus pais eram muito carinhosos, mas simplesmente não eram capazes de dar a Roseanne o tempo, a atenção e a ajuda de que ela precisava. Era muito jovem para ser mãe, mas alguém tinha que assumir a responsabilidade. Sentia que tinha que zelar por todos e era muito apreciada por isso. Podia jogar seus sentimentos para o lado e tomar conta de todos. Com isso se tornou forte e nem mesmo percebia o que havia perdido.

Naquele dia, enquanto se via privada do apoio de seus amigos, ela foi capaz de sentir, pela primeira vez, como se mostrara reservada quando pequena, se alguém tivesse se importado em lhe perguntar sobre seus sentimentos. Ela descobriu uma caixa de Pandora de sentimentos e emoções.

Roseanne percebeu que tinha ciúmes de outras crianças que conseguiam se divertir. Ficava magoada por ninguém se importar com seus sentimentos, ou com aquilo de que ela necessitava. Sua mãe ou suas irmãs mais novas recebiam toda a atenção. À medida que explorava essas e outras emoções, enchia seu tanque de amor de vitamina P1 (amor dos pais). Embora sempre soubesse que seus pais a amavam, ao fazer o exercício podia imaginar sua mãe ouvindo seus sentimentos com compreensão, amor e compaixão. Sentia falta disso. Imaginou sua mãe abraçando-a, dando-lhe tal apoio e, como resultado, se sentia muito melhor.

Dessa forma, Roseanne deu todos os passos certos para encher seus tanques de amor. Seu ressentimento em relação às circunstâncias diminuiu e sua vida melhorou consideravelmente. Ela se divertia mais, fazia mais amigos, flertou com diversos homens, e depois se ajeitou com um sujeito muito charmoso que a cobria de atenções. Embora não tivesse gostado do divórcio, mais tarde Roseanne ficou grata pela cura que fez por merecer, e pela vida maravilhosa que criou.

Para abrir o cadeado que o ressentimento coloca em nossos corações, temos de reconhecer que fazemos isso conosco. Sim, pode ser que o mundo seja injusto, mas reagir a isso retendo seu amor não melhora nem um pouco essa situação. Isso só faz piorar as coisas.

Reter seu amor não melhora nada.

Caso se veja retendo seu amor, perceba que está criando um problema. Tenha em mente que, quando se ressente, você passa a ser o problema. Além de descarregar sua energia negativa em cima dos outros, isso acabará sendo aquilo que atrairá para si próprio. No fim das contas, quando nos sentimos ressentidos, é porque não estamos conscientes do poder que temos para criar o que desejamos. A dor da privação que dá origem ao ressentimento aumenta com a crença de que não podemos conseguir o que precisamos. Na medida em que recobramos o poder de criar nossas vidas, o ressentimento se afasta. Ele é simplesmente outra forma de reprovação e julgamento.

No fim das contas, quando nos sentimos ressentidos, é porque não estamos conscientes do poder que temos para criar o que desejamos.

O ressentimento é um sinal claro de que você tem se dado muito na direção errada. Em vez de reprovar os outros por não retribuírem, guarde um tempo para amar a si mesmo e encher os outros tanques de amor. Ao reconhecer claramente sua responsabilidade por estar dando demais, você fica livre para aceitar o problema sem apontar dedos. Essa noção é importante não só porque o coloca na direção certa, mas porque o ajuda a se livrar de qualquer tipo de culpa.

O ressentimento é um sinal claro de que você tem se dado muito na direção errada.

A maior parte das pessoas que dão demais o faz porque quer tornar os outros felizes. Elas tentam ser perfeitas, acabam se entregando em demasia, e esperam que os outros lhes façam o mesmo. O reconhecimento de que estão retendo seu amor faz com que se sintam ainda piores.

Para evitar o sentimento de culpa, precisam justificar por que se sentem ressentidas e precisam reter amor. Acabam insistindo em reforçar a idéia de que a vida é injusta, e de que foram negligenciadas e privadas. Embora essas justificativas sejam verdadeiras, não passam de crenças limitadas. Como vimos em capítulos anteriores, se aplicarmos os segredos do sucesso pessoal, poderemos conseguir aquilo de que precisamos e criar o que desejamos. A vida não parece ser tão injusta na medida em que começamos a experimentar nosso poder para criar.

10. Livrando-se da autopiedade

Você experimenta a autopiedade quando se desconectou de sua habilidade inata de apreciar e agradecer pelas bênçãos e sucessos em sua vida. Quando se concentra no que está perdendo, perde contato com sua habilidade de apreciar o que tem e não reconhece as muitas oportunidades que lhe estão disponíveis. Embora seja importante sentir empatia e compaixão por seus contratempos e perdas, não é necessário perder o direito à alegria interior que vem de uma atitude de gratidão.

> *Quando você está imerso na autopiedade, acaba perdendo contato com sua habilidade de apreciar o que tem.*

Normalmente, a causa da autopiedade é a falta de atenção. Uma criança que estiver privada desse bloqueio irá freqüentemente tentar obter qualquer tipo de atenção. Embora toda criança precise ser ouvida e receber empatia, algumas delas têm uma necessidade maior do que seus pais podem saciar. Conseqüentemente, elas aprendem a pintar um problema maior e mais dramático para chamar a atenção.

Quando têm filhos dramáticos ou sensíveis, os pais cometem o erro de tentar ignorar os sentimentos negativos de seus rebentos, na esperança de que estes desapareçam. Infelizmente, essas emoções não se vão e, em muitos casos, se tornam ainda mais intensas. Tais crianças se habituam a pintar um quadro negativo de seu dia-a-dia para que possam chamar a atenção.

> **Quando nossos sentimentos são ignorados, tendemos a aumentá-los e torná-los mais dramáticos.**

Se tais crianças tiveram um bom dia e tudo foi ótimo, elas acabam sendo ignoradas. Para remediar essa situação, as pessoas precisam alimentar sua necessidade de serem ouvidas, mas também de se concentrarem em dar e receber atenção positiva. Devem guardar um tempo para ouvir seus sentimentos e experimentar suas feridas sensíveis. Em vez de se sentirem dependentes dos outros para serem ouvidos, precisam ter mais responsabilidade. Não devem esperar que os outros ouçam seus sentimentos negativos até que os escrevam antes. Ao assumirem a responsabilidade de ouvir sua dor interior, elas acabarão com sua dependência por atenção negativa.

Outro recurso útil é a prática de não reclamar ou de compartilhar as reclamações das outras pessoas durante um dia inteiro, de vez em quando. Note como é difícil reclamar ou dizer algo negativo sobre alguém ou alguma circunstância. Em vez de falar sobre a sua negatividade, mantenha uma agenda e ponha seus anseios no papel. Isso o ajudará a treinar sua mente para reconhecer que pode obter atenção positiva, e que pode nutrir seus próprios sentimentos interiores.

> **De vez em quando, pare de reclamar durante um dia inteiro.**

No fim das contas, as almas sensíveis percebem que deveriam ter mais nesse mundo e, a não ser que aprendam como ganhar, se sentirão como se estivessem passando por cima das coisas. Para nos livrarmos da sensação de sermos excluídos da festa de alguma maneira, precisamos chegar. Em vez de nos sentirmos rejeitados, precisamos perceber que tudo aquilo que estávamos buscando além de nós mesmos está em nosso interior. Quando dispensamos um tempo para obter aquilo de que precisamos e sentir nossa conexão espiritual, nossa tendência de rejeição diminui.

Ao se conectar com a fonte de realização interior, você não precisa se perder no mundo exterior, desejando ardentemente o que já está dentro de si. Para nos livrarmos da autopiedade, precisamos nos conscientizar de que aquilo que achamos estarmos perdendo no exterior já está em nosso interior. Para se erguer da fossa da autopiedade, precisamos lembrar várias vezes a nós mesmos das possibilidades ilimitadas que nos esperam quando começamos a nos virar para dentro.

Um dos grandes problemas da autopiedade é que não apenas perdemos oportunidades para ganhar mais, como também as rejeitamos. Como se tivéssemos de justificar nossas limitações, ficamos por lá. Acreditamos que nos omitimos, e nada pode compensar isso. Sentimos pena de nós mesmos e não queremos que nada mude isso.

> **Um dos grandes problemas da autopiedade é que não apenas perdemos oportunidades para ganharmos mais, como também as rejeitamos.**

Também perdemos a oportunidade de ajudarmos a nós mesmos. Embora não acreditemos que alguém possa nos ajudar, outra parte de nós acredita que só podemos ser salvos por outra pessoa. Esperamos que alguém sirva de compensação para aquilo que estamos perdendo e nos faça felizes. Na medida em que começa a acreditar em si próprio, essa tendência irá mudar. E na hora em que começar a perceber o poder que tem para recuar, perceberá que o possuía o tempo todo, e que ninguém pode fazer isso a não ser você.

11. Livrando-se da confusão

Você fica confuso quando se desconectou da habilidade inata de ver com clareza, entender ou dar sentido ao que a vida lhe apresenta. Toda experiência positiva ou negativa tem o potencial de lhe ensinar alguma coisa útil que não sabia antes, e de reforçar e fortalecer as qualidades positivas interiores.

Na confusão, reconhecemos que algo importante está faltando. Em vez de ficarmos abertos para descobrir a resposta, achamos que precisamos obtê-la agora. Quando achamos que algo está faltando, insistimos em nos sentir como se fôssemos vítima das circunstâncias. Dessa maneira, fica mais fácil entrar em pânico e admitir aquilo que é pior.

> **Quando não entendemos o que está acontecendo, fica mais fácil entrar em pânico e admitir aquilo que é pior.**

Quando procuramos e esperamos respostas claras e definitivas imediatamente, deixamos de enxergar o quadro maior, onde a vida é um processo revelador no qual aprendemos a ser tudo que podemos ser. Perdemos nossa confiança interior de que estamos fazendo a coisa certa quando requisitamos respostas claras e definitivas para nossas questões.

> Para nos livrarmos da confusão, precisamos aprender a viver com um problema e não requisitar respostas imediatamente.

A vida sempre nos apresenta desafios e mudanças que irão nos empurrar até o limite da compreensão. Particularmente, quando fatos ruins ou trágicos acontecem ou parecem estar acontecendo, não entendemos por que eles estão se dando conosco. Sem uma clara compreensão de que a vida apresenta desafios e obstáculos, tanto para pessoas "boas" quanto para pessoas "ruins", começamos a achar que fazemos parte do segundo grupo. Normalmente, ficamos muito confusos para evitar que nos sintamos mal ou responsáveis de algum modo.

Quando coisas ruins ou dolorosas acontecem, não podemos entender por que elas estão transcorrendo, ou que vantagens poderiam proporcionar. Lembro-me de quando meu primeiro casamento acabou. Fiquei muito arrasado. E clamei a Deus: "Como é que você pôde deixar isso acontecer? Nada de bom vai resultar disso."

Aprendendo com o divórcio

Mal sabia eu que, por causa do processo de divórcio que envolveu a mim e minha primeira esposa, eu iria me juntar à minha parceira ideal, Bonnie, e que acabaríamos nos casando. Bonnie e eu havíamos namorado muitos anos antes. Eu a amara, mas não estava preparado para o casamento. Se meu primeiro casamento não tivesse dado errado, eu jamais a teria reencontrado e criado a vida e a família maravilhosas que temos hoje. Embora o fracasso de meu primeiro casamento fosse doloroso, sou incrivelmente grato à nova vida que ele me deu.

Além do mais, sou grato pelas lições aprendidas a partir da análise do porquê do fracasso de meu matrimônio. Embora eu me sentisse uma vítima na época, posso ver em retrospecto inúmeros dons que me foram concedidos por ter saído curado dessa experiência. Possivelmente, o mais importante é que, depois de meu fracasso, pude reavaliar tudo o que sabia sobre relacionamentos e comecei a perceber meus erros. Um amigo se aproximou de mim e disse: "Você sabe muito sobre relacionamentos, mas ainda não reconhece que os homens e as mulheres são diferentes."

Bem, por estar me sentindo tão arrasado, estava aberto para examinar meus equívocos. Guardei essa mensagem e aos poucos fui desenvolvendo todas minhas idéias em *Homens são de Marte, mulheres são de Vênus*. Essa não só foi uma das maiores mudanças profissionais que se deu em minha vida, como também me forneceu os substratos para que eu pudesse fazer meu casamento atual dar certo. Tudo isso veio da batalha que enfrentei para curar meu coração depois de uma separação dolorosa.

Quando estamos arrasados, estamos normalmente mais abertos para aprender coisas novas.

Agora, quando os contratempos acontecem e não sabemos por que ou o que fazer, fico muito mais seguro de que algo de bom vai advir disso. É sempre assim. Isso não quer dizer que eu relaxe e deixe as coisas acontecerem. É exatamente o oposto. Posso me engajar inteiramente no processo de buscar as respostas de fato.

Quando ficamos confusos, isso se dá normalmente porque não estamos aptos a aceitar o que nos parece correto e a confiar na possibilidade de que tudo vai melhorar mesmo que não saibamos como. A sabedoria da idade nos diz que tudo sempre dá certo, geralmente de um jeito que é bem melhor do que jamais poderíamos imaginar.

Quando estamos confusos, as coisas parecem ser piores e mais urgentes do que são.

Para se livrar da confusão, guarde algum tempo para refletir sobre as muitas vezes em que achou que as coisas eram realmente urgentes ou que algo terrível estava para acontecer e não se deu. Muita energia positiva é desperdiçada quando nos sentimos confusos, em vez de acreditarmos que as coisas vão dar certo.

Lições de vida

Todos os reveses e obstáculos inesperados irão sempre apresentar lições de vida que devem ser aprendidas. Embora você possa estar fazendo tudo certo, não pode evitar os desafios. Uma vez que começou a crescer por causa dos desafios da vida, você entende como eles ajudaram a moldar aquela pessoa que você se tornou.

Uma das maneiras de começar a examinar as lições de vida é imaginar que alcançou todas suas metas. Na medida em que se sente grato pelo apoio que recebeu, volte atrás e avalie todos os desafios que fizeram com que você crescesse e se tornasse mais forte. Enquanto cultiva uma atitude de gratidão por todas as lições aprendidas a partir dos desafios da vida, você ficará livre da confusão e experimentará grande sabedoria.

Pratique o agradecimento pelas lições aprendidas com o passado.

Você não pode evitar que o mundo lhe cause mal-estar de vez em quando, mas pode aprender a como usar cada abatimento ou contratempo para trazer de volta a sabedoria para seu verdadeiro eu. Pode aprender a usar cada experiência negativa para fortalecê-lo e habilitá-lo. Toda experiência desafiadora pode ajudá-lo na descoberta de seus dons e poderes interiores.

Você pode usar cada experiência negativa para fortalecê-lo e habilitá-lo.

Quando vai à academia de ginástica, você não se esforça levantando pesos fáceis dentro de seus limites de resistência. Seus músculos precisam ser desafiados, se é que você os quer mais fortes. Para fortalecer a musculatura, você precisa se esforçar para além de seus limites de resistência, detonar seus músculos, e então, depois de lhes dar algum descanso, eles irão crescer e ficar mais fortes. Da mesma forma, você precisa ser desafiado para que seu sucesso pessoal aumente. Na medida em que enfrenta cada desafio, retomando a sabedoria de seu verdadeiro eu, você crescerá enquanto desenvolve a habilidade de atingir o sucesso pessoal.

Até mesmo seus ossos precisam passar por algum estresse, se você pretende fazer com que eles permaneçam rígidos. Quando os astronautas vão para o espaço e experimentam a falta de gravidade, seus ossos poderiam enfraquecer seriamente ou até mesmo se partir em poucos dias se não fossem submetidos continuamente a algum estresse. De uma forma semelhante, os contratempos na vida fazem um papel importante no processo de fortalecimento, mas só se soubermos como lidar com eles.

Antes de uma borboleta sair de seu casulo, é submetida a uma grande batalha para poder se libertar. Caso um observador piedoso resolva abrir o casulo para libertar a borboleta batalhadora, a luta acabará terminando rapidamente, mas haverá algumas conseqüências. Ela logo morrerá, pois será incapaz de voar. O que o prestativo observador não sabe é que a luta era necessária para a borboleta poder fortalecer suas asas. Sem esse esforço, ela se enfraquece e morre.

A não ser que uma borboleta lute para se libertar, ela nunca irá voar.

Na vida, achamos que nosso desafio é mudar o mundo exterior. Achamos que o inimigo está no lado de fora. Nosso verdadeiro campo de batalha é dentro de nós mesmos. Sempre que estamos sendo emperrados por algum dos 12 bloqueios para o sucesso pessoal, nosso verdadeiro desafio é no interior. Ao vencermos nossa batalha interna e superarmos nossos bloqueios, estamos aptos a retomar nosso verdadeiro eu. Cada vez que ganhamos essa batalha, aumentamos nossa capacidade de vivenciar o amor, a alegria, o poder e a paz.

> **A vida nunca estará livre de desafios, mas nossa capacidade de enfrentá-los continuará a crescer.**

Esse importante reconhecimento o deixa à vontade para mudar o foco do que está errado para aquilo que pode aprender. Em vez de entrarmos em pânico quando ficamos confusos, estamos aptos a colocar a questão, para depois, com confiança, procurar a resposta.

12. Livrando-se da culpa

Você fica imerso em culpa quando se desconectou da habilidade inata de amar a si próprio e perdoar seus erros. O ato de sentir diferentes graus de vergonha depois de cometer um equívoco faz bem, mas não é saudável quando a vergonha não se vai depois que se reconhece e se aprende com um engano. A culpa prolongada lhe rouba seu estado natural de inocência e o impede de ter uma sensação saudável de merecimento e habilitação.

> **A culpa prolongada lhe rouba o estado natural de inocência.**

Em vez de saber e agir a partir do que quer, você age muito para os outros, acomoda-se demais, e não se sente à vontade afirmando ou clamando por seus desejos e necessidades. Você é uma pessoa boa e gentil, mas se esforça muito para dizer não aos outros. Importa-se muito com o que os outros pensam sobre sua pessoa. E perde sua auto-estima a cada vez que nega os desejos para agradar aos outros.

Paula tinha de tudo: a casa, o carro, a educação, o marido, os filhos, e o ótimo emprego com horários flexíveis. Exteriormente, tinha tudo, mas interiormente não se sentia feliz. Faltava algo. Quando participou de um *workshop* de sucesso pessoal, percebeu seu bloqueio. Julgava-se culpada por não estar feliz e pelo fato de que ter tudo não era o suficiente.

Descobriu que, para ter aquilo tudo, desistiu de ser quem era. Transformara-se em outra pessoa. Ficava sempre feliz quando alegrava os outros, mas nunca se preocupou de fato com o que desejava. Fizera tudo que era certo para orgulhar seus pais e para deixar o marido e os filhos felizes, mas não tinha noção do que realmente queria.

O fato de dizer não para os outros ou desapontá-los era praticamente intolerável. Ela detestava decepcionar seus semelhantes e se preocupava o tempo todo com o que as outras pessoas pensavam dela. Todos esses eram sintomas de alguém imerso em culpa. Quando Paula reservou algum tempo para processar seus sentimentos de raiva em relação à sua vida e à sua culpa, seus temores começaram a desaparecer.

A culpa nos torna extremamente generosos e gentis para com os outros.

Larry também estava atolado em culpa. Sentia-se culpado porque fora condenado por causa de um assalto. Ferira outras pessoas e agora cumpria pena. E experimentou outro tipo de culpa: aquela que sentimos quando fazemos algo realmente errado com as pessoas. Num *workshop* de cura realizado na prisão, ele esteve apto pela primeira vez a sentir seu remorso e, depois, a limpar sua alma da culpa. Embora fosse culpado do crime e sentisse remorso, tinha de liberar seu amor e sua dor novamente.

Estar imerso em culpa nos impede de amar a nós mesmos. Ou nos desligamos de nossos sentimentos, pois isso é muito doloroso, ou a culpa simplesmente nos corrói, dia após dia. Felizmente, há uma alternativa curativa. Larry aprendeu a sentir a dor de sua indignidade e de sua autocensura, e acabou perdoando a si próprio. Ele teve condições de se dar uma outra chance. Passou todo o período de sua pena preparando-se para criar uma vida melhor para si mesmo e sentiu-se grato pela oportunidade de devolver o que pegara injustamente.

Sentir-se culpado por um crime é o primeiro passo, se é que somos culpados. A próxima etapa é a de nos perdoarmos e tentarmos fazer correções, se possível. A maior parte das pessoas que se sentem culpadas não pode vacilar com isso. Tal situação cria um certo controle que não larga pé. O motivo que leva muitos criminosos a voltarem atrás e cometerem mais crimes é não aprenderam a sentir e a liberar sua culpa.

Em vez de sentirem a dor da vergonha por terem cometido um erro, suprimem completamente seus sentimentos e se desconectam de sua consciência interior, que sabe a diferença entre o bem e o mal, o certo e o errado. Sem uma conexão para suas emoções internas, eles justificam crimes futuros com o sofrimento que tiveram que passar dentro da prisão.

Por que nos afundamos em culpa

Sendo culpados por um crime ou totalmente responsáveis por outros, podemos facilmente ser acusados. Algumas pessoas carregam sentimentos de culpa durante toda uma vida, por terem roubado um chiclete na padaria, ou por terem dito palavras mesquinhas e ofensivas na escola primária. Pequenos erros podem nos assombrar durante a vida inteira, quando não sabemos como nos livrar da culpa.

A tendência de se sentir culpado aumenta quando coisas negativas nos acontecem antes dos 18 anos. Quanto mais jovens, mais vulneráveis somos para nos sentirmos mal. Especialmente até por volta dos nove anos de idade, as crianças se sentem culpadas por quaisquer maus-tratos que vivenciem ou até mesmo que testemunhem. Elas sentem que, quando os fatos negativos transcorrem, são de algum modo responsáveis e, portanto, não merecem ter acesso às boas coisas da vida. Embora não possam ser responsabilizadas, se sentem indignas e culpadas. Os pais podem curar a indignidade que as crianças sentem assumindo a responsabilidade pelo que lhes acontece.

As crianças se sentem culpadas por quaisquer maus-tratos que vivenciem ou até mesmo que testemunhem.

Quando os pais discutem, brigam ou ficam simplesmente desapontados e infelizes, uma criança sensível absorve seus sentimentos negativos e se julga responsável. Na mesma proporção que nossos pais não assumiram a responsabilidade de correr atrás do que precisam para ser felizes, começamos, quando somos crianças, a arcar com tal fardo.

Alguns pais chegam até a reforçar essa culpa. A criança é levada a se sentir mal ou responsável pelos sentimentos de seus genitores. Esses tipos de mensagens são bastante confusos para os adultos e muito mais para as crianças. O crescimento de uma criança que tem um espírito saudável de inocência é cercado pela mensagem positiva dos pais que assumem a responsabilidade por seus próprios sentimentos e não daqueles que culpam seus filhos.

Para nos livrarmos da culpa, temos de entender a inocência. Ela dá a entender que somos dignos de amor. Todas as crianças são inocentes, mesmo quando cometem erros, pois não conhecem bem as coisas. Elas podem criar confusão, mas o pai sábio entende que são apenas crianças e estão dando o que têm de melhor. Isso parece óbvio.

A inocência dá a entender que somos dignos de amor.

Na medida em que envelhecemos, precisamos perceber que ainda merecemos ser amados, muito embora cometamos erros. Para reconhecer um lapso e depois nos corrigirmos, não precisamos nos apegar à culpa ou à vergonha. Só precisamos senti-lo, e depois retomar um desejo sincero de aprender e crescer com nosso equívoco.

Precisamos reconhecer que, muito embora cometamos erros e sejamos culpados por eles, somos na verdade inocentes. Estar atolado em culpa representa, de fato, a incapacidade de nos perdoarmos. Ao liberarmos nossos sentimentos de vergonha, voltamos a nos sentir inocentes e responsáveis por nossos erros.

Quando reconhecemos que cometemos um equívoco, naturalmente nos sentimos envergonhados por não sabermos mais. Embora possamos achar que deveríamos conhecer melhor a matéria, não é isso que acontece. No fim das contas, as pessoas sempre fazem o que acham que é a melhor coisa para se fazer. Ninguém fica pensando coisas do tipo: "Como posso fazer para cometer uma série de erros estúpidos?"

No fim das contas, as pessoas sempre fazem o que acham que é a melhor coisa a se fazer.

Perdoar a si próprio representa o reconhecimento de que ainda somos inocentes por dentro e que merecemos amor. A inocência é uma parte de quem realmente somos. O lugar para o qual retornamos quando liberamos a vergonha é a inocência. Quando estamos aptos a nos perdoar, mais uma vez nos sentimos merecedores das boas coisas.

Para alcançar sucesso na vida, precisamos sentir que o merecemos. Sem o amor-próprio e um senso de merecimento, não podemos nunca colocar nossos sonhos para fora. Se nos sentimos indignos, tão logo comecemos a sentir nossas verdadeiras vontades, passaremos a suprimi-las com a crença de não sermos merecedores. Quando imersos em culpa, tendemos a nos sacrificar muito pelas pessoas com as quais nos importamos e não pensamos muito em nós mesmos.

Livrando-se de seus bloqueios

Superar os 12 bloqueios para o sucesso pessoal não só permitirá que você aproveite o sucesso exterior, como também o ajudará a se conectar com sua verdadeira essência. Quando você aprende a vivenciar a paz interior, o amor, a alegria e o poder, torna-se mais apto a atrair e criar o que deseja na vida. Sem desistir de quem é e fazendo aquilo que ama, acaba criando condições para conseguir aquilo que realmente deseja.

Embora esses conceitos sejam simples de entender, não são tão fáceis de ser dominados. Da mesma forma que o sucesso exterior requer tempo, energia e compromisso, os mesmos requisitos são necessários para se alcançar o sucesso pessoal. Devemos não apenas mudar nosso pensamento e olhar para nosso interior, mas também precisamos buscar e curar os sentimentos escondidos por trás de cada um desses bloqueios.

No próximo capítulo, você aprenderá conceitos, métodos e exercícios práticos e espirituais para retomar seu verdadeiro eu, e depois conseguir o que precisa para remover seus bloqueios. Ao praticar os diferentes exercícios e meditações para removê-los, criará um solo fértil para plantar as sementes de seus verdadeiros desejos. Na medida em que aprender a se liberar de cada um desses bloqueios, você vivenciará imediatamente seu poder interior de atrair e criar o que quer.

CAPÍTULO 17

Práticas e meditações de cura

Com maior compreensão de que é responsável por seus bloqueios, você está pronto para mergulhar numa variedade de práticas e meditações de cura para remover os 12 bloqueios. Para cada um deles, há um processo que o ajudará a sentir e liberar as emoções negativas, na medida em que começar a se conectar com seu verdadeiro eu. Além disso, uma oração de meditação especial, quando for praticada regularmente, abrirá os canais para que a graça de Deus o ajude a remover seus bloqueios.

O efeito iceberg

A técnica básica para remover bloqueios é sentir as emoções latentes associadas a cada um deles. Imagine um iceberg. Só dez por cento dele está acima do nível da água enquanto o resto está abaixo. Ao sentir o bloqueio, você ficará na superfície. Ao olhar para os sentimentos, emoções e vontades no fundo, você o acabará removendo. Quando bloqueado, é normal nutrir uma mágoa por várias coisas ao mesmo tempo, enquanto a maior parte de seus sentimentos fica oculta.

> **Quando está bloqueado, você fica magoado com várias coisas de uma vez só.**

Vamos supor que eu dei de cara com um determinado sujeito por engano, e que ele ficou muito zangado comigo. Ele pode achar que está irritado apenas com minha pessoa, mas também está irritado com outras coisas. Se naquele momento tudo estivesse ótimo em sua vida, não se sentiria tão zangado. Vamos examinar os outros sentimentos que ele possa estar tendo por baixo da capa de sua percepção consciente.

• Ele está irritado com meu erro, mas também porque perdeu seu emprego.

• Por baixo de sua raiva há uma tristeza por não ter uma renda regular.

• Por baixo da sua tristeza está o medo. Ele teme não conseguir arrumar um emprego ou jamais resolver seus problemas. Teme que sua mulher não vá mais amá-lo.

• Por baixo de seu medo há um pesar. Ele lamenta não ter descoberto seu caminho para o sucesso.

Superficialmente, ele pode estar me culpando por ter lhe dado um encontrão, mas por baixo da ponta do iceberg há muitos sentimentos. Quando uma pessoa tem um bom motivo para ficar magoada, como perder um emprego, é fácil entender os níveis mais baixos de emoções, e podemos ser bastante compreensivos em relação à sua dor.

Crie um bom motivo para ficar magoado

Se criarmos um bom motivo para ficarmos magoados, também teremos facilidade para entender os níveis mais baixos, e ser compreensivos e piedosos. Embora esta seja uma idéia simples, trata-se do método fundamental para libertar-se dos bloqueios.

> **Se criarmos um bom motivo para ficarmos magoados, fica mais fácil sentir e entender os níveis mais baixos.**

Quando você sentir um bloqueio, crie um bom motivo para ficar triste. Imagine-se voltando no tempo e sentindo as emoções associadas ao bloqueio. Se você precisar encher o tanque de amor de vitamina P1, imagine-se interagindo com um pai. Se precisar encher o tanque de amor de vitamina F, imagine se relacionar com um membro da família ou um amigo.

Para processar um bloqueio, atrase o relógio. Veja-se num momento de seu passado, quando estava mais vulnerável e apto a sentir as coisas de forma mais intensa. É sempre mais fácil processar os sentimentos no passado. Mesmo que você se sinta bem em relação ao que já passou, volte e vivencie o que sentiu antes de ficar bem.

> **Para processar um bloqueio, atrase o relógio.**

Se você estiver bloqueado, é porque não está sentindo totalmente suas emoções. Isso significa que não está conectado com sua parte sensorial. Para encontrá-la, você deve agir novamente como uma criança. Precisa sentir as emoções ternas e vulneráveis que são características da infância. Ao se imaginar como alguém com tão pouca idade, você pode criar facilmente uma boa razão para se sentir magoado.

> **Para curar bloqueios emocionais, você precisa sentir emoções infantis.**

Caso não consiga se lembrar de um incidente, você precisa inventar uma história e fingir que ela aconteceu. A maior parte das pessoas consegue se lembrar de, pelo menos, alguns momentos dolorosos e difíceis da infância. Basta um evento para que uma pessoa fique apta a se conectar com as sensações dolorosas que tinha quando era pequena.

Como processar o seu passado

É fácil processar seu passado. Com alguma prática, você terá descoberto o poder interior que tem para remover todos os bloqueios. Há quatro etapas básicas:

1. Identifique seu bloqueio e ligue-o a seu passado
2. Escreva uma carta de sentimento
3. Escreva uma carta de resposta
4. Escreva uma carta de conexão

Quando você aprender a processar seu passado e a largar todos seus bloqueios, sua história perderá a força que tinha para contê-lo e, em vez disso, lhe dará um apoio importante para poder criar o futuro que deseja. Vamos explorar cada uma dessas etapas detalhadamente.

A carta de sentimento

O formato da carta de sentimento é um pouco diferente para cada um dos 12 bloqueios. Ao usar a tabela abaixo, você poderá determinar que emoções providenciarão a melhor liberação, e em que seqüência. Esse diagrama é especialmente útil no começo. Depois de um tempo, em que você acabará ganhando fluência emocional, não precisará usá-lo.

TABELA DE SENTIMENTOS

bloqueio	sentimento geral	emoções curativas
1. Reprovação	Traído	Irritado
2. Depressão	Abandonado	Triste
3. Ansiedade	Incerto	Temeroso
4. Indiferença	Impotente	Arrependido
5. Julgamento	Insatisfeito	Frustrado
6. Indecisão	Desanimado	Decepcionado
7. Procrastinação	Indefeso	Preocupado
8. Perfeccionismo	Inadequado	Embaraçado
9. Ressentimento	Privado	Invejoso
10. Autopiedade	Excluído	Ferido
11. Confusão	Desesperançado	Sobressaltado
12. Culpa	Indignidade	Envergonhado

Usando essa tabela, você poderá criar a carta de sentimento apropriada ao explorar a emoção ligada ao bloqueio e, depois, às três emoções seguintes no diagrama.

Por exemplo, para liberar-se do bloqueio 1 (reprovação), você se lembraria de um tempo em que se sentiu traído e depois exploraria as quatro emoções de raiva, tristeza, medo e pesar. Ou, para se liberar do bloqueio 12 (culpa), remeteria a um tempo em que se sentia indigno e depois exploraria as quatro emoções de vergonha, raiva, tristeza e medo.

Doze formatos de carta de sentimento

Toda vez que se escrever uma carta de sentimento ou se remover um bloqueio, é necessário tomar-se quatro emoções diferentes em sucessão para criar uma liberação completa. Às vezes pode ser necessário dar uma olhada na tabela de sentimentos para que você possa descobrir suas emoções não exprimidas, mas quase sempre a forma sugerida será suficiente. Cada um dos 12 formatos de carta de sentimento irá ajudá-lo a encontrar as emoções-chave que precisam ser sentidas. Os 12 formatos de carta de sentimento são os seguintes:

1. Para a reprovação: lembre-se de um tempo em que se sentia traído, e então explore a raiva, a tristeza, o medo e o pesar.

2. Para a depressão: lembre-se de um tempo em que se sentia abandonado, e então explore a tristeza, o medo, o pesar e a frustração.

3. Para a ansiedade: lembre-se de um tempo em que se sentia incerto, e então explore o medo, o pesar, a frustração e a decepção.

4. Para a indiferença: lembre-se de um tempo em que se sentia impotente, e então explore o pesar, a frustração, a decepção e a preocupação.

5. Para o julgamento: lembre-se de um tempo em que se sentia insatisfeito, e então explore a frustração, a decepção, a preocupação e o constrangimento.

6. Para a indecisão: lembre-se de um tempo em que se sentia desencorajado, e então explore a decepção, a preocupação, o constrangimento e o ciúme.

7. Para a procrastinação: lembre-se de um tempo em que se sentia indefeso, e então explore a preocupação, o constrangimento, o ciúme e a dor.

8. Para o perfeccionismo: lembre-se de um tempo em que se sentia inadequado, e então explore o constrangimento, o ciúme, a dor e o pânico.

9. Para o ressentimento: lembre-se de um tempo em que se sentia privado, e então explore o ciúme, a dor, o pânico e a vergonha.

10. Para a autopiedade: lembre-se de um tempo em que se sentia excluído e então explore a dor, o pânico, a vergonha e a raiva.

11. Para a confusão: lembre-se de um tempo em que se sentia desesperado e então explore o pânico, a vergonha, a raiva e a tristeza.

12. Para a culpa: lembre-se de um tempo em que se sentia indigno e então explore a vergonha, a raiva, a tristeza e o medo.

Escrevendo uma carta de sentimento

Uma vez selecionadas as quatro emoções apropriadas, decida para quem você quer enviar sua carta. Geralmente, quando resolve enviar uma carta de sentimento para seus pais, está apto a liberar seus sentimentos mais profundos. Mesmo que não conheça um de seus pais, você tem uma relação com sua mãe e seu pai em sua mente e em seu coração. Pode sempre se imaginar conversando com eles. Pode optar por escrever uma carta de sentimento para alguém que o incomodou ou para uma pessoa com a qual sente uma conexão e cujo apoio adoraria.

É válido escrever uma carta para um pai, compartilhando os sentimentos de tristeza que tem em relação a outras coisas. Escrever uma carta de sentimento para um pai não significa que você tenha de culpá-lo. Em alguns casos, as pessoas não querem reprovar seus genitores, pois acham que isso significaria que elas não os amam. Essa é uma indicação clara da emoção suprimida que precisa ser expressa. Caso não possamos nos sentir irritados, isso é um sinal de que, em tempos passados, aprendemos não ser esse um gesto amoroso e que nossos pais não o mereciam.

Ficar irritado não é um sinal de que nossos pais eram ruins ou desagradáveis. Eles fizeram o melhor que puderam, mas ninguém pode dar a uma criança tudo aquilo de que ela precisa. Ficar irritado e magoado é uma parte importante do crescimento. Aprender a lidar com a raiva e liberá-la, em vez de suprimi-la com razões que explicam por que não se deve ficar irritado, é essencial.

Às vezes as pessoas não escrevem cartas porque largam tudo para lá. É a água que passa embaixo da ponte. Podem achar que tudo está bem agora ou não se importar nem um pouco. Nesse caso, lembre-se de como você se sentia antes de apaziguar as coisas ou parar de se preocupar. Volte ao tempo em que tinha os sentimentos e viva novamente tal momento, dando-se a capacidade de anotar suas emoções.

Uma vez que definiu para quem vai escrever, é hora de saber como é uma carta de sentimento.

FORMATO DA CARTA DE SENTIMENTO

Querido _____,
1. *" Me sinto traído quando..."*
2. *"Fico irritado com..."*
3. *"Estou triste porque..."*
4. *"Temo que..."*
5. *"Lamento que..."*
6. *"Quero..."*

Depois de selecionar o sentimento e as emoções apropriadas para um bloqueio, use as frases-guia para ajudá-lo a expressá-las. No final de suas cartas, expresse o que você deseja. Para cada um dos níveis, escreva durante, pelo menos, dois a três minutos. Dessa maneira, depois de um período que pode ir de dez a 15 minutos, você terá completado a carta.

Essa carta de sentimento é para sua própria cura. Nao é necessário enviá-la para alguém. Partilhar seus sentimentos a partir de uma perspectiva mais amorosa e resolvida, e quando acredita que eles serão ouvidos, é sempre uma boa idéia.

Escrevendo a carta de resposta

Depois de escrever seus sentimentos e vontades, imagine-se recebendo a resposta ideal. Por exemplo, se a pessoa para a qual estiver escrevendo o magoou de alguma forma, escreva a resposta que faria com que você se sentisse ouvido, entendido e mais clemente. Caso tenha ficado desapontado ou se sentido traído de alguma maneira, obrigue essa pessoa a fazer promessas com o intuito de deixá-lo melhor. Reflita sobre o que ela poderia fazer para aumentar seu astral. Talvez você precise, a princípio, de encorajamento ou da confiança renovada de que é amado e especial. Escreva o que quer que precise ouvir. Na medida em que escreve a resposta que gostaria de receber, imagine como ela o faria se sentir, e faça com que esses sentimentos venham à tona.

Mesmo se a pessoa na vida real jamais fosse dizer tais palavras positivas e desse prosseguimento a isso com atitudes de suporte, escreva-as de qualquer jeito. Diga as coisas que merecia ouvir, que você acabará experimentando os sentimentos positivos sobre os quais passou por cima. Ao gerar sentimentos positivos dessa maneira, estará se reconectando com a parte de seu verdadeiro eu da qual se desconectou naquele momento. Muito embora tal pessoa não esteja realmente lhe dando o apoio de que precisa, ao escrever a resposta que queria ouvir, você estará se dando esse amor e esse suporte.

A imaginação é muito poderosa. Na maior parte do tempo, quando estamos feridos, achamos que as coisas são piores do que realmente eram. Se você não está alcançando o sucesso pessoal, uma parte sua não está conectada com seu verdadeiro eu. Ao se dar as respostas que vêm do mundo que você não conseguiu, acabará descobrindo sua conexão interior.

O formato da carta de resposta é sempre o mesmo para cada uma das cartas de sentimento. Isso facilita, porque enquanto estamos envoltos por nossas emoções, às vezes fica difícil saber do que precisamos. A frase-guia vai arrancar as mensagens amorosas que necessita ouvir.

Use cada uma das seguintes frases-guia para escrever uma resposta que o faria se sentir ouvido e apoiado. Sinta-se livre para adicionar quaisquer comentários adicionais que o fariam se sentir melhor.

FORMATO DA CARTA DE RESPOSTA

Querido _____,
1. *"Eu queria pedir desculpas pelo que..."*
2. *"Por favor me perdoe..."*
3. *"Eu entendo..."*
4. *"Eu prometo..."*
5. *"Eu amo..." "Você é..." "Você merece..."*
   Com amor,

Escrevendo a carta de conexão

Depois de escrever a resposta desejada, imagine como você iria se sentir se pegasse tal resposta e resolvesse escrever em retribuição. Ao pegar esse momento importante para expressar os sentimentos positivos que gerou, você se tornará mais centrado e conectado com seu verdadeiro eu. E conseguindo com a experiência negativa gerar sentimentos positivos, a partir dela, você não irá mais resistir a olhar para seu passado.

Quando você está apto a se curar, a aprender e a crescer a partir de seu passado, acaba não sendo mais atraído por situações que se repetem. Está livre para criar qualquer coisa que desejar. Ao ligar sentimentos negativos correntes a seu passado e gerar outros positivos, você detém o poder para remover os bloqueios e seguir adiante para criar o que quer que deseje.

Essas sete frases-guia vão ajudá-lo a puxar e gerar sentimentos positivos para socorrê-lo no sentido da busca de uma conexão com seu verdadeiro eu.

FORMATO DA CARTA DE CONEXÃO

Querido _____,
1. *"Seu amor me faz sentir..."*
2. *"Eu agora entendo..."*
3. *"Eu perdôo..."*
4. *"Fico feliz por..."*
5. *"Eu amo..."*
6. *"Tenho confiança de que..."*
7. *"Me sinto grato por..."*
   Com amor,

Ao reservar o tempo para expressar sentimentos positivos, você está preenchendo o vazio deixado por ter sentido emoções negativas. Mesmo que se sinta melhor depois de redigir os sentimentos negativos, reserve alguns minutos a mais para ouvir e escrever os positivos também. Isso o ajudará a solidificar a conexão com sua verdadeira essência.

Praticando as quatro etapas

Aqui vai um exemplo sobre como utilizar cada uma das quatro etapas para se liberar de um bloqueio.

Práticas e meditações de cura • 303

Carl se sentia emperrado por reprovação. Sempre culpava seu emprego por sua infelicidade. Dispensava longas horas, mas não estava ganhando o dinheiro que queria. Não estava mais interessado. Podia se sentar e redigir o que o incomodava, mas isso simplesmente não trouxe alívio. Ele decidiu se livrar de seu bloqueio processando seu passado. Sentia raiva por seu trabalho não ser o que achava que seria. Tinha a sensação de ser traído por dentro. Ainda assim optara por aquele emprego, por isso não poderia ficar magoado em relação ao que lhe dizia respeito. Para se conectar com suas emoções mais profundas, ligava sua raiva a um momento passado no qual se sentiu traído.

Lembrava-se de um tempo, quando estava com cerca de oito anos de idade, em que seu pai prometeu que o levaria para pescar. Ficou o dia inteiro sentado esperando. Quando seu pai chegou em casa, em vez de se desculpar, criticou Carl por não usar aquele tempo para fazer seu dever de casa.

Para processar o passado, Carl atrasou seu relógio e imaginou a si próprio depois que seu pai o rejeitou e o criticou. Depois disso ele continuou a expressar as quatro emoções ligadas à reprovação. Essa é a sua carta de sentimento:

CARTA DE SENTIMENTO DE CARL

Querido pai,
1. Traição: Sinto-me traído quando você não mantém suas promessas ou guarda um tempo para ficar comigo.
2. Raiva: Fico irritado por você estar sendo crítico em relação a mim. Fico irritado por você estar sendo mesquinho e egoísta. Fico zangado por você só pensar em si mesmo e não pensar em mim. Você prometeu que ia me levar para pescar e não o fez. Isso não é justo. Fico irritado por você não ter mantido sua promessa.

3. Tristeza: *Fico triste por você não ter vindo me pegar. Fico triste por outras coisas terem sido mais importantes. Fico triste por não termos passado um sábado divertido. Fico triste por você trabalhar tanto. Fico triste por você não querer passar mais tempo comigo. Fico triste por você nem sequer ter pedido desculpas. Fico triste por ter passado o dia inteiro sozinho. Fico triste por não ter um dia divertido.*

4. Medo: *Temo não poder confiar em você. Temo que você venha a interpretar mal meus sentimentos. Temo que você venha a gritar comigo. Temo estar sendo muito exigente. Temo estar perdendo a chance de ter uma infância divertida. Temo que todo mundo esteja se divertindo bastante, quando o mesmo não está acontecendo comigo. Temo não ser importante para você. Temo que você não goste de mim e que eu não seja bom o suficiente.*

5. Pesar: *Lamento não termos saído para pescar. Lamento não ter feito meu dever de casa. Lamento ter perdido o dia esperando por você. Lamento não estarmos mais próximos. Lamento não fazermos coisas divertidas juntos. Lamento o fato de você trabalhar tanto e sumir durante a maior parte do tempo. Lamento não tirar notas mais altas. Lamento não ser tão bom quanto meus irmãos.*

6. Desejo: *Eu o amo e quero passar mais tempo com você. Quero que você entenda como eu me sinto. Quero me divertir. Quero aproveitar que estou crescendo. Não quero ficar sentado esperando por você. Quero que você me ligue e me deixe a par do que está acontecendo. Quero me sentir como se fosse uma parte importante de sua vida. Quero que você tenha orgulho de mim. Quero me sentir bem e feliz. Quero me sentir livre e inocente e nem sempre temer sua desaprovação. Quero que você passe algum tempo comigo. Eu o amo e sinto sua falta.*

Depois de escrever uma carta de sentimento, Carl passou pela etapa dois e se imaginou obtendo o que queria. Redigiu a resposta que gostaria de ter recebido de seu pai. Muito embora ele jamais tivesse dado tal resposta na vida real, o processo ainda funciona.

Ao redigir a resposta ideal, Carl está, de fato, dando a si próprio o que não recebeu. E o que é mais importante, está gerando sentimentos positivos para equilibrar os negativos que acabou de expressar. Esta é sua carta de resposta:

CARTA DE RESPOSTA DE CARL

Querido Carl,
1. Desculpa: *Desculpe ter chegado tarde. Lamento muito o fato de você não ter ido pescar comigo. Lamento tê-lo desapontado novamente. Cometi um erro ao não ligar para você.*
2. Pedindo perdão: *Por favor, me perdoe por não estar lá com você. Por favor, me perdoe por não ter levado você para pescar a fim de que pudéssemos fazer coisas divertidas juntos. Por favor, me perdoe por negligenciar você.*
3. Compreensão: *Entendo que você esteja magoado comigo. Você tem o direito de estar irritado comigo. Entendo que você tenha medo de falar comigo, tenho sido tão crítico. Entendo por que você tem estado tão triste. Essa é sua infância e parece que você está passando por cima dela. Entendo que tenha prometido levá-lo para pescar, e que o magoei. Lamento muito e quero fazer tudo para reparar isso.*
4. Promessas: *Quero que você seja feliz e se divirta bastante. Quero levá-lo para pescar. Dessa vez vou fazer isso. No sábado que vem vamos sair para pescar e nos divertir um bocado.*
5. Amor: *Quero que você saiba que eu o amo, e de agora em diante as coisas serão diferentes. Você é muito especial para mim. Eu o amo muito.*

Com amor, papai

A terceira etapa que você deve processar é imaginar e mostrar como se sente ao conseguir o que deseja. Esta é chamada de carta de conexão, pois expressa os sentimentos de conexão com o apoio de que precisa e que deseja.

CARTA DE CONEXÃO DE CARL

Querido papai,
 1. *"O seu amor me faz sentir...": Seu amor me faz sentir melhor. Você me faz sentir bem por dentro. Você me faz sentir a esperança de que posso ser feliz, de que podemos passar um tempo juntos e nos divertirmos.*
 2. *"Agora eu entendo...": Agora entendo que você me ama. Entendo que você cometeu um erro e não eu. Não sou mau. Sei que você me ama, e eu o amo, papai.*
 3. *"Eu lhe perdôo...": Eu lhe perdôo. Perdôo-lhe por não estar lá comigo. Perdôo-lhe por ter sido tão desatencioso e crítico. Perdôo-lhe por ter me deixado esperando.*
 4. *"Fico feliz por...": Fico feliz por você se importar. Fico feliz por poder falar contigo. Fico feliz por podermos ser íntimos e nos divertir. Fico feliz por poder confiar e contar com você. Fico feliz por você me amar e ter me ouvido.*
 5. *"Eu adoro...": Eu adoro sair para pescar. Adoro me sentir livre para ser eu mesmo. Adoro sentir que somos íntimos. Adoro saber que vamos fazer mais coisas juntos. Adoro me sentir seguro para ser eu mesmo.*
 6. *"Estou confiante...": Estou confiante de que posso ter uma vida feliz. Estou confiante de que você me ama e de que sou importante. Estou confiante de que posso fazê-lo feliz. Estou confiante de que sou bom o suficiente do meu jeito.*
 7. *"Sinto-me grato pelo...": Sinto-me grato por seu amor e pelo da minha mãe. Sinto-me grato por você querer passar mais tempo comigo. Sinto-me grato pelos ótimos professores que tenho no colégio. Sinto-me grato por meu quarto limpo. Sinto-me grato com Deus por Ele ter me dado pais excelentes.*

Depois de fazer a carta de conexão, Carl se sentiu tão melhor que queria mais. Desta vez ele imaginou que foi pescar com seu pai e que isso gerou mais sentimentos positivos de apoio.

OUTRA CARTA DE CONEXÃO

1. "Seu amor me faz sentir...": *Nesse momento me sinto muito bem por estar pescando com meu pai. Acabei de pegar um peixe e ele está muito orgulhoso de mim. Sinto-me contente e em paz. É simplesmente ótimo estarmos juntos. Fico muito feliz por ter meu pai. Ele me ama muito, e eu o amo. Estamos nos divertindo demais.*
2. "Agora eu entendo...": *Agora eu sei como é maravilhoso sair para pescar e passar bons momentos com meu pai.*
3. "Eu perdôo...": *Eu perdôo meu pai por todos os momentos em que ele não teve êxito.*
4. "Estou feliz...": *Estou feliz por ele ter me levado de carro até aqui. Estou feliz por este ser um dia realmente bonito. Estou feliz por podermos estar juntos sem ter muita coisa para fazer. Sinto-me feliz por hoje não ter errado. Sinto-me realmente feliz por ter pescado um peixe. Sinto-me feliz por estarmos passando bons momentos juntos.*
5. "Eu adoro...": *Eu adoro estar com papai e fazer coisas junto com ele. Adoro me divertir. Adoro passear de barco. Adoro estar cada vez melhor nisso. Adoro dirigir por aí na pickup. Adoro conhecer novos lugares e fazer coisas diferentes. Adoro sair em aventuras.*
6. "Estou confiante...": *Estou confiante de que posso ser eu mesmo e me divertir um bocado. Não preciso ser perfeito. Posso relaxar que tudo vai dar certo. Posso confiar em meu pai. Ele realmente me ama e está à minha disposição. Estou confiante de que ele me entende e de que lhe sou importante.*
7. "Sinto-me tão grato...": *Sinto-me tão grato por esta pescaria. Nos divertimos tanto. Sinto-me grato pelo peixe que peguei. Sinto-me grato pelo dia lindo que fez. Sinto-me grato por meu pai ter reservado um tempo para fazer isso. Sei que ele é muito ocupado. Sinto-me tão grato por não estar sozinho no mundo e por ele me amar. Sinto-me tão grato por podermos nos divertir juntos.*

Com essa atitude de gratidão, Carl trouxe sua consciência de volta ao presente e se sentiu muito melhor. Embora não tivesse feito nada de forma tão diferente, começou a gostar mais de seu trabalho. Além do mais, começou a reservar mais tempo para si mesmo e para seus filhos.

Curando sentimentos com a ajuda de um pai

Às vezes, quando está escrevendo uma carta para um de seus pais, você pode ficar magoado com um deles. Noutras só está escrevendo a carta para receber apoio, mas está chateado por outro motivo. Vamos ver um pequeno exemplo.

Lucy estava magoada por não ter vencido um torneio de skate. Ela levou um tombo nas finais. Durante meses, ficou deprimida. Para se livrar da depressão, ela em primeiro lugar se ligou a seu passado. Lembrou-se de um dia em que não foi convidada para uma festa de aniversário da sétima série. Isso a magoou bastante. A seguir podemos ver um trecho de sua carta de sentimento:

Querida mamãe,
1. *Sinto-me abandonada quando o pessoal no colégio não gosta de mim.*
2. *Estou muito triste por não ter sido convidada para a festa. Ninguém gosta de mim. Não sei o que há de errado comigo. Faço o melhor que posso, mas continuo sendo rejeitada.*
3. *Tenho medo de nunca ser aceita. Ninguém me ama. Não posso fazer nada. Noutro dia, quando respondi uma pergunta no meio da aula, todo mundo riu de mim. No almoço, quando me aproximo do pessoal, a galera sai de perto.*
4. *Lamento não ter podido ir à festa. Lamento não poder fazer amigos. Lamento não poder ser uma das garotas populares. Lamento não poder imaginar o que fazer.*

5. *Sinto-me frustrada por não ter sido convidada. Sinto-me frustrada por ninguém se importar comigo. Sinto-me frustrada pelos garotos do colégio serem tão miseráveis. Sinto-me frustrada por ter que ser como eles para ser aceita.*
6. Quero ser eu mesma e ter vários amigos. Quero me divertir muito. Quero acordar de manhã e ficar louca para ir ao colégio. Quero ser convidada para festas e me sentir especial. Quero realmente me dar bem na escola. Quero que outras pessoas sejam meus amigos.

Com amor, Lucy

Depois, para a carta de resposta, Lucy escreveu a resposta que queria ouvir de seus amigos.

Querida Lucy,
1. Desculpe por ter sido mau com você. Lamento não ter convidado você para minha festa. Eu estava sendo mau. Convidei todo mundo menos você.
2. Por favor, me perdoe por ter excluído você. Por favor, me perdoe por fazer piadas com você e por humilhá-la. Lamento muito.
3. Entendo que eu tenha magoado você. Entendo que você não mereça ser tratada dessa maneira. Entendo que você esteja frustrada por minha causa.
4. Vou respeitar mais você no futuro. Vou parar de ser mau e tentar ser gentil.
5. Gostaria de ser seu amigo. Acho que você é de fato uma pessoa maravilhosa e muito divertida. Gostaria que você viesse até minha casa, para fazermos o trabalho de casa juntos.

Para completar o exercício, Lucy imaginou estar recebendo a resposta e depois expressou seus sentimentos positivos.

1. *Sua amizade faz com que eu me sinta bem. Só quero ser parte do grupo, mas não quero desistir de ser quem eu sou. Eu gosto de você.*
2. *Agora entendo que sou apreciada, e não tenho de desistir de quem sou para ser apreciada pelos outros.*
3. *Eu lhe perdôo por não ter me convidado para sua festa.*
4. *Fico feliz por estarmos nos divertindo tanto agora. Fico feliz por ser popular no colégio. Fico feliz por ter tantos amigos.*
5. *Eu amo minha vida. Amo meus amigos. Amo ir ao colégio e me divertir nos finais de semana.*
6. *Sinto-me tão grata por ter muitos amigos e me divertir tanto no colégio. Sinto-me grata pelo fato de meus amigos quererem passar tempo comigo, e por sentirem minha falta quando estou distante.*

Escrevendo cartas de sentimento para Deus

Quando começo a sentir qualquer um dos bloqueios, como reprovação, ressentimento, ou julgamento, acabo redigindo meus sentimentos para Deus. Nesse caso, não preciso realmente ligá-los a meu passado. Quando falo com Deus, sempre me sinto menor e vulnerável, como uma criança. É assim a maior parte das orações. Elas são instrumentos para comunicar seus sentimentos a Deus e expressar suas vontades e necessidades.

Ao usar formatos como a carta de sentimentos, a carta de resposta, e a carta de conexão, você pode aprofundar sua conexão com Deus e encher seu tanque de amor de vitamina D1. Algumas pessoas acreditam em Deus, mas se sentem traídas por ele. Quando esse é o caso, é até mesmo compreensível culpar o Todo-Poderoso. Se alguém pode ouvir seus sentimentos de reprovação sem se sentir magoado ou defensivo, esse alguém é Deus. Ao perdoá-lo, você estará livre para encher seu tanque de amor de vitamina D1.

Os quatro passos para se processar um bloqueio

Com a prática, acaba se tornando mais fácil processar seus sentimentos. No começo, você se sente aliviado, mas às vezes fica um pouco extenuado. Isso só acontece porque você não está em forma. Sentir-se um pouco prostrado é melhor do que se sentir bloqueado. Depois de um tempo, assim como acontece nos exercícios saudáveis, você não irá se sentir tão arrasado depois. Em suma, para se desemperrar e remover um bloqueio, siga esses quatro passos simples:

1. Fique a par de seu bloqueio e ligue o sentimento negativo correspondente a seu passado.
2. Enquanto se imagina no passado, escreva uma carta de sentimento para expressar os quatro níveis de emoção ligados a seu bloqueio. Complete a carta entrando em contato com o que deseja e expressando essa vontade.
3. Enquanto se imagina no passado, escreva uma carta de resposta e diga as coisas que gostaria de ouvir como resposta à sua carta.
4. Enquanto se imagina no passado, obtendo o que quer, escreva uma carta de conexão para expressar os sentimentos positivos ligados à obtenção do que você precisa e deseja.

Usando os sentimentos para encontrar emoções

Enquanto explora as quatro emoções ligadas a cada bloqueio, se é que não pode sentir uma delas, guarde algum tempo para explorar o sentimento negativo associado a esse nível. Quando você está bloqueado em algum deles, o sentimento geral correspondente vai ajudá-lo na busca da emoção pura. Normalmente, isso irá liberar o bloqueio e a emoção vai começar a vir à tona.

Vamos dizer que você esteja liberando perfeccionismo e se lembre de um tempo em que se sentia inadequado. Para processar esse sentimento, seu procedimento será o de sentir e expressar constrangimento. Depois, o nível inferior seguinte será o ciúme. Você poderá ficar bloqueado e incapaz de sentir esse tipo de inveja. Para promover essa mudança, pode precisar a princípio refletir sobre o que o faz se sentir privado, e depois os sentimentos de ciúme poderão começar a vir à baila. A privação é o sentimento ligado à emoção de ciúme. Reporte-se ao nível nove na tabela de sentimentos.

Um dos principais motivos que explicam por que permanecemos bloqueados é suprimirmos certas emoções durante anos. Às vezes, não nos permitimos sentir a emoção que precisamos vivenciar e liberar. Uma pessoa pode ser muito boa na raiva, mas não tão boa na tristeza. Pode facilmente ficar desgostosa, mas não com ciúmes. Pode ficar com medo, mas incapaz de sentir raiva. Para se livrar de um bloqueio, devemos nos permitir todas as 12 emoções negativas puras. Lembre-se, todas elas são curativas e naturais. São apenas mensageiros nos dizendo que estamos nos afastando de nosso centro. São sinais importantes que nos ajudam a encontrar o equilíbrio. Ao sentir emoções puras, você retorna a si próprio, mas ao sentir os bloqueios acaba se desconectando de seu verdadeiro eu.

Encontrando o ciúme de Sarah

Vamos ver um exemplo. Sarah era uma perfeccionista. Ela se lembrou de um tempo em que era criticada por seu pai. Ele esperava que sua filha cantasse perfeitamente, e ela nunca se sentia à altura dessa expectativa. Era uma grande cantora, mas interiormente não se sentia suficientemente bem.

Para processar seu bloqueio, lembrou em primeiro lugar de um tempo em que se sentia inadequada e começou a anotar seus sentimentos de constrangimento. Quando cantava, sua voz soava desafinada. Ela voltou a essa época e escreveu uma carta de sentimento para seu pai, começando com o embaraço. A emoção seguinte foi o ciúme. Não achava que seria capaz de sentir isso. E então, para encontrá-lo, teve de retomar o sentimento antigo de privação associado a esse mesmo ciúme. Ao contemplá-lo, ela começou a descobrir seu ciúme reprimido.

Sarah achava que as outras crianças eram amadas e apoiadas, mas seu pai era exigente por demais. As meninas de sua idade saíam para brincar e se divertir, mas ela ficava dentro de casa praticando ou tomando conta dos irmãos mais novos. Agora ela podia sentir ciúmes. Depois de se permitir ter essa sensação, encontrar as duas emoções seguintes passou a ser uma tarefa mais fácil. Na maior parte dos casos, a única emoção difícil de se encontrar é aquela que você mais precisa sentir para remover um bloqueio.

Ligando sentimentos a seu passado

Para ligar sentimentos ao passado, não é necessário que você tenha passado uma infância terrível. Todo mundo enfrenta desafios enquanto cresce, e alguns de nós simplesmente tínhamos mais apoio para lidar com eles. Cada um dos 12 bloqueios está ligado a uma variedade de circunstâncias dolorosas. Em cada uma delas, seus pais podem ter estado envolvidos, senão outras pessoas. Se for difícil ligar seus sentimentos atuais aos do passado, use essas questões. Elas vão conduzi-lo na direção de algumas das circunstâncias comuns que geram sentimentos negativos.

1. Para ligar sentimentos presentes de traição a seu passado, use qualquer uma das seguintes sugestões:

- Lembre-se de um tempo em que se sentiu traído de alguma maneira.
- Lembre-se de um tempo em que alguém o maltratou.
- Lembre-se de um tempo em que alguém mentiu para você.
- Lembre-se de um tempo em que alguém o decepcionou.
- Lembre-se de um tempo em que alguém se opôs a você.
- Lembre-se de um tempo em que alguém o enganou.
- Lembre-se de um tempo em que alguém conspirou contra você.
- Lembre-se de um tempo em que alguém o derrotou.
- Lembre-se de um tempo em que alguém se virou contra você.
- Lembre-se de um tempo em que alguém o excluiu.
- Lembre-se de um tempo em que alguém o rejeitou.
- Lembre-se de um tempo em que alguém não o compreendeu.
- Lembre-se de um tempo em que alguém o criticou.
- Lembre-se de um tempo em que alguém não manteve uma promessa.
- Lembre-se de um tempo em que alguém falou sobre você.

2. Para ligar sentimentos presentes de abandono a seu passado, use qualquer uma das seguintes sugestões:

- Lembre-se de um tempo em que você se sentiu abandonado de alguma maneira.

- Lembre-se de um tempo em que você foi deixado para trás.
- Lembre-se de um tempo em que você foi infeliz.
- Lembre-se de um tempo em que você foi deixado sozinho.
- Lembre-se de um tempo em que você estava perdido.
- Lembre-se de um tempo em que você foi rejeitado.
- Lembre-se de um tempo em que você foi deixado de fora.
- Lembre-se de um tempo em que você não foi escolhido.
- Lembre-se de um tempo em que você não foi esquecido.
- Lembre-se de um tempo em que você foi esquecido.
- Lembre-se de um tempo em que alguém estava atrasado.
- Lembre-se de um tempo em que alguém saiu.
- Lembre-se de um tempo em que uma outra pessoa recebeu toda a atenção.
- Lembre-se de um tempo em que você era menos popular.
- Lembre-se de um tempo em que alguém o decepcionou.
- Lembre-se de um tempo em que você vivenciou um fracasso ou uma derrota.

3. Para ligar sentimentos presentes de incerteza a seu passado, use qualquer uma das seguintes sugestões:

- Lembre-se de um tempo em que você se sentiu incerto de alguma maneira.
- Lembre-se de um tempo em que você não sabia o que dizer.
- Lembre-se de um tempo em que você não sabia o que iria acontecer.

- Lembre-se de um tempo em que você estava esperando por muitas horas.
- Lembre-se de um tempo em que você foi contido.
- Lembre-se de um tempo em que você estava perdido.
- Lembre-se de um tempo em que você não sabia a hora.
- Lembre-se de um tempo em que você não podia chegar em casa.
- Lembre-se de um tempo em que você não podia conseguir água e nem comida.
- Lembre-se de um tempo em que você não conseguia encontrar seu caminho.
- Lembre-se de um tempo em que você fugiu do perigo.
- Lembre-se de um tempo em que você precisava de ajuda.
- Lembre-se de um tempo em que você estava esperando para descobrir uma punição.
- Lembre-se de um tempo em que você não sabia o que fez de errado.
- Lembre-se de um tempo em que você não sabia como se proteger.
- Lembre-se de um tempo em que você não sabia como resolver um problema.

4. Para ligar sentimentos presentes de impotência ao passado, use qualquer uma das seguintes sugestões:

- Lembre-se de um tempo em que você se sentiu impotente de alguma maneira.
- Lembre-se de um tempo em que você não conseguia obter o que precisava.

Práticas e meditações de cura • 317

- Lembre-se de um tempo em que você não conseguia agradar a alguém.
- Lembre-se de um tempo em que você não conseguia consertar algo que quebrou.
- Lembre-se de um tempo em que você cometeu um erro.
- Lembre-se de um tempo em que você não podia reparar um erro.
- Lembre-se de um tempo em que você não conseguia fazer melhor.
- Lembre-se de um tempo em que você não correspondeu às suas expectativas.
- Lembre-se de um tempo em que você não podia ir a algum lugar.
- Lembre-se de um tempo em que você não podia fazer algo.
- Lembre-se de um tempo em que você não era aceito pelos outros.

5. Para ligar sentimentos presentes de insatisfação a seu passado, use qualquer uma das seguintes sugestões:

- Lembre-se de um tempo em que você se sentiu insatisfeito de alguma maneira.
- Lembre-se de um tempo em que você não conseguiu o que queria.
- Lembre-se de um tempo em que aquilo que você recebeu não era o que desejava.
- Lembre-se de um tempo em que os outros não atendiam suas expectativas.

- Lembre-se de um tempo em que você não ganhou alguma coisa.
- Lembre-se de um tempo em que você não foi muito bem.
- Lembre-se de um tempo em que alguém o decepcionou.
- Lembre-se de um tempo em que você não estava progredindo suficientemente rápido.
- Lembre-se de um tempo em que você tinha de esperar por alguém.
- Lembre-se de um tempo em que você não gostava de alguém.
- Lembre-se de um tempo em que você não gostava de uma situação.
- Lembre-se de um tempo em que você ouviu más notícias.

6. Para ligar sentimentos presentes de desestímulo a seu passado, use qualquer uma das seguintes sugestões:

- Lembre-se de um tempo em que você se sentiu desestimulado de alguma maneira.
- Lembre-se de um tempo em que você estava decepcionado.
- Lembre-se de um tempo em que você não ouviu o que esperava ouvir.
- Lembre-se de um tempo em que você não conseguiu fazer o que queria.
- Lembre-se de um tempo em que você ia fazer algo que foi cancelado.
- Lembre-se de um tempo em que você não era tão bom quanto pensava.
- Lembre-se de um tempo em que você era menos do que os outros.

Práticas e meditações de cura • 319

- Lembre-se de um tempo em que você tinha menos do que os outros.
- Lembre-se de um tempo em que você recebia menos do que os outros.
- Lembre-se de um tempo em que você tomou uma decisão que não veio a ser boa.
- Lembre-se de um tempo em que você fez uma opção e acabou passando por cima dela de alguma maneira.
- Lembre-se de um tempo em que você foi contido.
- Lembre-se de um tempo em que você foi assentado.
- Lembre-se de um tempo em que você era uma decepção para os outros.
- Lembre-se de um tempo em que você entrou em apuros.

7. Para ligar sentimentos presentes de impotência ao passado, use qualquer uma das seguintes sugestões:

- Lembre-se de um tempo em que você se sentiu indefeso de alguma maneira.
- Lembre-se de um tempo em que você era pequeno e precisava de ajuda.
- Lembre-se de um tempo em que você estava perdido e pedia ajuda.
- Lembre-se de um tempo em que você não sabia como chegar em casa.
- Lembre-se de um tempo em que você era novo e não sabia como as coisas funcionavam.
- Lembre-se de um tempo em que você não podia fazer algo funcionar.

- Lembre-se de um tempo em que você não podia fazer o que esperavam de você.
- Lembre-se de um tempo em que você se sentia pressionado.
- Lembre-se de um tempo em que você estava atrasado.
- Lembre-se de um tempo em que você esperou até o último minuto.
- Lembre-se de um tempo em que você finalmente conseguiu ajuda.
- Lembre-se de um tempo em que você acabou alcançando uma meta.
- Lembre-se de um tempo em que você se esforçou para sair.
- Lembre-se de um tempo em que você foi fisicamente contido de alguma maneira.
- Lembre-se de um tempo em que você não sabia em quem podia confiar.

0. Para ligar sentimentos presentes de impropriedade ao passado, use qualquer uma das seguintes sugestões:

- Lembre-se de um tempo em que você se sentia inadequado de alguma maneira.
- Lembre-se de um tempo em que você decepcionou seu pai ou sua mãe ou uma outra pessoa que amava.
- Lembre-se de um tempo em que os outros riam de você.
- Lembre-se de um tempo em que você dizia coisas erradas.
- Lembre-se de um tempo em que você entrava em apuros.
- Lembre-se de um tempo em que outra pessoa entrava em apuros e você se sentia mal.

- Lembre-se de um tempo em que você não podia impedir outra pessoa de fazer a coisa errada.
- Lembre-se de um tempo em que você testemunhou violência ou qualquer outro tipo de agressão.
- Lembre-se de um tempo em que você tinha mais do que os outros.
- Lembre-se de um tempo em que seu zíper estava arriado.
- Lembre-se de um tempo em que você se embaraçou publicamente.
- Lembre-se de um tempo em que você estava em algum lugar e não conhecia ninguém.
- Lembre-se de um tempo em que você não era escolhido.
- Lembre-se de um tempo em que você era rejeitado.
- Lembre-se de um tempo em que você falhou.
- Lembre-se de um tempo em que você tinha uma espinha grande no nariz.

9. Para ligar sentimentos presentes de privação ao passado, use qualquer uma das seguintes sugestões:

- Lembre-se de um tempo em que você se sentiu privado de alguma maneira.
- Lembre-se de um tempo em que você tinha menos do que os outros.
- Lembre-se de um tempo em que você não conseguia o que queria.
- Lembre-se de um tempo em que uma outra pessoa conseguiu o que você queria.

- Lembre-se de um tempo em que seu irmão conseguiu mais do que você.
- Lembre-se de um tempo em que você era ignorado.
- Lembre-se de um tempo em que você era negligenciado.
- Lembre-se de um tempo em que você não era perdoado.
- Lembre-se de um tempo em que você era castigado.
- Lembre-se de um tempo em que você acabou não indo.
- Lembre-se de um tempo em que a vida era injusta.
- Lembre-se de um tempo em que você fez algo bacana e depois foi maltratado.
- Lembre-se de um tempo em que algo foi tirado de você.
- Lembre-se de um tempo em que você acabou não tendo sua vez.
- Lembre-se de um tempo em que alguém tinha mais do que você.
- Lembre-se de um tempo em que alguém se deu melhor por meio de fraude.
- Lembre-se de um tempo em que alguém se cortou à sua frente.
- Lembre-se de um tempo em que você esteve em apuros, e a culpa não era sua.

10. Para ligar sentimentos presentes de exclusão a seu passado, use qualquer uma das seguintes sugestões:

- Lembre-se de um tempo em que você se sentiu excluído de alguma maneira.

- Lembre-se de um tempo em que você foi deixado para trás.
- Lembre-se de um tempo em que você foi rejeitado.
- Lembre-se de um tempo em que você acabou não indo.
- Lembre-se de um tempo em que você foi deixado de fora.
- Lembre-se de um tempo em que você não era convidado.
- Lembre-se de um tempo em que as pessoas riam de você.
- Lembre-se de um tempo em que você era maltratado.
- Lembre-se de um tempo em que você passava por cima das coisas.
- Lembre-se de um tempo em que você não chegava na hora num determinado lugar.
- Lembre-se de um tempo em que os outros se divertiam e você não.
- Lembre-se de um tempo em que você era mal-entendido.
- Lembre-se de um tempo em que você era ignorado.
- Lembre-se de um tempo em que não permitiam sua entrada.
- Lembre-se de um tempo em que você não estava vestido de forma apropriada.
- Lembre-se de um tempo em que você era diferente.
- Lembre-se de um tempo em que você era julgado pela cor de sua pele, pelo tamanho, pelo sexo ou pela família.
- Lembre-se de um tempo em que você não se deu bem num teste.
- Lembre-se de um tempo em que os outros tinham ciúmes de você.

11. Para ligar sentimentos presentes de desesperança a seu passado, use qualquer uma das seguintes sugestões:

- Lembre-se de um tempo em que você se sentiu desesperado de alguma maneira.
- Lembre-se de um tempo em que você sentiu que não sabia o que fazer.
- Lembre-se de um tempo em que você estava atrasado.
- Lembre-se de um tempo em que alguém de quem você precisava partiu ou morreu.
- Lembre-se de um tempo em que você era incapaz de fazer algo.
- Lembre-se de um tempo em que você não fazia algo bem.
- Lembre-se de um tempo em que você não era tão bom quanto os outros.
- Lembre-se de um tempo em que você não conseguia fazer sua cabeça.
- Lembre-se de um tempo em que você não tinha informação suficiente.
- Lembre-se de um tempo em que você não tinha ajuda suficiente.
- Lembre-se de um tempo em que você recebia mensagens confusas.
- Lembre-se de um tempo em que você não sabia por que foi castigado.
- Lembre-se de um tempo em que você não sabia por que estava ferido de alguma maneira.
- Lembre-se de um tempo em que você não sabia como sair de alguma situação.
- Lembre-se de um tempo em que você era perseguido.

12. Para ligar sentimentos presentes de indignidade a seu passado, use qualquer uma das seguintes sugestões:

- Lembre-se de um tempo em que você se sentiu indigno de alguma maneira.
- Lembre-se de um tempo em que você se comportava mal.
- Lembre-se de um tempo em que você não era útil.
- Lembre-se de um tempo em que você não era o que os outros pensavam.
- Lembre-se de um tempo em que você não era bom o suficiente de alguma maneira.
- Lembre-se de um tempo em que você não cumpria promessas para os outros.
- Lembre-se de um tempo em que seu corpo não era grande o suficiente ou era grande demais.
- Lembre-se de um tempo em que você percebeu que algo em relação a seu corpo era falho ou imperfeito.
- Lembre-se de um tempo em que algo aconteceu e tinha de ser mantido em segredo.
- Lembre-se de um tempo em que você não podia falar sobre alguma coisa.
- Lembre-se de um tempo em que você não podia falar com sua mãe.
- Lembre-se de um tempo em que você não podia falar com seu pai.
- Lembre-se de um tempo em que você não podia parar algo.
- Lembre-se de um tempo em que você não atendia as expectativas de determinada pessoa.

- Lembre-se de um tempo em que você não podia falar a verdade.
- Lembre-se de um tempo em que você era inadequado.
- Lembre-se de um tempo em que você cometeu um erro.
- Lembre-se de um tempo em que você magoou alguém.
- Lembre-se de um tempo em que você sentia ter mais do que os outros.
- Lembre-se de um tempo em que você deixou alguém esperando.
- Lembre-se de um tempo em que você se sentia diferente.

Quando você está processando um bloqueio e não pode lembrar de um tempo em seu passado no qual tinha sentimentos semelhantes, essas sugestões diferentes são muito úteis. Você pode querer usá-las regularmente para olhar de volta para o passado e descobrir quaisquer bloqueios escondidos.

Se você não pode se lembrar de alguma coisa do passado e ainda está bloqueado, esse pode não ser o caminho correto para você. Geralmente, freqüentar o ambiente de um *workshop* proporciona o estímulo ideal. Em outros casos, a terapia particular é muito útil. Às vezes os bloqueios se vão sem que seja necessário olhar para o passado. Noutras, a melhor maneira de remover um bloqueio é com uma das 12 seguintes meditações especiais de cura.

Doze meditações de cura

Essas meditações de cura são poderosas para qualquer um que esteja atolado num bloqueio ou para alguém com uma doença crônica. Na maior parte dos casos, quando colocamos os sentimentos em segundo plano, nosso corpo pega uma doença. Algumas pessoas reagem a tratamentos de cura e outras não, dependendo de como estejam emperradas por um bloqueio. Para facilitar a cura de qualquer doença, use uma dessas meditações duas vezes ao dia, durante um mínimo de 15 minutos a cada vez. Essas meditações abrem nosso coração para receber a bênção de Deus.

1. Meditação de cura para se libertar da reprovação
"Oh Deus, oh Pai misericordioso, seu coração está cheio de bondade. Seu amor é sem fronteiras e está sempre presente. Preciso de sua ajuda. Sinto-me tão traído. Meu coração está fechado. Não posso perdoar. Ajude-me a amar novamente. Cure meu coração, cure meu coração."

2. Meditação de cura para se libertar da depressão
"Oh Deus, oh Mãe que me acalenta, meu coração está aberto para você. Por favor, entre dentro de meu coração. Sinto-me tão abandonado. Me faça feliz. Oh, Mãe, meu coração está aberto para você, aberto para você. Meu coração está aberto para você, aberto para você."

3. Meditação de cura para se libertar da ansiedade
"Oh Deus radiante e glorioso, oh luz divina, sinto-me tão incerto. Estou perdido na escuridão. Sou cego. Não posso ver meu caminho. Traga sua luz para meu coração. Remova a escuridão, remova a escuridão. Dê-me paz."

4. Meditação de cura para se libertar da indiferença
"Oh Pai celestial, toda a criação está em suas mãos. Sinto-me tão impotente. Estou cansado, realmente cansado. Preciso de sua ajuda. Por favor, entra em meu coração. Preencha-me, preencha-me. Remova minha dor, remova minha dor."

5. Meditação de cura para se libertar dos julgamentos
"Oh Deus, oh Mãe sagrada, toda a criação é seu jardim. Sou como uma abelha atraída pelas flores. Deixe-me provar o mel

doce de seu amor. Sinto-me tão insatisfeito. Acalenta minha alma com paz e bondade, acalenta minha alma com paz e bondade."

6. Meditação de cura para se libertar da indecisão
"Oh Espírito Santo, minha vida está em suas mãos. Sinto-me tão desencorajado. Perdi meu rumo. Conduza-me no caminho certo. Sou seu filho. Não me largue. Segura minha mão. Não me largue. Segura minha mão. Me mostre o caminho certo. Me mostre o caminho certo."

7. Meditação de cura para se libertar da procrastinação
"Oh Deus, oh energia divina, a fonte de toda a criação, o poder infinito que sustenta toda a vida, por favor, me ajude. Sinto-me tão indefeso. Levanta minhas cargas. Carregue meu peso. Levanta minhas cargas. Carregue meu peso. Não me esqueça, não me esqueça."

8. Meditação de cura para se libertar do perfeccionismo
"Oh Mãe santa, seu coração está sempre cheio. Estou tão sedento de seu leite divino. Anseio pelo conforto de seu amor e pela bondade de seu toque. Por favor me ajude. Sinto-me tão inadequado. Libera minha dor, libera minha dor."

9. Meditação de cura para se libertar do ressentimento
"Oh Deus, oh pai santo, obrigado por sua vontade e generosidade sempre presentes. Ouça o desejo de minha alma. Sinto-me tão privado. Remova todos os obstáculos. Retire meus medos. Faça-me confiante, faça-me confiante."

10. Meditação de cura para se libertar da autopiedade
"Oh Deus, oh espírito divino, Mãe e Pai de toda a criação, meu coração dói. Sinto-me rejeitado. Estou sozinho. Não me esqueça, não me esqueça. Ajuda-me, ajuda-me. Cura-me, cura-me."

11. Meditação de cura para se libertar da confusão
"Oh Pai celestial, por causa de suas bênçãos eu vim à Terra. Por favor, olhe para mim. Não me esqueça. Sinto-me tão desesperado. Por favor, venha a mim. Eu realmente, realmente quero sua ajuda. Por favor, olhe para mim. Não me esqueça. Por favor, venha a mim. Meu coração está aberto para você, meu coração está aberto para você."

12. Meditação de cura para se libertar da culpa
"Oh Deus, oh Mãe divina, seu amor não tem limites. Sua criação é a mais bela. Por favor, me ajude. Estou num deserto. Não posso ver sua beleza. Minha vida está vazia. Encha-me com seu amor, encha-me com seu amor."

Doze meditações para alcançar um maior sucesso

As seguintes meditações são dirigidas a pessoas que se sentem saudáveis e contentes, mas que querem vivenciar um sucesso exterior maior. As 12 meditações de cura saram os bloqueios em nosso coração para atrair o que precisamos. As 12 meditações de sucesso a seguir ajudam a remover os bloqueios para a criação daquilo que queremos. Elas colaboram no sentido de abrir nossas mentes para nosso potencial ilimitado.

1. Meditação de sucesso para remover a reprovação
"Oh Deus, sinto-me tão traído. Dê-me amor. Ajuda-me a perdoar. Remova essa reprovação. Arranca minha raiva. Ajuda-me a ter prazer com minha vida e com os outros."

2. Meditação de sucesso para remover a depressão
"Oh Deus, sinto-me tão abandonado. Dê-me alegria. Ajuda-

me a estender a mão. Remova essa depressão. Arranca minha tristeza. Ajuda-me a ser feliz com o que tenho."

3. Meditação de sucesso para remover a ansiedade
"Oh Deus, sinto-me tão incerto. Dê-me fé. Ajuda-me a ter confiança. Remova essa ansiedade. Arranca minhas dúvidas. Ajuda-me a me sentir excitado. Ajuda-me a acreditar."

4. Meditação de sucesso para remover a indiferença
"Oh Deus, sinto-me tão indefeso. Dê-me compaixão. Meu coração está fechado. Remova essa indiferença. Arranca minha dor. Levanta meu espírito. Ajuda-me a sentir alegria. Dê-me propósito e direção."

5. Meditação de sucesso para remover julgamentos
"Oh Deus, sinto-me tão insatisfeito. Dê-me paciência. Ajuda-me a encontrar uma aceitação amorosa. Remova esses julgamentos. Arranca a minha frustração. Ajuda-me a ficar satisfeito com o que tenho."

6. Meditação de sucesso para remover a indecisão
"Oh Deus, sinto-me tão desencorajado. Dê-me persistência. Ajuda-me a saber o que fazer. Remova essa indecisão. Arranca minha decepção. Ajuda-me a me sentir encorajado."

7. Meditação de sucesso para remover a procrastinação
"Oh Deus, sinto-me tão indefeso. Dê-me coragem. Ajuda-me a ser forte. Remova essa procrastinação. Arranca minhas preocupações. Ajuda-me a me sentir assegurado de que posso fazer o que vim aqui para fazer."

8. Meditação de sucesso para remover o perfeccionismo
"Oh Deus, sinto-me tão inadequado. Dê-me humildade. Ajuda-me a amar a mim mesmo do jeito que sou. Remova essa necessidade de ser perfeito. Arranca meu embaraço. Ajuda-me a me sentir bem em relação a mim mesmo."

9. Meditação de sucesso para remover o ressentimento
"Oh Deus, sinto-me tão privado. Dê-me abundância. Ajude-me a sentir minha natureza generosa. Arranca de mim esse ressentimento. Arranca meu ciúme. Ajuda-me a me sentir contente com o que tenho e confiante de que posso obter o que desejo."

10. Meditação de sucesso para remover a autopiedade
"Oh Deus, sinto-me tão excluído. Dê-me gratidão. Ajuda-me a abrir meu coração para apreciar e receber suas muitas bênçãos. Remova essa autopiedade. Arranca minha dor. Ajuda-me a agradecer por tudo o que tenho e pelas muitas oportunidades que tenho para conseguir mais."

11. Meditação de sucesso para remover a confusão
"Oh Deus, sinto-me tão desesperado. Dê-me sabedoria. Ajuda-me a ver com clareza. Mostra-me o caminho. Remova essa confusão. Arranca meu pânico. Ajuda-me a me sentir confiante."

12. Meditação de sucesso para remover a culpa
"Oh Deus, sinto-me tão indigno. Ajuda-me a abrir meu coração para receber suas bênçãos. Liberta-me para me sentir digno. Remova essa culpa e restaura minha inocência. Arranca minha vergonha. Ajuda-me a me sentir feliz comigo mesmo e com os outros."

Seis semanas de sucesso pessoal

Para remover um bloqueio ao praticar uma das 24 meditações especiais, planeje utilizar pelo menos seis semanas. Em primeiro lugar, reserve alguns dias para memorizar a oração. Depois, com as pontas dos dedos acima dos ombros, repita a meditação dez vezes em voz alta, e 15 em silêncio. No fim, guarde alguns minutos para sentir suas necessidades. Imagine-se obtendo o que deseja. Explore os sentimentos positivos de obter o que se precisa e se quer. Geralmente leva-se seis semanas para mudar um hábito e o jeito de pensarmos e agirmos. Ao praticar essas meditações durante essa quantidade de tempo, você colherá os benefícios.

Quando você gerar esses sentimentos positivos todo dia, sua vida interior e a exterior começarão a melhorar compulsivamente. Às vezes você experimenta grandes benefícios do dia para a noite. Depois de um tempo, sua meditação particular será automática e espontânea. Você ficará apto a acessar um apoio interior, e o controle de padrões vitalícios perderá o poder que tem sobre sua pessoa.

Depois de um tempo, sua meditação particular será automática e espontânea.

Depois de clarear um bloqueio, você poderá constatar que outro está vindo. A essa altura você não terá problemas, pois terá experimentado, dentro de si próprio, o poder para criar o que deseja. Além de realizar as práticas do sucesso pessoal para sustentar sua intenção clara na direção certa, certifique-se de ler mais e mais vezes as idéias e conceitos que o apóiam nessa direção.

CAPÍTULO 18

*Uma breve história de
sucesso pessoal*

Em toda geração, sempre houve alguns indivíduos que alcançaram grande sucesso pessoal. Eram pessoas normais, que pareciam extraordinárias simplesmente porque estavam além de seu tempo. Nasceram com a capacidade de compreender certos conceitos que o resto do mundo não possuía. Embora fossem impotentes para comunicar tais acepções, elas estavam aptas a conduzir a humanidade numa direção proveitosa, até o dia em que seus conceitos se tornassem mais acessíveis aos outros.

> **Homens e mulheres sábios conduziram pessoas de sua geração numa direção proveitosa para aquele momento.**

Agora, vivenciamos uma época em que estamos prontos para crescer. Um momento em que podemos olhar diretamente para dentro em busca da orientação de que precisamos para experimentar maior sucesso pessoal. Somos agora capazes de olhar para nosso interior e encontrar a conexão que mantemos com Deus. Na mesma proporção em que mais e mais pessoas estão promovendo essa mudança para encontrar sua conexão com o Todo-Poderoso dentro de si próprias, outras abandonaram suas religiões. Há igrejas e templos vazios em toda parte. Contudo, essa tendência está mudando, na medida em que muitas pessoas estão retomando suas religiões com uma maior percepção e apreço.

> **Somos agora capazes de olhar para nosso interior e encontrar a conexão que mantemos com Deus.**

Muitas pessoas se perguntam se a religião vai sobreviver a essas mudanças. A resposta é sim. Encontrar a força para ouvir nosso guia interior não significa de maneira alguma estarmos além da necessidade de religião e de outras formas de espiritualidade organizada. Na medida em que as pessoas crescem e abandonam seu lar original, continuam a necessitar e a depender do amor, do apoio e da orientação dos pais, desde que com eles tenham bom relacionamento. Nosso nível de dependência muda.

Quando largamos nossos pais, experimentamos a liberdade de saber o que é verdadeiro de dentro de nosso interior. Da mesma forma, na medida em que abrimos nosso coração por meio do amor e nos conectamos com nossa verdadeira essência e com Deus, começamos a perceber a verdade latente em todas as religiões. Reconhecemos o que é bom em todos os caminhos e não somos pegos de surpresa, concentrando-nos nas diferenças.

Essa é a hora em que podemos superar nossa dependência de uma maneira especial e perceber que são muitos os caminhos da verdade. Se há "um caminho", então esse é o único caminho para você, que por sua vez só pode ser conhecido em seu coração. Chegou o dia em que as pessoas de todas as crenças podem se reunir e reconhecer a bondade e a piedade em todo mundo. Não temos todos de pensar, sentir e acreditar nas mesmas coisas para vivermos juntos em harmonia e em paz.

> **Essa é a hora para que possamos superar nossa dependência de uma maneira especial e perceber que são muitos os caminhos da verdade.**

Uma breve história de sucesso pessoal

Hoje em dia, vemos à nossa volta milhares de pessoas que alcançaram o sucesso exterior e a satisfação interior. Embora os tablóides estejam normalmente cheios de histórias trágicas sobre os ricos e famosos, muitas pessoas têm tudo isso. Nem todas elas podem ser super-ricas e famosas, mas aprenderam a conseguir o que desejam, e continuam a querer. Elas tanto têm o sucesso interior quanto o exterior. Você também pode ter isso tudo.

Vemos essa boa vida no cinema e na TV, e nos perguntamos por que não a temos. Enquanto vemos o que é possível nos filmes, não sabemos como fazer para que essa fantasia se realize. Ou ficamos desencorajados e achamos que isso é apenas para uns poucos, o que com certeza era verdadeiro no passado, ou nos sentimos alvoroçados, esperando que um dia isso venha a acontecer conosco.

Esse dia, há muito esperado, chegou. Agora é hora de despertar de nossa soneca. A longa noite acabou. Alcançar o sucesso pessoal não é mais para alguns poucos, nem está além de nosso tempo. Não se trata mais de algo extraordinário. Isso está ao alcance de qualquer pessoa, porque agora seus segredos podem ser entendidos.

> **Alcançar o sucesso pessoal não é mais para alguns poucos, nem está além de nosso tempo.**

As idéias do sucesso pessoal são simples, fáceis de serem entendidas e podem ser colocadas em prática imediatamente. Elas são novas, e ainda assim são uma coleção de idéias datadas colocadas numa nova perspectiva. O mais diferente é que agora todos podem entendê-las e colocar as técnicas em prática.

Você tem o potencial para criar seu destino, mas deve encontrá-lo. Não precisa mais de alguém para direcioná-lo. Agora, essa sabedoria pode ser encontrada em nosso interior.

Deixe que essas idéias do sucesso pessoal o ajudem a despertar para quem você é de verdade, e socorrê-lo ao simples clamar de sua força interior. Faça com que este livro se transforme numa coleção de fios encapados para alimentar sua bateria. Você pode ser tudo o que quiser, e realizar todos seus verdadeiros desejos. As sementes do desejo não estariam em seu coração se você não tivesse o potencial especial para criar seu futuro.

Quando você é verdadeiro consigo mesmo e encontra-se em sintonia com seus sentimentos, vontades e desejos autênticos, está se conectando com sua essência real. Esta última, ou o estado natural de cada pessoa, é representada pela alegria, pelo amor, pela confiança e pela paz. Esses atributos já estão presentes dentro de você. Quando uma pessoa se sente mal, infeliz, ansiosa, ou experimenta qualquer um dos 12 bloqueios, só está temporariamente desconectada de sua verdadeira essência.

> **Sempre que não estiver conseguindo o que deseja, encontra-se de alguma maneira desconectado do seu estado natural.**

Num sentido bem real, o mundo no qual você vive é um reflexo de seu estado interior. Não dá para mudar tudo no planeta, pois ele também é um reflexo do estado interior dos outros. Como você experimenta o mundo, e as situações que atrai ou para as quais é atraído são espelhos de seu universo interior. Na medida em que retoma o poder para determinar como experimenta seu mundo, o jeito com que o planeta toca você muda. Quando você vem do amor, da alegria, da confiança e da paz incondicionais, o mundo é um solo fértil para poder plantar as sementes de seus desejos.

> **Sua experiência do mundo continua a refletir o seu estado interior.**

Consciente de que está emperrado em seus bloqueios e por isso não consegue o que deseja, ao conectar-se novamente com o estado natural você pode e começará a criar a vida que quer. Para se liberar dos 12 bloqueios, é necessário retomar o poder ao reconhecer que tem a capacidade de mudar seus sentimentos. Ninguém mais pode fazer isso por você. Quando a vida o está abatendo, isso só se dá porque você está desconectado de seu estado natural. Embora alguém ou alguma circunstância possa deixá-lo de baixo astral, você ainda tem a força necessária para reagir e se sentir bem novamente.

Você tem o poder para mudar, e ninguém mais pode fazer isso em seu lugar.

Você tem o poder para mudar seu jeito de sentir as coisas, independente das circunstâncias no mundo exterior. Para fazer isso, deve se lembrar mais e mais de que, embora pareça que o mundo exterior esteja tornando-o infeliz, isso é uma ilusão. Ao olhar para dentro e encontrar amor, alegria, confiança e paz, você ganha forças para atrair e criar o que deseja em sua vida.

Se for golpeado no braço, poderá se machucar, mas ainda irá deter o poder necessário para curar a si próprio e depois planejar maneiras de se proteger no futuro. Ao reconhecer que está sendo emperrado por qualquer um dos 12 bloqueios, você pode reconhecer claramente sua responsabilidade por seu estado de sentimento. Está, com isso, retomando seu poder.

Com essa atitude positiva e poderosa você está dizendo:

"Neste momento, sou responsável por como me sinto, portanto, condições externas não podem me impedir de experimentar meus sentimentos positivos."

"Neste momento, se me desconectei de meu verdadeiro eu, tenho a força para encontrar o caminho de volta."

Ao assumir a responsabilidade por seus bloqueios, você abre a porta para se reconectar com seu verdadeiro eu. A cada vez que a ele retorna, fortalece sua capacidade de recorrer à força e ao potencial que representam seu direito hereditário.

Preparando-se para a sua jornada

Com esses vários processos, práticas e meditações especiais, você está agora bem preparado para sua jornada nesse mundo. As ferramentas e as acepções necessárias para remover todos os obstáculos que dizem respeito à conquista do sucesso pessoal são suas. Cada um desses instrumentos ajudou-me e a milhares de outras pessoas em suas jornadas. Espero que você tenha carinho e conte com essas noções tanto quanto eu. Espero que elas abram portas que nunca imaginou possíveis de serem abertas.

Que você possa sempre crescer no sentido de obter mais amor e sucesso. O seu eu merece isso, assim como o de todo mundo. Seus sonhos podem virar realidade. Você tem o que é necessário. Ao remover os 12 bloqueios, estará firme em seu caminho.

Esse é um momento muito especial para renascer. Você tem acesso a muito mais oportunidades do que qualquer outra geração. Faça uso delas e, a cada dia, dê um passo a mais para se aproximar de suas metas. Lembre-se sempre de que não está sozinho e de que é necessário nesse mundo. Você é amado e faz uma grande diferença. Deus o abençoe.

Este livro foi composto na Editora Rocco Ltda.
e impresso na Editora JPA Ltda.
Av. Brasil, 10.600 - Rio de Janeiro - RJ
em abril de 2002 para a Editora Rocco Ltda.